Adolf Heinzlmeier
Jürgen Menningen
Berndt Schulz

# KULTFILME

Hoffmann und Campe

Dieses Buch ist kein Lexikon und keine Filmgeschichte. Kultfilme widersetzen sich solchen Kategorisierungen. Kultfilme sind
Filme, die nicht einfach auf die Kinoleinwand projiziert, sondern
erst im Kopf des Kultisten belichtet werden. Was für den einen
ein Kultfilm ist, ist für den anderen keiner.
Wir haben nicht versucht, »alle« Kultfilme zu erfassen. Es kam
uns darauf an, etwas über das Entstehen und die Wirkung von
Kultfilmen herauszufinden und zu beschreiben.
Wir können uns vorstellen, daß Kinofans dieses Buch mit ihren
speziellen Kultfilmen ergänzen.

# INHALT

# Thesen zum Kultfilm

**Vorspann**

Kultkino ist das Gegenteil von Wegwerfkino. Kultkino ist Konsumierkino, Nichtkunstkino, ist Wahnsinnskino, Kifferkino, Bierdosenkino, Nachtvorstellung.

Kultkino ist Totschießkino, Totliebkino, Kino der Leidenschaften.

Kultkino ist Kennerkino, Wir-unter-uns-Kino, Identifikationskino, Mitspielkino, Wiedererkennungskino.

Kultisten erleben Western, Science-fiction-Filme, B-Filme, Horror- oder Starfilme als Bastelkino, Flipperkino, Treibhauskino, Unterleibskino, Aussteigerkino.

# Entstehungsbedingungen, Voraussetzungen, Auslöser

**1**

Kultfilme lassen sich nicht kalkulieren, produzieren. Ein Film, der große Kasse macht, über den alle Welt redet, ist noch kein Kultfilm.

**2**

Filme werden spontan zu Kultfilmen, sie entstehen nicht durch das große Publikum, sondern durch Gemeinden. Sie werden entdeckt oder wiederentdeckt, oft erst nach Jahren.

**3**

Kultfilme werden als Geheimtip gehandelt, meist durch Mund-zu-Mund-Propaganda an Gleichgesinnte weitergegeben.

**4**

Kultfilme können entstehen, wenn Kindheitserinnerungen und Kinoerfahrungen zusammentreffen.
Jede Generation hat ihre Kultfilme.

**5**

Kultfilme sind auf vielfältige Weise vermittelte Umsetzungen von Zeitströmungen.
Sie treffen entweder genau den Nerv ihrer Zeit wie *Easy Rider* und *Blow Up*. Oder sie treffen ihn zeitversetzt wie die Filme der *Schwarzen Serie*, deren Krisenstimmung die aktuelle Gefühlslage spiegelt.

*Trailer der Pop-Kultur:* <u>*Blow Up*</u>

**6**

Filme können sich als Kultfilme entpuppen, wenn sie anders gesehen werden, als sie gemeint waren. Früher vielbelachte, als absurd, verkitscht, verlogen angesehene Filme werden heute ernst genommen.

*Früher ideologieverdächtig als Kalter-Kriegs-Film, heute traumatischer Thriller:* <u>*Invaders from Mars*</u>

*Früher als kindisches Kino verlacht, heute nostalgisches Spielzeugkino:* <u>*Satan's Satellites*</u>

Umgekehrt entstehen Kultfilme, wenn sie ihren zeitbedingten Problemballast abgeworfen haben und nur noch als Kino genossen werden. Todernst gemeinte Filme werden dadurch oft *camp*.

**7**

Die Aufhebung einer zeitbedingten Blockierung wirkt kultfördernd.

Das Tabu kann politisch, moralisch oder ästhetisch begründet gewesen sein.

Faschistische Filme wie die von Leni Riefenstahl, progressive Filme wie Herbert J. Bibermans *Salt of the Earth* oder auch Horrorfilme wie Tod Brownings *Freaks* erhalten dadurch Kultcharakter.

**8**

Filmkritiker können Filme als Kultfilme deklarieren wie die Gruppe um die »Cahiers du Cinéma«, die Ende der fünfziger Jahre bestimmte Hollywood-Genres zum Autorenkino erklärte. In dieser Tradition stehen bis heute Kritikerschulen, die einen Kult daraus machen, Kultfilme zu lancieren.

**9**

Fangemeinden können einen Kult begründen, indem sie an einem von der Kritik verrissenen Film festhalten. Es gibt Fangemeinden, die unabhängig von jeglicher Filmkritik schon immer ihre Kultfilme hatten, ehe es diesen Begriff überhaupt gab. Ihre Vorliebe galt den billigen, schnellen, häßlichen, verworrenen B-Pictures, Serials, dem »Kino zweiter Klasse«.

Kultfilme werden auf dem Umweg über diese Fangemeinden von der »seriösen« Kritik entdeckt und in intellektuelle Fangemeinden überführt.

**10**

Eine neue Generation von Regisseuren verarbeitet und zitiert eigene Kinoerinnerungen. So entstehen neue Kultfilme, die sich wie ein Puzzle zusammensetzen — mit Versatzstücken, Verweisen und Anspielungen, die aufzuspüren und wiederzuerkennen zum Kult eingefleischter Kenner und Insider gehört *(Nouvelle Vague)*.

**11**

Kultfilme können vermoderte, verrottete, vergessene, wiederausgegrabene Filme sein: Filme vom Komposthaufen, von der Müllhalde, altes Schmuddelkino.

Im Gegensatz zur Lackbilderwelt des Kassenkinos bilden diese Filme mit ihrer Ästhetik des Banalen und Häßlichen eine Gegenwelt.

Je beschädigter und bruchstückhafter ein Film, um so mehr kann ihn der Kultist vervollständigen (mit seiner eigenen Phantasie belichten).

**12**

Die Abfallprodukte von gestern können die Kultfilme von morgen sein.

**13**

Kultfilme sind keine reichen Filme. Ihr Mangel an Mitteln reduziert sie auf direkte Gefühle, Handlungen und Aussagen. In ihnen ist kein Platz für nuancierte Seelenregungen und aufwendiges Dekor. Sie kommen gleich zur Sache, sie sind harsch, aktionsgeladen, unverblümt.

Sie haben mit Kunst nichts zu tun.

**14**

Im Gegensatz dazu gibt es Filme, die von Individualisten als Kultfilme gefeiert werden, weil sie ihrem klassischen Kunstverständnis nahekommen.

*Ästhetik des Banalen: I, Mobster*

*Kunst als Kult: Orphée*

**15**

Avantgarde-, Experimental- und Undergroundfilme sind besonders dafür prädestiniert, Kultfilme zu werden, weil sie, ohne kommerzielle Absicht gedreht, neue Sehgewohnheiten provozieren und das aufgreifen, was vom großen Kino als eklig und pervers ausgeschieden wird.

Der Kultist, der im Kino nicht allein die Identität von Film und eigenem Leben sucht, sondern auch das Leben selbst wie ein Happening, eine Oper, eine Theateraufführung, auch wie eine Messe oder als Film erleben möchte, findet im Avantgardekino diese Sehnsüchte als Rohstoff verarbeitet.

**Innerfilmische Momente: Filmsprache des Kultfilms**

**16**

Die meisten Kultfilme sind Schwarzweiß-Filme.
Schwarzweiß reduziert auf direkte Gegensätze wie Gut und Böse, Licht und Schatten, Tag und Nacht.

**17**

Schwarzweiß-Filme sind der Inbegriff des Films, auch als Material (Zelluloid). Wir sehen die Welt farbig, aber nachts erscheint sie uns schwarzweiß. Kultfilme sind Filme für Nachtvorstellungen.

**18**

Je bunter der Alltag, desto schwärzer die Phantasie. Die Medienindustrie hat sich heute auf Farbe umgestellt. Dadurch wird der Schwarzweiß-Effekt von Kultfilmen erhöht. Sie geben eine Ahnung von Vergänglichkeit, Abnutzung, Verwitterung, von versunkener Zeit und Kinovergangenheit. Die Filme haben Patina angesetzt.

**19**

Ihr immer schon vorhandener handwerklicher Charakter hebt schwarzweiße Kultfilme stärker von der eigentlich industriellen Machart der Filmproduktion ab.

*Schwarzweiß — Licht und Schatten:*
*Underworld USA*

*Nachtvorstellung: The Conspirators*

*Schwarze Phantasie — Schwarze Serie:*
*The Blue Dahlia*

Sie erscheinen individueller als zu ihrer Entstehungszeit, wo sie die Werktagsfilme waren und Farbfilme die Sonntagsfilme. Ihre persönliche Botschaft erreicht den Zuschauer heute unmittelbar. Alte Kultfilme in Schwarzweiß sind Flaschenpostfilme mit Strandgut-Effekt.

**20**

Farben in Kultfilmen sind mehr als Farben. Sie nehmen die Hitzegrade einer Geschichte in sich auf, bestimmen allein ihr Fieber.

Farbe in Kultfilmen bedeutet Intensivierung, rauschhafte Steigerung, Explosion.

Es gibt Genres wie Antikfilme, Mantel-und-Degen-Filme, für deren Kultcharakter Farbe Voraussetzung ist. Die Ausstattung ist ohne Farbe nicht denkbar und heute der primäre Kultwert dieser Filme, die sich dadurch in Comic strips verwandelt haben.

Farben können naiv wirken wie in *South Pacific* — Gefühle werden bonbonfarben verkitscht; konstruiert wie in *Johnny Guitar* — das Märchenhafte wird hervorgehoben; inszeniert wie in *Blow Up* — Pop-Kultur wird auf ihren bunten Begriff gebracht.

**21**

Stummfilme sind keine Kultfilme geworden.

Zu Kultfilmen gehört der Ton: Tarzans Urwaldschrei, Pferdegetrappel bei Verfolgungsjagden, das Knarren von Leder, Sirenengeheul auf nächtlichen Großstadtstraßen, Motorengedröhn, das Quietschen von Bremsen; Atmen, Keuchen, Wispern, Flüstern . . .

Es gibt typische Filmgeräusche, bei denen sich sofort die Vision des dazugehörigen Bildes einstellt. Für den Kultisten sind die Geräusche notwendig, um die Bilder erst richtig erleben zu können.

**22**

Es gibt Genres wie das moderne Science-fiction-Kino, in denen es summt, scheppert, knallt, blitzt, rumst — das elektrische Kino verwandelt sich in einen Flipperautomaten.

**23**

Musik ist die andere Sprache des Kultfilms. Musik ist ein kultisches Element, wenn sie zur Wiedererkennung einer Figur, eines Motivs, einer Geschichte, eines ganzen Films dient. Sie kann sich vom Film ablösen, zum Soundtrack verselbständigen.

Sie kann auch der eigentliche Inhalt eines Kultfilms sein wie zum Beispiel bei den Rockfilmen.

**24**

Alte Kinomusik hat oft jenen Grundton, der zum Dunkel des gelebten Kinoaugenblicks gehört. Sie ist musikalisch ohne Bedeutung: eine stolpernde, atemlose, dumpf dröhnende Musik. Die lärmende Orchestrierung von billigen B-Filmen etwa, mit der jede Aktion angekündigt und zum Höhepunkt geführt wird, ist für das Kultkino wichtiger als die anspruchsvollen Kompositionen anderer Filme.

*Der Kultschrei des Kinos:*
*Tarzan and the Amazons*

*Nebensachen werden zu Hauptsachen: The Incredible Shrinking Man*

*Auto als Treffpunkt: Dead Reckoning*

*Auto als Waffe: 711 Ocean Drive*

*Auto als Todessignal: Bad Boy*

*Auto als Höhle: Conflict*

**25**

Im Gegensatz zu konventionell gesehenen Filmen, in denen es auf klassisch-literarische Bewertungen ankommt, Stoff und Thema für das Verständnis entscheidend sind, werden in Kultfilmen Nebensachen zu Hauptsachen, Nebenfiguren zu Hauptfiguren und umgekehrt.

**26**

Im Kultfilm bleiben die Bilder frei von den Bedeutungen der Geschichte, werden nicht überwuchert von der Handlung.

**27**

Themen im Kultfilm sind nur dann wichtig, wenn sie vorhandene Mythen, auch Kinomythen, variieren bzw. zerstören oder wenn sie neue schaffen.

**28**

Kultfilme sind keine geschlossenen Filme, sie bestehen aus Versatzstücken, die von den Kultisten zu eigenen neuen Filmen zusammengesetzt werden. Wichtig sind bestimmte, von unterschwelliger Bedeutung oder offener Symbolik getragene Objekte, Requisiten, Kleidung, Gesten, Körperhaltungen und Bewegungen, Mimik, Sprechweisen.
Gegenüber der vordergründigen Bedeutungsebene von Nicht-Kultfilmen setzt sich die Textur eines Kultfilms oder die Wirkungsweise eines Genre-Kultstars aus diesen Elementen zusammen.

*Objekte* wie Autos, die nicht mehr den Status des Besitzers ausweisen, sondern Symbolcharakter haben als mysteriöse Todessignale, Liebesobjekte, fahrbare Höhlen, Waffen . . .

*Das geilste Kultobjekt im Film:
Machine Gun Kelly*

*Totschießkino, Totliebkino: Valerie*

Revolver und Gewehre, die nicht bloß Schießeisen sind, sondern Spielzeuge, Penissymbol . . .

*Requisiten* wie Sonnenbrillen (blicken, ohne angeblickt zu werden), Zigaretten und Whisky, die ritualisiert benutzt werden.

*Kleidung* als zweite Haut, erotische Tarnung, Kampfanzug oder Ver-Kleidung. Die Wiedererkennungslust wirkt sich hier bis in kleinste Einzelheiten aus (etwa der bestimmte Hut eines Helden, den er in verschiedenen Filmen trägt). Von daher erfährt auch der außerfilmische Kult seine stärksten Impulse.

*Körperhaltungen* und -bewegungen, Spiel- und Sprechweisen, Mimik und Gestik begründen den Kultcharakter eines Stars: die animalische Spielweise von Dean, der Gang von Wayne, das Gebrabbel von Brando, die Stimme der Dietrich, der Augenaufschlag der Monroe, das falsche Grinsen von Nicholson.

**29**

Ganz besondere Bedeutung im Kultfilm haben bestimmte Dialogstellen, die als originell empfunden werden und spontane Reaktionen wie Beifall oder Gelächter auslösen. Beim wiederholten Ansehen des Films wird auf solche Stellen gelauert.

Stars wie Groucho Marx, Mae West oder Eddie Constantine sind geradezu durch ihre Dialogparts und Sprüche zu Kultstars geworden.

**30**

Kultstars sind geprägt von wenigen Charakterzügen oder nur einem einzigen, der sie in einem überdimensionalen Bild fixiert.

**31**

Durch wiederholtes Sehen setzt sich dieses Bild aus erst jetzt bemerkten Einzelheiten neu zusammen; dadurch werden Stars aus ihren ursprünglichen Rollen befreit, bekommen eine andere Bedeutung als ihnen in den Filmen zugedacht war.

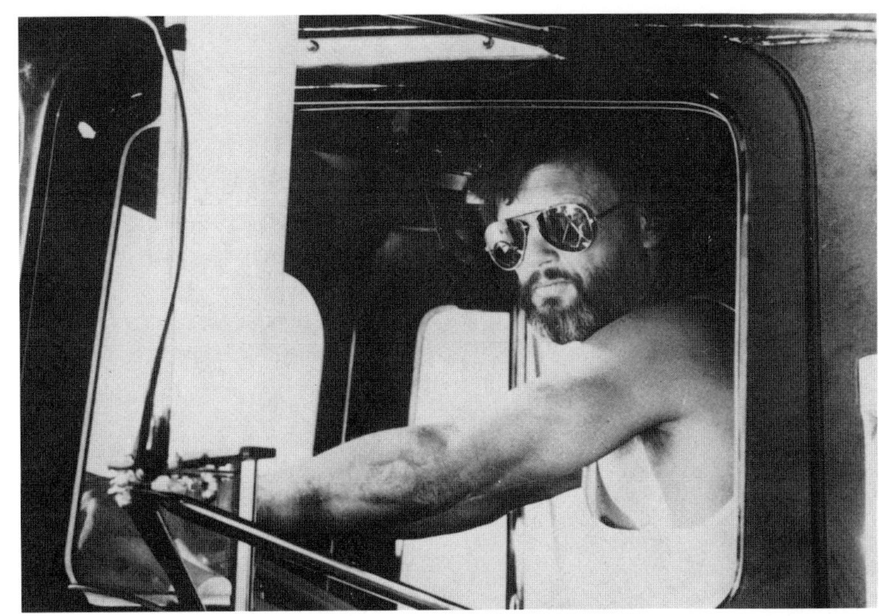

*Blicken, ohne angeblickt zu werden —*
*Glamour: <u>Convoy</u>*

*Blicken, ohne angeblickt zu werden —*
*Status: <u>Born Losers</u>*

*Blicken, ohne angeblickt zu werden —*
*Maske: <u>Not of this Earth</u>*

*Grab eines Unsterblichen:
James Dean*

**32**

Die nicht auf Genres festgelegten großen Stars waren immer Glamourstars. Sie wirken vollkommen, also magisch: Sie verkörpern die Utopie eines glücklichen, nicht von Alter und Tod bedrohten Lebens. Wenn diese »Unsterblichen« des Kinos plötzlich doch sterben, können sie einen Massenkult auslösen wie Valentino. Andere, die nicht bereits zu Lebzeiten Kultstars waren, werden nach ihrem (frühen) Tod zu Kultstars wie James Dean, Marilyn Monroe.

*Grab einer Unsterblichen:
Marilyn Monroe*

**33**

Die meisten Kultstars sind Genre-Stars. Sie wirken nicht durch Glamour. Trotz überragender Eigenschaften erscheinen sie alltäglicher. Action-Stars wie Bruce Lee oder die alten Serienhelden Tarzan, Zorro, Batman, Superman verkörpern eine spezielle Eigenart, die ihren Fans hilft, Mängel und Komplexe zu kompensieren.

**34**

Kultisten finden ein besonderes Vergnügen daran, in Filmen nicht einfach Stars zu sehen, sondern Typen zu entdecken, vor allem solche, die für eine Minderheit stehen, die von der Gesellschaft verachtet oder deren Opfer ist: Böse, Abartige, Außenseiter, Sonderlinge, Sektierer, Angeknackste, Monster und Freaks . . .
Nebendarsteller, die immer den gleichen Typ verkörpern, werden so zu Kultfiguren.

**Rezeption, Wirkungsweisen im Alltag**

**35**

Ein Kultist ist ein Kino-Freak. Schon das Anstehen nach Karten mit dem Vorgeschmack auf den Film wird zur ritualisierten Selbstdarstellung. Es gehört ebenso zum lustvollen Lebensgefühl einer Kultgemeinschaft wie das kollektive Sitzen und Reagieren im Kino.

**36**

Zum Kult zählt bereits der Originaltitel eines Films, wenn er als sinnliche Formel das ausdrückt, was der Film für den Kultisten bedeutet.

16

*Kultisten sind Kino-Kenner*

**37**
Kultisten sind Kino-Kenner. Im Gegensatz zu Kritikern, die Filme zwar durchschauen, aber nicht sehen, erleben Kultisten Filme distanzlos, emotional, reizbar — werden süchtig.

**38**
Kultisten sehen sich ihre Filme nicht einmal an, sondern immer wieder. Sie eignen sich ihre Filme so total an, als hätten sie die Filme selbst gemacht oder lebten in ihnen.

**39**
Kultisten befinden sich in einer Abenteuersituation. Sie wollen jedoch nichts Neues entdecken, sondern das Alte wiederfinden.

**40**
Im Gegensatz zu der sich ständig verändernden realen Welt bleibt die Vergangenheit im Kultfilm erhalten: Der Kultist erlebt sie als Heimat, die auf ihn wartet, ihm treu ist — eine Utopie als Konserve. Kultstars und Kultfilme bilden ein sicheres Reservat der Gefühle und ein Restpotential ungestörter Erinnerung.

**41**
Aktuelle Massenerfahrungen, wie Vereinsamung, Sinnverlust, gesellschaftliche Ohnmacht, Furcht, werden durch Kultfilme überhöht. Diese Erfahrungen sind vom Kultfilm längst zum Mythos erhoben. Private Erfahrung wird zum Zivilisationsmythos, Einsame bewundern sich selbst im Mythos ihrer Einsamkeit, Verlierer im Mythos heroischen Scheiterns, Geängstigte können den Schrecken genußvoll erleben, Außenseiter ihr Außenseitertum.


**Abspann**

Wie in den sechziger Jahren alles »Underground« war, ist heute alles »Kult«.
Was ein Kultfilm wirklich ist, läßt sich jedoch nicht durch den inflationären Gebrauch des Begriffs beantworten. Jeder Film, jedes Genre, jeder Star erklärt nur einen bestimmten Kult.
Kult ist immer wieder abhängig vom spontanen Kinoerlebnis.

Schönheit allein ist nichts, sie will inszeniert, präsentiert sein – wie ein Drama, ein Märchen
oder ein Schattenspiel.

»Sie hatte die Marmorstirn einer trauernden Göttin und weite Augen voll goldener Dunkelheit«, beschrieb Klaus Mann seine Vision von Greta Garbo. Marlene Dietrichs Stimme schien
»aus tieferen Tiefen zu kommen, als es Stimmband und Mund sind« (Max Brod). »Haben Sie
eine Kanone in der Tasche, oder freuen Sie sich nur, mich zu sehen?« persiflierte Mae West
ihren Mythos, eine Sexbombe zu sein.

Die Göttinnen des Glamours sind von Kopf bis Fuß auf Liebe eingestellt, auf Sinnlichkeit, und
wenn es denn sein soll, Sünde.

Die männlichen Helden sind potent und überirdisch, wie Valentino, der Mädchen und Frauen
zu ausschweifenden Tangotänzen animierte – zumindest in ihrer Phantasie. Andere Helden
sind nicht identisch mit dem Bild des Supermannes; ihre Schwäche ist ihre Stärke wie bei
Humphrey Bogart oder James Dean. Woody Allen überträgt die Überlebenskraft, die von seinem grotesken Witz gespeist wird, auf Männer, Frauen und das Kind in uns allen.

Kultstars geben mehr als eineinhalb Stunden Kinoerlebnis. Sie haben uns inspiriert und ver-
führt, uns unzerstörbares Leben vorgespielt und uns mit ihrer magischen Nähe infiziert. Sie
sind an die Stelle von Göttern getreten und leben mitten unter uns als Vorbilder und Abzieh-
bilder, Supermänner und Traumfrauen, Spaßmacher und Mutmacher. Das Kino bewahrt uns
ihr Bild in dem Alter, in dem wir sie am liebsten sehen – jung wie James Dean oder gereift wie
Zarah Leander.

Kultstars fallen nicht vom Himmel, sie werden hervorgebracht durch einen Trend, eine Mode,
eine irrationale Flut von Ereignissen, auf die sie zurückwirken. Sie setzen Standards in Verhalten, Kleidung, Habitus und Moral.

Kultstars sind unberechenbar, passen in kein Format, als die letzten Originale in unserer Epoche setzen sie Normen: Ihre Manien, Aussprüche und Verrücktheiten haben Generationen
beeinflußt, becirct, überdauert. Kultstars sind (populär-)triviale Autoritäten.

Sie wurden entweder unsterblich oder verschwanden über Nacht von der Bildfläche – auch
ihre Abgänge blieben unvorhersehbar.

Sie stehen als Symbole für den Sinnhunger und die Suche nach Orientierungen in einer chaoti-
schen Zeit – wenn sie nicht zu Fetischen oder Reliquien verkommen.

# Bogey

»I don't give a damn«, pflegte Bogey zu sagen. Es kümmerte ihn einen Dreck, was passierte. Dieser kaltblütige Kerl war Humphrey deForest Bogart wirklich. In seinen 75 Filmen war er selten ein Schauspieler: nur in seinen schlechten. Er war so sehr er selbst, daß die Rollen, die er spielen mußte, ihn zu ausgetüftelten Verlegenheitsgesten zwangen: Er zupfte mit schiefgelegtem Kopf an seinen Ohrläppchen, rieb sich Ober- und Unterlippe, kratzte sich, jonglierte die Zigarette und hielt sie oft in der hohlen Hand, als bedrohe ein heimtückischer Wind ihre Glut.

Gesten dieser Art bewahrten ihn davor, in der Psychologie seiner Figuren aufzugehen. Und genau diese Gesten sind es, die das intime Verhältnis seiner Fans zu ihm und damit auch den Bogart-Kult begründeten.

Bogart ließ sich nicht auf einen einzigen Rollentyp festlegen, aber der Typ, den seine Fans wollen, ist dieser Hemingway-Held, der auf Nummer Sicher geht: ein Arm immer angewinkelt und die Hand in Bewegung. Wenn sie nicht die Zigarette manipuliert, deutet sie auf den schlagenden Schuldbeweis, zückt den Revolver in Hüfthöhe, tastet mit zwei vorgestreckten Fingern nach den Frauen, die »in Ordnung« sind, oder verhakt sich mit dem Daumen abwartend im Gürtel seiner saloppen Hosen. Obwohl nur mittelgroß, wirkte Bogart durch seine vorgeknickte Haltung größer. Er hatte eine nasale, metallische, oft tonlos klingende Stimme, mit der er seine Überzeugungen in trockener Ehrlichkeit preisgab. Er sprach wie jemand, der alles schon einmal gesagt hat.

Sein Gesicht war maskenhaft starr, zernarbt und zerfranst. Dieses eindrucksvoll verlebte Gesicht wurde oft durch ein freundliches, mörderisches Lächeln zerrissen. Es war mehr ein Zähnefletschen als ein Lächeln, und es entstand durch eine bestimmte Mechanik der Oberlippe: Er konnte sie sarkastisch nach oben ziehen. Bevor er schoß, lächelte er meist, und seine dunklen Bartstoppeln schienen in der Gefahr zu wachsen.

Im Grunde war er gut, ärgerte sich jedoch darüber, gab sich also zynisch. Große Worte lagen ihm nicht. Er sagte niemals »Ich liebe dich« oder »Ich hasse dich«. Er küßte oder schlug. Hatte er zu sterben, dann geschah das mit einem Schulterzucken. Als Einzelgänger war er mit dem Tod vertraut. Er war ein reduzierter Held, der seinen Eingebungen strikt folgte. Wer sich auf diese Weise nur nach seinem eigenen Gesetz richtet, landet früher oder später im Kugelhagel. Aber auch das rührte ihn nicht.

»Wenn er in einen Film kommt, ist es immer schon ›der Tag danach‹; sein Gesicht zernarbt von dem, was er gesehen hat, sein Schritt schwer von dem, was er gelernt hat« (André Bazin). Diese romantische Aura des Außenseiters, der schon geschlagen wirkte, bevor etwas passiert war, umgab Bogart seit 1941. Die Mehrzahl seiner 39 Filme davor war lausig. Das wußte er. »Ich spielte mehr Szenen, in denen ich mich am Boden wand, als solche, in denen ich aufrecht stand« — mit *High Sierra*, im Hochgebirge von Montana, erhob er sich als Schauspieler vom Boden. Er hatte den Durchbruch geschafft. Aber auch danach, jetzt oft auf der Seite des Gesetzes, blieb er ein Stoiker. Ein anständiges Überleben mit Tagesspesen war alles, was er erwartete. Ob als Gangster, Privatdetektiv, Reporter oder Strafgefangener, er verkörperte das Ideal vom überlegen handelnden Einzelgänger, der alle Knoten durchhaut — und gleichzeitig das Scheitern dieses amerikanischen Traums. Er schien am Ende selbst dann zu verlieren, wenn seine Feinde unter seinen Kugeln starben.

Schauspielerruhm hatte er schon zu Lebzeiten gesammelt. In einer Zeit extremer Gefühle, die von den Kinodarstellern verlangte, die Erregung des Publikums nachzuspielen, war er kühl geblieben. Das hatte imponiert. Nach seinem Tod wuchs sein Ruhm noch. Jahr für Jahr erscheinen Huldigungen und Biographien. Bisher weit über hundert. Die intellektuelle Kritik der späten fünfziger Jahre feierte Bogart als den existentiellen Menschen, der nur sich selbst gehört. Als einen modernen Anarchisten zwischen den Institutionen.

Aber seine eigentliche Fangemeinde bildet die Jugend der Universitätsmetropolen. Der Primärkult um ihn begann 1955 mit dem ersten Bogart-Festival im »Brattle Theatre« an der Harvard-

Universität. Seitdem finden dort alljährlich Ende Januar regelrechte Bogart-Partys in stets ausverkauften Häusern statt. Bogart-Filme gelten als harte Ware. In Examenszeiten ist die Nachfrage besonders groß. Dann ist Bogart inoffizieller Hauptvorlesungsstoff, schwarzer Stoff aus antiintellektuellem Trotz. Der würdevoll scheiternde Außenseiter bannt für den Augenblick Gefahr und Leistungsdruck.

Diese wortkarge Leinwandfigur »Bogart« teilt sich mit durch knappe, typische Gesten und im Spiel mit den Requisiten. Beides offenbart eine Souveränität, die sie im Gang der Filmhandlung eben nicht hat. Das Publikum sammelt die Pluspunkte seines Idols und merkt sie sich genau. Filme, die »bogey« sind, werden ohne Einschränkung genossen, in ihnen liefert der gelassene Held die immer gleiche Darstellung, angereichert durch einen jeweils entscheidenden Akzent. Was sein Publikum erwartet, bekommt es: das lakonische Lebensgefühl, die fabelhaft plazierten Fäuste oder Kugeln, den männlichen Chauvinismus bei den Frauen.

Ob Bogart den Sam Spade, Philip Marlowe oder Rick Blaine mimte, seine Figuren leben in der Großstadt mit ihrer glitzernden Fassade, den Straßenschluchten, Kneipen, dunklen Hinterhöfen. Das ist ihr vertrautes Terrain. Tiefsitzender Hut, Trenchcoat, Luger, Telefon und lautlos dahingleitende dunkle Autos sind die unveränderlichen Requisiten, mit denen Bogart ihre Welt ausstattet. Wiedererkennungswerte: Wohin er auch ging, er war nie ein Fremder. Seine Schwarzweiß-Filme sind Mitternachtsfilme, in denen das Licht wie eine Fata Morgana einbricht, um bald wieder zu verlöschen. Es konnte nicht ausbleiben, daß Bogart eine Kultfigur für Spätvorstellungen wurde, in denen die »Überlebenden« der Großstädte aus der Nacht in die Film-Nacht eintauchen.

*Der Bogart-Kult lebt von der Wiedererkennungslust, hervorgerufen durch ganz bestimmte typische Gesten des Stars:*

*. . . wie er die Zigarette hält*

*. . . wie er mit dem Finger spricht*

22

*. . . wie er die Zähne bleckt*

*. . . wie er sich den Frauen nähert*

*. . . wie er sich gibt, wenn er unrasiert ist*

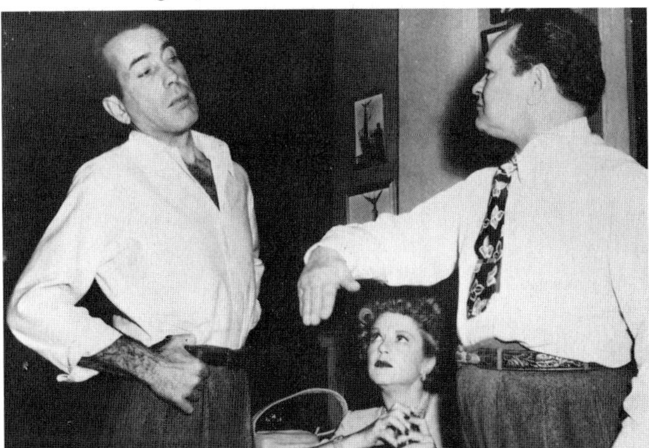

*. . . wie er die Daumen im Hosenbund verhakt und dabei selbst in der Demütigung noch Haltung bewahrt*

# Die Garbo

Als die Garbo zum Begriff wurde, in den »Roaring Twenties«, verliebten sich Männer *und* Frauen in sie. Die Männer wegen ihrer Verschlossenheit und Scheu, ihrer Tarnkappe — die Frauen wegen ihrer Traurigkeit.

Sie hat in ihrer Glanzzeit den Frauen ein neues Gesicht, ein neues Lebensgefühl gegeben. Vorbei waren die Ausgelassenheit à la Clara Bow, das Bubikopfgefühl und der Charlestonschwung, *in* war jetzt das Tragische: Hausfrauen und Sekretärinnen wirkten plötzlich wie vom Schicksal gezeichnet.

Für die Männer war die Garbo eine Herausforderung. Ob Königin oder Kurtisane, sie hatte immer etwas Grandioses, Fürstliches — würde sie sein wie jedes andere Mädchen, wenn man sie im Arm hielt? Sie, die von Poeten besungen wurde und im Film küßte, als trinke sie. War hinter ihrer schneetiefen Maske aus Schminke und Einsamkeit eine lebendige Frau mit handfesten sinnlichen Gelüsten?

Die Garbo war eine Somnambule, eine Hermaphroditin. Ihr »Geheimnis« zu lüften hieße, einem Schmetterling die Flügel auszureißen, um zu erforschen, wie er fliegt.

Wenn sie unergründlich lächelte, die Augenbraue hochzog wie einen Zirkumflex in plötzlichem Erschrecken, dann litt man mit ihr. Aber mußte sie immer allein zurückbleiben, ins Wasser gehen oder sich vor den Zug werfen, wenn ihre Liebhaber sie verließen oder sich gegenseitig umbrachten?

Daß die Garbo, diese erschreckte Gazelle, tatsächlich so publicityscheu war, wie es ihrem Hollywood-Image entsprochen hatte, beweist ihr Leben nach dem Film: Man kennt seit Jahrzehnten ihre großen Hüte, Sonnenbrillen, Fluchtbewegungen in der Öffentlichkeit.

Aber warum hat man ihr nie bessere Rollen gegeben, hat man ihr nie erlaubt, ein wirklicher Mensch zu sein, ihr, die einst den »Typus der besten modernen Jugend repräsentierte«, wie Arnheim schon 1930 schrieb — ein liebevoller Mensch, der das Leben ernst nahm? Von der amüsantspritzigen Komödie *Ninotchka* abgesehen, in der Ernst Lubitsch die geradezu geniale Idee hatte, die Garbo einmal herzhaft lachen zu lassen, wirken ihre Filme heute wie Museumsstücke, Botschaften von einem anderen Stern. Eine Melange aus Kitsch und Kunsthandwerk, wären sie längst vergessen, bildeten sie nicht den dunklen Goldrahmen für ihr Antlitz.

Aber die Garbo hat nie gespielt, sie war letztlich — jenseits aller Figurationen und Interpretationen — eine nie mehr erreichte Kinophantasie. Was an ihr fesselte, war die fremdartige Botschaft einer verschlüsselten sexuellen Symbolik, die sie überbrachte — eine Ambivalenz aus Keuschheit und Leidenschaft, Frigidität und Feuer.

Durch ihren frühen Rücktritt entzog sie sich dem Altern auf der Leinwand, ist sie zu einer zeitlosen Ikone des Weiblichen geworden, eines Bildes, das uns — lange vor dem Zeitalter der Oberweite — bleiben wird.

So erweist sich ihr individuell vieldeutiges Angesicht mit den dramatisch langen Wimpern als Projektionsfläche für erotische Phantasien, Ich-Erfahrungen, emotionale Abenteuer und bizarre Träume.

# Valentino

Rudy — wie er liebevoll von seinen Fans genannt wurde — kam im eisigen Winter 1913 aus einer kleinen Stadt in Apulien nach New York, wurde Eintänzer bei »Maxim's« und versüßte die blauen Stunden der feinen Damen der Gesellschaft. Ab 1918 spielte er in Hollywood in 17 Filmen schurkische Nebenrollen — dann tanzte er seinen grandiosen Tango in *The Four Horsemen of the Apocalypse* (1921). Danach war er in aller Munde und im Herzen der Frauen.

Valentino unterwarf sich die ihn begehrenden Damen durch die Macht seiner Blicke, die er wie Pfeile abschoß. Er hatte eine feine Narbe im Gesicht, das linke Auge war größer als das rechte, und bei genauem Hinsehen bemerkte man seinen Silberblick. Doch diese kleinen Unregelmäßigkeiten erhöhten nur die Zauberkraft seiner erotischen Ausstrahlung.

Valentino löste die angelsächsischen Draufgänger à la Fairbanks ab, in ihm feierte erstmals der Gigolo und glutäugige Schönling, der *latin lover*, Triumphe. Seine physisch-sinnliche Präsenz, das Ausstellen seiner makellosen Körperlichkeit — das war etwas unerhört Neues. Der Anblick seiner nackten Haut unter dem offenen Hemd erregte Frauen wie bei keinem Star zuvor. Valentino blieb auch auf Männer nicht ohne Wirkung, die ihn aus Rache der Bisexualität bezichtigten.

Alles an seiner Erscheinung war exquisit, vom Turban über die elegante Zigarettenspitze, die handgestickten Stiefel aus rotem Leder, den fein ziselierten Dolch bis zum »Sklavenarmband«, das ihm Natascha Rambova schenkte. Er besaß eine Traumvilla, zwei deutsche Schäferhunde, »Sheik« und »Marquis«, und eine Parfümfabrik. Nach seinem Film *The Sheik* nannten Frauen ihren Liebhaber Scheich.

Valentino gab dem männlichen Helden ein neues Großformat: Er vereinigte zwei Rollen in einer, den levantinischen Schurken und den hellhäutigen Helden und Beschützer.

Sein Image speiste sich aus verschiedenen Quellen. Er war nicht nur berühmt wegen seiner flammenden Schönheit, sondern auch wegen seines Stolzes. Mit dieser hehren Haltung spielte er auch einen Stierkämpfer in *Blood and Sand*. Und außerhalb des Films verleitete sie ihn dazu, einen Sportreporter zu verprügeln, der seine Männlichkeit angezweifelt hatte.

Unzählige amerikanische Frauen und Mädchen gaben sich ihm im Dunkel des Kinosaales hin, begingen Ehebruch, Bigamie (wie Rudy), um dann mit unschuldsvollem Blick an der Seite des Freundes oder Ehemanns nach Hause zu fahren.

Die Hysterie um Valentino erreichte ihren Höhepunkt, als er am 23. August 1926, knapp 31jährig, starb. Nicht mit letzter Sicherheit zu klären war, ob es sich bei der Todesursache um die Folgen einer Blinddarmoperation, um eine Herzklappenentzündung oder den »arsenhaltigen Racheakt einer bekannten Dame der New Yorker Gesellschaft« (Kenneth Anger) handelte. Valentino lag aufgebahrt in einem silbernen Sarg in Campbell's Funeral Home, und in einem gespenstischen Zug versuchten Hunderttausende, einen letzten Blick auf den großen Liebhaber zu werfen. Frauen schworen ihm Treue bis in den Tod, verübten Selbstmord an seinem Grab.

»Valentino hatte etwas Trauriges an sich«, berichtete Charlie Chaplin, »kein Mann besaß größeren Reiz für die Frauen . . . und keiner wurde öfter von ihnen betrogen.«

Er imaginierte die vollkommene Identität von Leben und Leinwandexistenz. Ein Traum mit falschem Glanz. Denn während den Filmliebling Millionen Frauen im Herzen trugen, hätten den Mann im Leben um ein Haar einige wenige ruiniert.

Nachdem er das Sklavenhalsband zerrissen und sich von Natascha Rambova hatte scheiden lassen, erregte seine Affäre mit Vilma Banky die Gemüter — doch an seinem Grab fiel Pola Negri mit dramatischer Gebärde in Ohnmacht.

391-196

# »Charlie« Spencer Chaplin

Er hatte den kindlichen Blick. Aus schwarz verschatteten, ziemlich traurigen Clownsaugen sah er die Gefahren nicht, also existierten sie nicht. Ebensowenig die Moralvorschriften, Kleiderordnungen und Verkehrsregeln.

Dieses einst unbehütete Kind, als Sohn armer Varieté-Künstler geboren, das mit sechs schon in Tanznummern auftreten mußte, die sein Magenknurren betäubten, konnte nicht wählerisch sein. Der Kino-Charlie war imstande, einem Bettler die Zigarettenkippe, einem Baby den Lutscher wegzunehmen. Er war ein Habenichts, für den es immer um die Wurst ging. Der perfekte kleine Mann.

Er entwickelte Stil. Sein pikiertes Rümpfen der Nase mit seitlich verrutschtem Mund war eine aus dem Oberhaus der feinen Sitten entliehene Mimik für den Plebejer und Heimatlosen, ein Zubehör wie Anzug, Hut, Ausgehstöckchen, die der Vagabund sammelte, um in die Salons hineingelassen zu werden. Er paßte sich an, orientierte sich nach oben. Allerdings zog er wahllos über, was er kriegte: Derby-Hütchen – das er unnachahmlich von der Seite lüften konnte – , Schluderhosen, ausgetretenes Schuhwerk, Andeutungen eines Hemdes, ein Binder wie eine Henkersschlinge. Das Bambusstöckchen jedoch handhabte er gekonnt dandyhaft. Er täuschte den Aufstieg vor, aber sein plebejisches Temperament brach immer wieder durch die Fassade, dann schlug er um sich und zeigte sein Raubtiergebiß.

Schließlich blieb ihm nichts anderes übrig, er stand auf unsicherem Boden und saß zwischen allen Stühlen. Es konnte nicht ausbleiben, daß er auf seinen Spaziergängen zwischen den Welten und Klassen strauchelte, Treppen hinabstürzte, übers Parkett schlitterte. Auch auf die Gegenstände konnte er sich nicht verlassen. Die waren mit den Gegnern im Bund. Wenn Charlie sich auf sie stützte, brachen sie zusammen, warfen ihn zu Boden. Diese Niederlagen abzufangen, diente ihm sein schmächtiger Körper, der in Tanzposen übersetzte, was eigentlich ein Niederschlag war. Aber Charlie rächte sich. Er blickte zu den Starken auf und trat ihnen in den Hintern, wenn sie sich abwandten. Die Zuschauer waren zufrieden, wenn Charlie der feinen Gesellschaft auf den Leib rückte. Ein Schuß Whisky ins Dekolleté einer Dame? Sie verdiente es. Ein Börsenhai fällt auf die Schnauze? Schicksal! Charlie half nach.

Diese Figur aus kindlicher Unschuld und Angriffslust machte sich einem Teil der Öffentlichkeit verdächtig. In den zwanziger Jahren zogen die Skandalblätter Charles Chaplin die Verkleidung eines Frauenschänders und »Hühnerhabichts« über. Nordamerika suhlte sich in den »Abfindungsprozessen«, die Chaplins Frauen anzettelten. Seine politische Liberalität machte ihm gleichermaßen Feinde. Man beschimpfte ihn als Kommunistenknecht und zerrte ihn in den fünfziger Jahren vor den »Ausschuß für unamerikanische Umtriebe«.

Die privaten Affären und politischen Verleumdungen warfen Charlie, den unschuldigen Tramp, aus dem Dunkel des Kinos heraus auf die Straße. Dort rappelte sich der Zeitgenosse Charles Spencer Chaplin wieder auf. Man bestaunte ihn argwöhnisch und begriff: Er war eine Jahrhundert-Person. Den kleinen Charlie machten die Skandale nur noch wunderbarer, man liebte seine Unschuld wie nie zuvor. Seine »zwei Gesichter« bewirkten, daß »Charlie« Spencer Chaplin zur Legende wurde. Die Paradegäule der Zeit begannen, um seine Gunst zu buhlen, eitle Frauen hängten sich in seinen Arm, seine Bankette waren glänzend, sein Frack saß wie angegossen.

Die einfachen Leute sahen in Charlie ihr Sinnbild, das es durch »zähe und heldenhafte Frechheit zu etwas bringt« (Walter Hasenclever). Andere sahen die Welt weiterhin mit seinen Kinderaugen. Sie konnten durch diese Identifikationsfigur ihre Wünsche austoben, wieder Kind sein und damit unverantwortlich oder grausam und zerstörerisch. Charlie wurde so mode- und zeitlos, daß er als der reine Märchen-Mensch erschien, nur daß er keine Kunstfigur war, sondern leibhaftig umhertrippelte.

# Mae West

Noch im Negligé machte sie sich auf der Leinwand lustig über den ernsten Zustand der Liebe. Locker wie sie war, wollte sie den im Pflichtfach Sex schwer keuchenden amerikanischen Mann zu freiwilliger und heiterer Erotik führen. Sie dachte sich das als Spiel, und so übertrieb sie ihre Weiblichkeit unverschämt und zeigte auch die Verführung nur als symbolischen Akt. Sie schmückte sich mit Glamour, der durch die Hölle hilft, drapierte sich mit Florschlangen und langen Kleidern als zweiter Haut, weißen Nerzen und schwarzen Boas, Hüten auf weißgoldenen Dauerwellen, mit schillernden Perlenketten und falschen Ringen. Als Blattgoldengel im Sündenbabel genoß sie den Augenblick, spielte träge, liebte das künstliche Klima ihres Kinos — Schwarzweiß-Kino, das nach dicker Farbe schrie — und verdoppelte sich, sooft es ging, in Spiegeln: »Zuviel von einer guten Sache kann so wunderbar sein . . .«

Daß sie als kostbare, schöngemachte Natur posierte und dennoch wie zum Anfassen wirkte, war ihr Geheimnis. Immer aufs neue wollten die männlichen Fans, die in ihre Filme hasteten, das Wunder bestaunen. Sie starrten auf die Leinwand und sahen dieses Naturkind in Chintz und Crêpe de Chine, von Federboas beflügelt, immer umlagert von Stehkonventen hypnotisierter Anbeter. Ob als Diamond Lil, Lady Lou, Frisco-Doll oder Flower Belle Lee, Mae dominierte die Liebesgeschäfte und machte ihre Liebhaber zu Kleinhändlern des Glücks. Sie sah sie aufmunternd über die Schulter hinweg an und wartete ab, oder sie warf direkt wohlwollende Blicke auf die angetretenen Kandidaten, die Hände in die Hüften gestemmt. Männer imponierten ihr nicht. Aber sie gefielen ihr. In wiegendem Zeitlupengang, für den außerhalb des Kinos keine Zeit ist, bewegte sich Mae auf die Galane in Frack und Abendanzug zu, baute sich unübersehbar vor ihnen auf. Sie war völlig veräußerlicht, mit viel Glanz, ganz ohne Tiefe. Ihre Botschaften steckten in ihrer pompösen Erscheinung — und in ihren Einzeilern, die sie mit fülliger Stimme einladend beiseite sprach: »Ich bin eine Frau, die wenig Worte macht, aber viele Sachen.«

Sie hatte viel Humor und übertrieb gern. Um den Nordamerikaner aus seiner Verklemmung zu befreien, nahm sie (in *Belle of the Nineties*) sogar die Erscheinungsform der Freiheitsstatue an. Schließlich meinte sie es doch ernst mit dem Spaß. Als *Statue of Libido*, die Freudenfackel in der geballten Faust, war sie aufregender als ihr Vorbild im New Yorker Hafen. Mit diesem Bild wurde das »go west« aus alter Zeit auch noch bei ihren patriotischen Landsleuten zu einem augenzwinkernd weitergegebenen Geheimcode des Vergnügens.

Ihre zehn Filme waren Salonkomödien, geistreiche Nichtse an Geschichten. Aber die Stimmung war aufreizend. Mae füllte die Gesten, Bewegungen und Gänge quer über die Leinwand mit Puls und Herzschlag. Deshalb gab es nach 1933 keine vollständige Kopie eines Mae-West-Lustspiels mehr. Monster Mae mußte mit dem Rücken zur Wand der Zensur kämpfen. Aber sie hielt sich frontal zum Publikum. Und das war letzten Endes ihre erfolgreiche Seite.

1926 brachte ihr ihre Broadway-Komödie »Sex« acht Tage Haft auf Welfare Island ein. Ihr Leinwandspektakel *She Done Him Wrong* (1933) rettete Paramount vor dem Bankrott und machte Mae West zur bestbezahlten Frau ihrer Zeit. Mit vierzig Jahren war sie ein Star, an dem die Fans — und besonders die gerade durch die Initiationsriten geschleusten — die angstfreie Mischung von Sex, Humor und Würde liebten. Sie wurde das Vereinsmaskottchen des Football-Teams von South California. Die Jungs folgten ihr auf die Leinwand in ihren letzten Film *Sextette* (1977) und sahen nach ihr, bis sie mit 88 Jahren starb. Noch im Alter war Mae eine von Männermuskelriegen umschwärmte Königin des Sex, weil sie daran glaubte, daß Frauen mit Sex nicht altern.

# Die Marx Brothers

Schon der Schnurrbart war betrügerisch, er war aufgemalt. Groucho Marx, intellektueller Anführer der wilden Marx-Brüder, parodierte den nordamerikanischen Geschäftsmann. Mit eingeknickten Knien, im Schlafrock oder Cut, der oft wie ein Schlafrock wirkte, schlich er wendig durch die Schauplätze der feinen Gesellschaft auf der Suche nach seinem Vorteil. Sprache diente ihm als Aggression, sein impertinentes Gerede verlieh ihm den Charme eines Erbschleichers. Der ölige Stutzer mit der glaslosen, runden Brille war herzlos und schlecht. Hinter den dicken Wolken seiner riesigen Aufsteigerzigarre paffte er, witzig blinzelnd, seine Zynismen hervor.

Chico machte den verschlagenen Ganoven, dessen italienischer Dialekt den kleinen Einwanderer verriet. Als stilisierter Abruzzenbauer mit zu kleinem Cordjäckchen und Piefke-Hut war er der Techniker des schnellen, trickreichen Geschäfts, ein abgefeimter Eckensteher und schlitzohriger Ränkeschmied. Clever und gerissen — aber mit goldenem Herzen und artistisch-musikalischen Talenten.

Stumm, in einem zu weiten Mantel über zusammengewürfelter Garderobe, der ihm mit allen Gegenständen, die sich darunter verbargen, als Wohnung diente, stahl Harpo wie ein Rabe oder spielte selbstvergessen Harfe. Er sprach nur durch seine Autohupe, die ihm am Bauch hing, war sanft und gewalttätig zugleich, ein eigengelenkter Anarchist, dessen Handlungen nie vorhersehbar waren. Engelhaft und faunisch hängte er jeder Blondine lüstern und jedem pompösen Herrn höhnisch seinen Oberschenkel zum Halten in die Hand und schnitt mit einer Schere alte Zöpfe und Frackschöße ab.

Groucho (eigentlich: Julius) kam zu seinem Namen nach »Groucho the Monk«, einer populären Comic-strip-Figur der zwanziger Jahre; Harpo (eigentlich: Adolph) wegen seines Harfenspiels; Chico (eigentlich: Leonard), weil er die Mädchen *(chicks)* nicht aus den Augen ließ. Wie in einer Comic-strip-Serie bauten sie stehende Figuren auf und machten 13 abendfüllende Spielfilme, deren Handlung nur ein dünner roter Faden ist, an dem aber die reifen Früchte ihrer unbändigen, oft noch vor der Kamera frei improvisierten Auftritte hängen. Drei Figuren, in der Vielvölkerstadt New York zusammengebaut. Sie schufen eine »Tradition der Commedia dell'arte, die sich im Milieu der Wolkenkratzer angesiedelt hatte« (Marcel Marceau).

Was sie anfaßten, ging zu Bruch. Was sich vor ihnen auftürmte, bauten sie ab. Noch ihre übelsten Tricks wirkten befreiend. Jede Party, auf der Harpos Schere klapperte, jede Chefetage, in der Chico intrigierte, jedes Bett, in dem Groucho die begehrliche Frau sitzenließ, war ihre Arena, in der sie ihre Lust am Durcheinander austobten. Nie Verlierer, immer obenauf, waren sie nicht liebenswert, sondern einfach zum Lachen.

Der Witz der Brüder war, vor allem bei Groucho, von jüdischer Art, also schnell, sarkastisch, unverfroren. Woody Allen verdankt Groucho alles. Ihr blühender Sprach-Unsinn war nur Kennern verständlich, aber die Botschaften ihrer äußeren Erscheinung versteht bis heute jedes Kind. Jeder repräsentierte auf seine Art den naiven Glauben an Erfolg und Aufstieg ebenso wie deren Verhöhnung. Zur Zeit ihrer ersten Erfolge, während des nordamerikanischen *New Deal* der dreißiger Jahre, hielten sie damit für ihr proletarisches Publikum von Zu-kurz-Gekommenen einen Trost bereit. Wie ihre Zuschauer listig, um zu überleben, waren die Marx Brothers mit den Objekten auf der Seite der Benachteiligten. Sie wurden 1966 in Wien anläßlich der Viennale für Europa wiederentdeckt als vergnügliche Anarchisten, denen in einer Zeit der Reglementierungen keine Regel etwas anhaben kann. Die phantasiereiche und widerspenstige 68er Generation, der das »Kommunistische Manifest« zu wenig heiter ist, erklärte sie zu Kultfiguren. Seit Ende der sechziger Jahre geht dieses Gespenst des Marxismus feixend in Europa um.

# Marlene

Ihr Leben ist die Geschichte einer Verwandlung. Erst war sie ein molliges preußisches Bürgerfräulein. Dann sah sie Josef von Sternberg und handelte. Er stilisierte sie zum »Blauen Engel«, der einen säuerlichen Spießer stürzt, und machte sie weltberühmt.

Sie ging in die künstlerische Emigration nach Amerika. Dort veredelte man sie binnen Jahresfrist zum Luxusgeschöpf. Der deutschen Lola-Lola wurde die Verzauberung fast zum Verhängnis, als Diva war sie bald nur noch dekorativ. Es dauerte bis zum Kriegsausbruch, ehe sie sich mit einem Western eine zweite Karriere erspielte. Ihr Paradefach danach: die Frau mit Vergangenheit und Herz.

Ihre dritte Karriere ereignete sich außerhalb des Kinodunkels. Als Truppenbetreuerin der US-Armee zeigte sie auf improvisierten Bühnen ihre berühmten Beine und sang.

An der Seite de Gaulles zog sie in Paris und 1944 ins befreite Rom ein. »Beine, Beine!« schrien die Soldaten, und Marlene zeigte Beine, gewissermaßen ihr Kriegsgerät für Friedenszeiten.

Marlenes Altersstufen wurden dem Publikum vertraut. Daß sie in Schönheit alterte und lange als charmanteste Großmutter der Welt galt, rechnete man ihr als vorbildlich an. Heute gleicht sie einem überlieferten Bild jener Zeit, als die Frauen schön und verrucht zugleich waren und ihre Geheimnisse bei Männern in besten Händen. Sie ist ein Mythos, der eine Adresse hat: Avenue Montaigne Nr. 12, Paris.

Es gab Leute, die schätzten Marlenes Künste außerhalb der Leinwand mehr. Sergej Eisenstein fand: »Was für eine faszinierende Frau und Persönlichkeit . . . privat . . . Und was für ein armes, unwirkliches Monstrum, wenn man sie als Vamp auf der Leinwand sieht.«

Aber nur das Kino-Wesen Marlene wurde unsterblich. Das war Sternbergs Tat. Bisweilen bemühte er sich, aus ihr die Rätselhafte in Seidenstrümpfen und Negligé zu machen, die vom Kind durch den Türspalt erblickte, geheimnisumwitterte Mutter im Zwielicht des Schlafzimmers. Aber er lehnte sie auch ganz greifbar gegen Türfassungen, Kamine, Theken in Music-Halls und Matrosenspelunken.

Oft wirkte sie wie ein Mann, der Frauen darstellt. Sie, die aus ihrer bisexuellen Neigung kein Hehl machte, konnte im ledernen Fliegerdreß eine ebensogute Figur abgeben wie in Smoking oder Khakiuniform. So verkörperte sie das Tabu, in der Liebe frei zu wählen. Ihre Weiblichkeit wirkte dagegen manchmal übertrieben, so als müsse sie etwas beweisen. Riesige Pelzbesätze und Hüte, übereinandergeschichtete Röcke, Hahnenfedern, Schleier, Boas, getürmte Locken — dann wirkte sie in ihrer müden Eleganz wie ein Paradiesvogel.

Ihre Stimme schien »aus tieferen Tiefen zu kommen, als es Stimmband und Mund sind« (Max Brod). Ihr Gesichtsausdruck hatte Aufforderungscharakter. Die hochgezogenen, halbrunden Brauen beantworteten das »Ja oder Nein?« der Männer mit einem spöttischen »Es kommt auf den Versuch an«. Jedenfalls bestand zwischen der Bogenlinie ihrer Augenbrauen und der Linie ihrer Strumpfbänder eine direkte Verbindung.

Marmorne Backenknochen, verschatteter Blick, verwischtes Dauerlächeln um Mund und blaue Augen, die Beine so lang, daß die Strümpfe nie richtig hinaufreichten — so wollte man sie in Europa und Amerika immer wieder sehen. Ihre vollkommene Schönheit über mehrere Dekaden hinweg hatte etwas Wunderbares. Sie verkörperte den Zauber eines ungebrochenen, für die Zeit nicht anfälligen Lebens. Jede Generation entdeckt die Bilder dieser Frau neu, die sich durch Licht und Schatten so einzigartig verwandeln konnte.

P1167-24

# Zarah Leander

Mit langem rotem Haar und viel Dekolleté verbreitete sie einen Schuß Verruchtheit als einer der exquisitesten Ufa-Stars zwischen 1937 und 1942. Zu ihren bekanntesten Filmen zählten *Heimat, La Habanera* und *Das Herz der Königin*. In der Historienschnulze *Es war eine rauschende Ballnacht* mußte sie in leidenschaftlicher Liebe zu Tschaikowsky entbrennen. Sie war eine Domina und hatte ein rauhes Timbre. Und während die 6. deutsche Armee in Stalingrad unterging, erklang ihre dunkle Altstimme mit den rollenden Konsonanten aus dem Volksempfänger: »Ich weiß, es wird einmal ein Wunder gescheh'n.«

Weil Marlene Dietrich nach Hollywood gegangen war, baute man sie im Dritten Reich als Ersatz-Vamp auf. Doch weil sie schlau genug war, am Ende nicht Deutsche werden zu wollen, wies man die Schwedin Zarah Leander 1942 aus dem Nazireich aus.

Luchino Visconti benutzte ihre Stimme in seinem Film *Die Verdammten*. Von Willy Birgel wurde sie in dem Melodrama *Zu neuen Ufern* verlassen.

Zarah Leander liebte nichts so sehr wie die Liebe, sie war die große Schmachtende, für immer auf Sehnsucht und Weltschmerz eingestimmt.

Sie hatte mit den Schwulen eine Gemeinsamkeit: ihre Liebe für Männer. »Muß denn Liebe Sünde sein« sang sie und beantwortete sich die Frage selbst — wenn ein blonder deutscher Offizier vorbeikam, wollte sie nicht nein sagen. Mit Evelyn Künneke soll sie sich um einen Mann geprügelt haben.

Nach dem Krieg kam sie wieder und feierte ein Comeback, aber nicht als Filmstar, sondern auf der Bühne mit ihren alten Liedern — »Der Wind hat mir ein Lied erzählt«.

Von nun an begann ihr zwanzig Jahre währendes Abschiedskonzert, in dem sie in neuen Glitzerfähnchen ihrem alten Echo nachzulauschen schien — wie einer nie enden wollenden Melodie.

Sie war eine Mami und Herrin zugleich, und so wurde sie von den Homosexuellen zwischen Glückstadt und Ingolstadt als Kultfigur geliebt und gefeiert. Rosa von Praunheim schrieb in seinem Nekrolog über sie: »Zarah wirkte wie ein Transvestit. Starker Körper, große Hände, große Füße, kleiner Busen und eine herrliche Männerstimme — deswegen schien Zarah für Frauen begehrenswerter als für Männer.«

Yes, Sir.

# Jimmy Dean

Er gehörte niemandem. Unrasiertes, mürrisches Gesicht, widerspenstige Haare, schäbige Kleidung — seine Identität nahm ihm keiner. T-Shirt und rotes Blouson mit hochgestelltem Kragen, abgewetzte Jeans, das war sein Kampfanzug, der seine rebellischen Botschaften ebenso ausdrückte wie der schwere Gang und die lümmelnde Haltung. Er stieß sich an den Verhältnissen. Es war ihm egal, was die Leute von ihm dachten. Wenn er mit Publicity-Vertretern sprach, hing seine Zigarettenkippe verächtlich im Mundwinkel. Er war kein Star, er war echt. Jede seiner Rollen war nichts als Ausdruck seiner selbst. Er war das äußerste Idol Hollywoods.
Sich zu spielen beschloß der introvertierte Farmersjunge schon auf der Universität, wo es ihm schwerfiel, zu erkennen, wer er eigentlich war. Der innerlich sich verzehrende Schauspielschüler vom Actor's Studio streifte nächtelang durch New York, lungerte in den Vorhöllen der Filmkonzerne herum und kritzelte seine Fragen an die Wände von Kneipen und Riesenkinos: Ob es von den Vätern etwas zu lernen gebe. Wie ein Frierender hüllte er sich in seine zu weiten Mäntel. In den Pinten von Greenwich Village trommelte er auf Bongos sein »Hört mich! Liebt mich!« in das Stimmengewirr.
Deans Variante des rebellischen Helden hatte es in der Filmgeschichte noch nicht gegeben: die des Skeptikers, der, verwirrt und verletzt, den Zyniker machte, um eine gleichgültige Erwachsenenwelt zu attackieren. Er war auch ein Junge »mit tiefliegenden Augen, die in Einsamkeit schwammen, und mit dem bitteren Ausdruck des Geschlagenen« (John Dos Passos). Seine melancholische, instabile Selbstbezogenheit verlieh den Filmbotschaften Menschlichkeit. Er schämte sich nicht, als Mann zu weinen. Seine Sprechweise war ein Gestammel, Gebrabbel. Er wirkte, als sei er seiner Sache unsicher. In überspannten Ausbrüchen suchte seine desorientierte Energie einen Weg.
Verwundbar schon als Kind, nachdem ihn sein Vater gleich nach dem Tod der Mutter zu Verwandten in die Provinz abgeschoben hatte, war James Byron Dean früh auf schnelle Fortbewegungsmittel gestiegen, auf denen er die undurchsichtige Umwelt abhängte. Das Motorrad mit vierzehn, mit dreiundzwanzig einen roten MG, am Ende der Porsche Spyder 550, der ihn im Ehrentempel für unsterbliche Idole ablieferte. Sein hastiges Leben erhielt im jähen Tod seinen Sinn.
Als er tot war, machten sich Millionen Teenager, deren Vertrauter er mit nur drei Hauptrollen geworden war, auf, ihn zu suchen. Richtungslos, im Kopf Zorn und Rock 'n Roll, wollten sie seinen Tod nicht wahrhaben. Hartnäckig hielt sich das Gerücht, er lebe verstümmelt an einem geheimen Ort. Die Stille, die der verdeckte Selbstmord Deans zurückließ, war unerträglich. Allen Ginsberg notierte später: »Ein paar alte Männer leben noch, aber die Süchtigen sind fort . . .«
Deans Habseligkeiten wurden wie Reliquien gehandelt. Winzige Einzelteile des Todesautos fanden phänomenalen Absatz. Unter amerikanischen »Deanagern« lebte ein Kult mit Dean-Kunststoffbüsten auf. Erwärmbar auf Körpertemperatur, vermittelten sie Hautgefühl wie das leibhaftige Vorbild, das, wie alle Idole des Kinos, auf der Leinwand schon immer im unsterblichen Jetzt lebte.
James Dean artikulierte die Ohnmacht einer Jugend, die nicht erwachsen werden wollte. Erwachsenwerden hieß: sich verlieren. Sein Aufbegehren war ohnmächtig, trat aber rebellisch auf. Er ist als Heiliger immer wieder anrufbar, weil er nichts erreichte und daher unverschlissen blieb. Das Bild des Massenidols als Widerspenstiger ohne Ziel und von Selbstzweifeln Geplagter hat sich allmählich gewandelt. In seiner gleich starken Wirkung auf Jungen wie Mädchen gilt der gegen enge Freundschaften argwöhnische Schauspieler, dessen Körpersprache seine ganze Gebrochenheit ausdrückte, heute als der erste Kultstar des Unisex.

# Marilyn

Vorher die verlachte Sexbombe, wurde Marilyn durch ihren mysteriösen Tod über Nacht zur Legende.

Männer in allen Kontinenten träumten von ihr: dem Superwasserstoffblond ihres Haares, ihren feucht schimmernden Lippen, dem Leberfleck auf ihrer Wange, der Aprilfrische ihres Körpers.

»Blondinen bevorzugt«: Das traf auf Marilyn zu mit dem strahlenden Lächeln (von Andy Warhol für immer zu Kunst vermarktet), der aufregenden Wisperstimme und den Liebesblicken. Wenn sie vorüberging, hüftenschwenkend im hautengen Pullover, johlten die Männer.

Sie war die Lust auf zwei Beinen, die Frau als Körper — ein reines Glücksversprechen. Man hatte sie einmal als die »Dritte von rechts« aufgebaut, als Dummchen und Sextiger, und dann überrundete sie mit ihrem kindlichen Augenaufschlag alle Vamps der Traumfabrik um Busenweite — ja, machte sie lächerlich mit ihrer Vamp-Parodie.

Ihre Naivität war anziehend, weil sie so echt wirkte. »Nimm mich«, schien sie zu sagen, »liebe mich.« Sie versprach die totale Verfügbarkeit, schien männlichen Wünschen ganz zu entsprechen. Marilyn Monroe spielte immer dieselbe Rolle, Tänzerin und billige Tingeltangelfrau des Glücks.

Dann löste ihr Tod Hysterien aus, stellte ihr Image auf den Kopf. Ihr Büstenhalter wurde versteigert, ihr Höschen vergoldet; sie war die Gestrandete von Hollywood.

Der Mythos von der Superblondine mit dem vulgären Sex-Appeal verwandelte sich in das Märchen vom Aschenputtel. Die traurige Mär vom armen Waisenkind. Acht junge Frauen stürzten sich in New York für Marilyn in den Tod. Unzählige Liebhaber, ihres Idols beraubt, sandten ihr Fanpost nach in eine andere Welt.

Wer war Marilyn Monroe, die soviel Angst gehabt hatte, man könnte einen Witz aus ihr machen? Die in einem Interview zum Thema Sexbombe gesagt hatte: »Ein Sexsymbol ist ein Ding, und ich hasse es, ein Ding zu sein.«

War sie ein Opfer des Machismus geworden, des ökonomischen Verwertungsdenkens, ein sexueller Warenfetisch der fünfziger Jahre?

Ihr Leben und ihre Filme standen sich gegenüber wie zwei unversöhnliche Welten. In ihren Filmen ein Wunder an Witz und Komödiantik, hatte sie im Leben ihre Identität verloren, sich in Betäubung durch Drogen gestürzt und alle natürliche Lebendigkeit in sich ausgelöscht, nur um zum Sinnbild des Weiblichen, zur Ikone der Frau unserer Zeit zu werden.

Plötzlich erinnerte man sich an Marilyns tragische Jugend, an Pflegeeltern, Vergewaltigung, Frühehe. An das Pin-up-Girl, die Nacktfotos, an ihre verkorksten Ehen mit Baseballschläger Joe und Superhirn Arthur. An ihre Verspätungen, Verkrampfungen, Verstörungen. An den Menschen Norma Jean hinter der Glamourfassade.

Man fand heraus, daß sie Gedichte geschrieben hatte:

*Don't cry my doll*
*Don't cry*
*I hold you and rock you to sleep*
*Hush, hush, I'm pretending now I'm not your mother who died*

Sehnte sie sich heimlich in den Mutterschoß zurück? War Marilyn das Kind, die Frau in uns allen?

War sie gar kein »honigweicher Quell der Lust« (Truman Capote), sondern ein Drogenfall, ein Opfer unseres Wahns? »Sie war hungrig nach Liebe, und wir boten ihr Beruhigungsmittel an« (Ernesto Cardenal).

Langsam, aber unaufhaltsam verlor sie sich, konfus und verzweifelt, in einem Tablettenrausch. Die zauberhafte Frau, aus dem Nichts aufgestiegen, die die Kurven ihres Schicksals nicht in den Griff bekommt, wurde mit ihrem Tod endgültig zur Traumfigur einfühlsamer Intellektueller.

# Eddie



Als erfolgloser Chorknabe kam er von Hollywood nach Paris, sang in den Nachtklubs seine Chansons und ließ sich von Edith Piaf verwöhnen.

Fünf Jahre später begann seine kometenhafte Karriere als FBI-Agent Lemmy Caution *Im Banne des blonden Satans* (1952). Damit wurde er in den fünfziger Jahren über Nacht zum Supermann unter den *tough guys* des französischen Krimis. Ohne hinzusehen knockte er die Gegner reihenweise aus, trat ihnen in den Unterleib, warf sie aus dem Fenster — vor dem zweiten, endgültigen K.-o.-Schlag lüftete er gern den Hut, und seine Gemeinde applaudierte begeistert.

Eddie war der bediente Typ, Whisky und Weiber waren seine Spezialität. Wenn eine Blondine in seine Reichweite kam, johlten die Fans im Parkett: »Bleib sauber, Eddie!«

Er hatte eine Kleiderschrankfigur, Fäuste wie ein Preisboxer, aber das Geheimnis bestand in seinem Gesicht: So zerfressen und pockennarbig wie seine Visage war keine. Die Lippen aufeinandergepreßt, die Haut grobporig, der Blick cool — mit dieser Höllenfratze war Eddie Constantine unschlagbar. Seine Blicke besaßen die hypnotische Kraft eines Reptils. Eddie, der smarte Fuchs, hielt in seinen Filmen, was sein Gesicht versprach.

Mit trockenem Humor und sarkastischem Unterton geigte er seine *Serenade für zwei Pistolen*, servierte er *Zum Nachtisch blaue Bohnen*, fand er zur Belohnung ein paar rote Lippen.

Eddie besaß nicht die Ausstrahlung eines Glamourstars, er glänzte nicht als Schauspieler, aber er war ein Zauberer, er zauberte Vergnügen in die Pupillen seiner Fans. Sie wollten ihn immer wieder siegen sehen und unterstützten ihn lautstark mit Topfdeckeln und Pfeifen im Parkett. Das war für sie das Größte: wenn er zum Frühstück eine Blondine vernaschte, stellvertretend für alle.

Seine Filme waren immer nach demselben Muster gestrickt: verworrene Detektivgeschichten an exotischen Schauplätzen, Eddie mitten in einem Pulk Strandnixen oder kurvenreicher Starlets. Filme mit Gags und schnoddrigen Sprüchen, und Eddie die karierte Schiebermütze auf dem Kopf. Wenn er nicht gerade den FBI-Mann mimte, taugte sein Falscher-Fuffziger-Charme zum Hochstapler oder Ganoven.

*Ab heute wieder Niederschläge* — die Filmtitel standen für sein Programm. Seine Filme waren mit ihrer synthetisch-naiven Welt ohne jeden Realitätsbezug Parodien. Sie persiflierten mit unglaublichem Unernst die echten großen Gangsterfilme und ihre stoischen Helden. Beliebt war Eddies augenzwinkernde Verständigung mit dem Publikum frontal in die Kamera.

Seine Filme waren Dutzendware, oft aber auch ironische Versatzstücke zur Filmgeschichte. Truffaut, der an *Eddie und die scharfen Kurven* mitarbeitete, ließ in diesem Film das Wagenrennen aus *Ben Hur* als Go-Kart-Rennen nachspielen.

Godard schließlich holte »den einzigen Schauspieler mit einer Marsmenschen-Physiognomie« für seinen Science-fiction-Film *Lemmy Caution gegen Alpha 60*, um seinen Mythos zu demontieren. Nach dem Mißerfolg von *Alphaville* hatte Eddie vom Film genug und zog sich zurück. Er züchtete Rennpferde, führte ein chinesisches Restaurant in Paris und schrieb einen Roman, der ein Bestseller wurde (»Der Favorit«).

In den siebziger Jahren nutzten auch Regisseure des Neuen Deutschen Films (Fassbinder, Lilienthal, von Praunheim), an dessen Kinowiegen Eddie mitgeschaukelt hatte, seinen Kultwert. Lutz Mommartz drehte 1981 mit *Tango durch Deutschland* einen Film über Constantines Leben und die Lügenfigur, die er als Lemmy Caution angeblich gewesen ist.

# Jayne Mansfield

Mit sechs trug sie noch eine Brille, schwärmte für Erdnußbutter und Johnny Weismuller: Ich Jane — du Tarzan. Mit sechzehn wurde sie süchtig nach starken Männern, Liebe, Publicity und Hollywood.

Als »Miß Blitzlicht« geht sie auf den Trip, vertauscht die Realität des Lebens mit der Realität des Kinos, lebt wie in einem Film: schläft auf schwarzen Seidenlaken, trinkt und badet in rotem Sekt, führt blaugefärbte Löwenbabys auf den Sunset Boulevard, jagt ihr erdbeerrotes Jaguar-Kabrio über die Highways, taucht bei Abendgesellschaften im goldenen Badeanzug auf.

Die eigene Gegenwart in Technicolor und Cinemascope, inszeniert als Abenteuer von Repräsentation, Glamour und Lust, mit einem Zauberschloß in der Mitte: ihr 43-Zimmer-Palast — hollywoodpräparierte Traumwelt in Gold und Weiß und, wie in einem verlorenen Kinderparadies, in babyfarbenem Plüsch und Herzformen.

Passend in dieses Universum von Filmflimmerwelt ein »Mister Universum«: Mickey Hargitay, aus der Männerriege von Mae West, die das Muskelwunder schweren Herzens abgab. Jayne heiratet ihn. Während Marilyn Monroe dem Intellektuellen Arthur Miller in die Ehe folgt, bekennt Jayne: »Ein studierter Mann mit Brille ist kein Partner für eine Frau, die im Bikini die Spinde der GI's schmückt. Ich liebe Männer mit Muskeln. Männer, die wenig lesen.«

Sie war das üppigste und kurioseste Sexobjekt der fünfziger Jahre. Die letzte visionäre Ausdeutung und Ausbeutung des amerikanischen Busenkults, kurz bevor die letzten Hüllen fielen. Jayne präsentierte ihren Sex noch als sensationelles Motiv. Besessen vom exhibitionistischen Drang nach Publicity, ergab sie sich der lustvollen Faszination des Begehrtwerdens bis zur Grenze des Möglichen. Wenn ihr die Anhänger fast die Kleider vom Leib rissen oder, wie in Buenos Aires, die Menge schrie, sie solle ihre Brüste zeigen, dann fühlte sie sich, umschwirrt von Fotografen und muskelstarken Beschützern, auf dem »Höhepunkt« — als Liebesgöttin à la Hollywood.

Indem sie Film und Leben, Traum und Wirklichkeit in einer trivialen Überwirklichkeit auflöste, geriet sie zu einem rituellen Wesen mit schon mythischen körperlichen Attributen. Sie weckte in Männern nicht das Tier, sondern das Baby, das wie wild auf Jaynes überlebensgroße Brüste starrte. Bob Hope über ihre Busenschau für US-Soldaten in Honolulu: »Das größte Gebrüll, das ich im Showbusineß je gehört habe.«

Hollywood war mit Sexbomben überbewaffnet. Jayne rüstete ab, indem sie ihre Aufrüstung als obszönen Scherz anlegte, das Klischee, gleichzeitig sexy und harmlos zu wirken, wie in *The Girl Can't Help It* als groteske ironische Übertreibung vorführte: Eisblöcke verdampfen in den Händen stämmiger Dienstleute, Milch kocht plötzlich in den Flaschen des Milchmanns, Brillengläser zerspringen, wenn Jaynes Oberweite den Horizont verdunkelt.

Jayne ging noch weiter, trieb den Typ des Superweibs derart auf die Spitze, daß in letzter Konsequenz ihr bester Imitator nur ein Mann sein konnte. Jayne wurde zu einem Kultstar der Schwulen. Sie hatte nicht nur den Stil und Habitus einer »drag queen«. Sie baute die männliche Angst vor der weiblichen Sexualität durch ihre Selbstparodie ab (und das als Prototyp des Sexstars), verwischte den Unterschied zwischen Erotik und Absurdität.

Jayne war die einzige Sexbombe, die sich nicht entschärfen ließ — sie explodierte. Den ausgebrannten Klischees entstieg ein neues Geschöpf der Phantasie: das transsexuelle Idol.

# Nicholson

Er ist der Horrorstar unter den Glamourstars.

Mit blitzenden Zähnen lacht er wie ein Berserker — oder aber ganz leise, hinterhältig, süffisant und besserwisserisch, ein Killerlächeln, das sich augenblicklich in einem Wutausbruch entladen kann.

Frauen fliegen auf ihn. Er scheint ein Mann ausgesuchter sexueller Vergnügungen, der alles verspricht, nur keine Geborgenheit.

Den Verrückten spielt er gerade so am Rande der Normalität. Als McMurphy in *One Flew Over the Cuckoo's Nest* nimmt man ihm ab, daß die Irren die Normalen sind in unserer Gesellschaft. Das war nicht neu, aber Nicholson hat es auf den Punkt gebracht. Er verdreht die Augen, bis das Weiße sichtbar wird, der Mund steht ihm vor Staunen offen. »Da möchte man töten«, sagt er vertraulich zum Irrenhausdirektor, als wäre er sein Mitverschworener.

In *Shining* scheint er am Anfang normal zu sein, nur Winzigkeiten in seinem Verhalten irritieren. Der abwesende Blick, die zögernden Antworten. Es sieht so aus, als versuche er seinen wahren Zustand durch ein breites Grinsen zu kaschieren.

Die tagealten Bartstoppeln in seinem zerklüfteten Gesicht sind sein Markenzeichen.

Er ist ein Seher. Ungläubig schaut er den Wahnsinn dieser Welt. Dann erstarrt er in Katatonie, als hätten ihn Irrenwärter in einen unsichtbaren Käfig gesperrt.

Die mimischen Ausbrüche in *Shining,* ein vorübergehender Verlust von Muskelkoordination, weisen ihn als willensstarken Exzentriker aus — voller Leidenschaft, Zorn, Trauer, Wut, Einsamkeit: Die Perfidie in seinen Zügen spiegelt die Perfidie der Welt . . . Am Ende jault und heult er wie ein Wolf.

Geschniegelt und glattrasiert wie in *Chinatown* wirkt er seltsam fremd, erst als ihm die Nase aufgeschlitzt wird, erkennt man ihn wieder.

Selten geht er als Sieger vom Platz wie in *Missouri Breaks,* wo er es mit einer lebenden Legende, dem Supermimen Brando, aufnimmt. Nicholson gehört zu den gewieften Antihelden unserer Zeit. Seine Figuren scheinen wie durch den Fleischwolf gedreht, sie kommen geschunden heraus, machen aber weiter.

Berühmt wurde er durch die Nebenrolle als Anwalt Hanson in *Easy Rider.* Das war 1969. Bereits zwei Jahre vorher hatte er für Roger Corman das Drehbuch zu *The Trip* geschrieben. Wenn Jack Nicholson dem Magazin PEOPLE in einem Interview bekennt: »Ja, ich nehme Kokain, ich genieße es viermal die Woche«, weiß er, warum er es sagt, und läßt doch alles offen.

Skeptiker würden nicht mal einen Gebrauchtwagen von ihm kaufen. Den Etablierten ist er ein Schreckgespenst. Keiner drückt das Lebensgefühl der achtziger Jahre so seismographisch genau aus wie er, zumindest das der Ausgeflippten und der Noch-nicht-Angepaßten.

Mit lüsternem Grinsen und schlenkerndem Schiebergang schlendert er durch die Szene. Trotz seiner zu kurzen Beine überrascht er plötzlich mit Bewegungen von gorillaartiger Behendigkeit.

Er fürchtet sich nicht vor Häßlichkeit, vor dem Horror eines entstellten Antlitzes. Seine negativen Helden, Käuze und Galgenvögel waren ihm schon immer wie aus dem Gesicht geschnitten — heute treffen sie den Zeitgeist, machen ihn zum Superstar der Drogengeneration.

# Woody

Er sieht aus wie eine zerrupfte Krähe. Mickrig, linkisch, schütter rothaarig, gehemmt, hat dieses melancholische Männchen gelernt, Niederlagen einzustecken. Er tut es bekümmert, aber doch gut vorbereitet. Woody verkörpert den Überlebenskünstler, der auf dünnen Beinen durch eine Welt von Superleistungen streut; den kleinen, klugen Spinner, über den der große Betrieb hinwegwalzt. So wie er aussieht, so ist ihm dabei zumute.

Der Komiker Woody Allen ist der letzte Clown. Folgerichtig ist er oft so freudvoll wie eine Trauerweide. Derselbe Herr in Witz und Wehmut zu sein ist sein Ideal. Deshalb bringt er in seinen Filmen Tiefsinn und Tohuwabohu zusammen. Er ist wirklich der kleine Mann, der lieber ganz groß wäre: als Musiker, Revolutionär, Filmheld, Liebhaber. Alle diese Rollen hat er auf der Leinwand gespielt und dazu noch erwachsene Spermateilchen mit Brille gemimt, Kintoppgeschädigte, Strohmänner und Verbrecher des Jahres. Bis er *Annie Hall* kennenlernte, war Woody eine witzige Kunstfigur amerikanischer Machart, die würdevoll über die Plastikmöbel und Widersprüche stolperte, die in ihrem Leben herumstanden. Auch danach lachte man noch über ihn, nahm ihn aber ernst. Er begann, die Verkleidungen abzulegen, und wurde weitgehend identisch mit jenem Allen Stewart Konigsberg aus Flatbush, New York, der er eigentlich war.

Die einzige wirkungsvolle Waffe dieses engbrüstigen, grundgescheiten Juden, Selbstzweiflers und Clowns war und ist seine defensive Geschwätzigkeit. Mit siebzehn war er deshalb schon Gaglieferant für Zeitungen und Radioshows. Gleich nach der Schule kreierte er in Nachtklub-Auftritten den Typ des schüchternen Alltagsneurotikers, der alle Minderwertigkeitskomplexe gepachtet hat. Er wurde schnell ein Geheimtip unter den Possenreißern, schrieb für süperbe Komiker wie Bob Hope und Sid Caesar und hievte sich nach Hollywood, wo er sich seitdem immer wieder in Selbstgesprächen verliert.

Man lachte über seine Slapsticks, die Körperakrobatik, die er von Buster Keaton abgeguckt hat wie die Wortakrobatik von Groucho Marx. Heute lacht man mehr darüber, wie er unsere Themen anrichtet und genießbar macht: Liebe, Sex, Frauen und Männer, Tod, Psychoanalyse, Medien und die meschuggene Mittelklasse der Metropolen. Seine humane Selbstironie erbte er von Chaplin. Als Chaplin für alle baut er sich nun vor jedem Goliath auf und zeigt den Sieg der Schwäche. Zu verlieren wie Woody Allen ist ein Sieg.

Die Stadt als Kulturlandschaft und als erotischer Umschlagplatz zeigt der herumzappelnde Stadtphilipp unvergleichlich. Seine Stadtlandschaften sind schön. Seine Sprüche witzig. Sein Aussehen inzwischen ganz schnieke. Er trägt ausgesucht schlichte Kleidung, die von einem teuren Modeschöpfer entworfen wird. Dieser Zwerg lebt todernst mit der intellektuellen Schickeria zusammen und lacht sie aus. Woody wurde Teil der »Szene« — und ihr Hofnarr.

Vor dem Tod, eins seiner großen Themen, hat dieses alte Kind keine Angst. Er möchte nur nicht dabeisein, wenn's passiert, sagt er. Manchmal fühlt er sich stark — so wie »eine wunderschöne Maus oder eine Zecke«. Meistens hat er jedoch Angst. Besonders davor, die Augen zu schließen, weil ihm die Stadtplaner Zebrastreifen aufmalen könnten. Oder davor, aufzuwachen und zu merken, daß er beim Epsom Derby mitläuft. Schließlich davor, daß aus der Suppentasse, aus der er gerade ißt, eine Hand hervorlangen und ihn erwürgen könnte.

Alltagsängste, die jeder hat. Aber mit Woody Allen werden die Ängste des Kinogängers zum Genuß. Er muß sich nicht mehr von Männern verfolgt fühlen, die ihn heimlich shampoonieren wollen, oder von Regierungsbeamten, die wie Hühner gekleidet sind. All das spielt Woody weg und biegt Angst und Ohnmacht trotzig zurück.

HUMPHREY
BOGART
INGRID
BERGMAN

They
have
a date
with
fate
in
CASABLA
ACADEMY
AWARD

A WARNER BROS. RE-RELEASE
PAUL
HENREID
CLAUDE
RAINS
SYDNEY
GREENSTREET
HAL B WALLIS PRODUCTION
A WARNER BROS FIRST NATIONAL PICTURE
DIRECTED BY

Rick's
Café Américain

# Kultklassiker

Es fällt auf, daß von den »großen« Filmen der Filmgeschichte, den Klassikern, die früher in den Filmkunststudios abgefeiert wurden, nur wenige überlebt haben.

Als Kultfilme entpuppten sich nur die Filme, in denen sich eine bisher geheime, übersehene Kinorealität offenbarte. Filme mit doppeltem Boden, in denen ein zweiter Film wie ein versunkener Schatz verborgen lag.

*Casablanca* erweist sich als ein Film des großen Abschieds. *Les Enfants du Paradis* als ein Film der Sehnsüchte von gestern, die früher jeder heimlich in sich trug, deren man sich heute aber nicht mehr zu schämen braucht. *Citizen Kane*, ein kunstvoll verschnürtes Care-Paket aus USA, das uns damals Vorstellungen über Amerika machte, von denen wir heute nicht mehr zu träumen wagen. *La Belle et la Bête*, einst ein Märchenfilm, erweist sich heute als Beitrag zur Emanzipationsfrage.

Für Kinogänger, die Filme anders, auch gegen den Strich des Kunst- und Kommerzkinos, sehen, begann mit *A Bout de Souffle* die Entdeckung von Kultfilmen. Entdeckt wurden nicht die Meilensteine der Filmgeschichte, sondern das bislang verachtete »Kino zweiter Klasse«.

# Casablanca

*Casablanca* ist der Film vom langen Abschied. Dabei bleibt bis zuletzt offen, wer von wem Abschied nimmt. Die vielen kleinen und größeren Abschiede kulminieren im Schlußtableau in der letzten großen Abschiedsszene im nebligen Licht des Flughafens.

Schon die ersten Bilder des Films, in denen die Szenerie und die Figuren vorgestellt werden, lassen Abschiedsstimmung aufkommen. Es geht um Flüchtlinge aus aller Welt, um dunkle Elemente und um Emigranten − und sie alle haben nur den einen Wunsch, aus Casablanca herauszukommen.

Das ist wiederum nur möglich durch Visa, die man sich auf dem schwarzen Markt oder sonst irgendwie illegal beschafft.

In der Eingangssequenz erfährt man, daß zwei Nazikuriere, die zwei Blankovisa bei sich hatten, ermordet worden sind. Und dann gelingt es dem schmierigen, unterwürfigen Ugarte (Peter Lorre), den coolen Rick (Humphrey Bogart) zum ersten- und letztenmal zu beeindrucken, indem er ihn bittet, diese beiden Visa kurze Zeit für ihn aufzubewahren. Ugarte plant mit ihnen seine Flucht − die aber im letzten Moment verhindert wird, Captain Renault (Claude Rains) läßt ihn verhaften.

Jetzt besitzt Rick diese beiden Schicksalsvisa und wird damit in das Abschiedsspiel einbezogen.

Auch die große, geradezu existentielle Liebe zwischen Rick und Ilsa Lund (Ingrid Bergman), die den starken Mann zum Zyniker werden ließ, ist eine Abschiedsgeschichte − sie endete bereits in Paris, der Weltstadt der Liebenden. Casablanca wird nur zum Nachspiel.

Das Lied »As Time Goes By« ist ein Abschiedssong.

Ganz am Schluß wird auch der sinistre Major Strasser − stellvertretend für alle Nazis − durch Ricks Ballermann am Flugplatztelefon ins Jenseits verabschiedet, doch läßt ihn Rick, fair bis auf die Knochen, wie in einem Western Shooting, zuerst ziehen.

Da stehen sie nun, in der regenglänzenden, gefühlsschwangeren Nebelluft des Airports, der Widerstandskämpfer Victor Laszlo (Paul Henreid), der charmant korrupte, abwartende Renault, der überlegene Macho im Trenchcoat mit dem hochgeschlagenen Kragen Rick Blaine und, den schicken großen Hut in die Stirn gezogen, die von zwei Männern begehrte traumschöne Ilsa Lund. Wer scheidet nun von wem?

Am Abend zuvor hatte Ilsa von Rick mit vorgehaltener Pistole die Visa für sich und Victor noch erzwingen wollen. Da ließ Rick sein berühmtes »Go ahead and shoot, you'll be doing me a favor« hören, und Ilsa fiel innerlich um und dem Geliebten wieder in die Arme. In der Konfusion der Gefühle erklärte sie, daß Rick nun für sie beide denken müsse.

Und das tut Rick jetzt beim Abschied.

Er befiehlt Renault, die Namen von Mr. und Mrs. Victor Laszlo in die Visa einzutragen.

»Und was wird aus uns?«

»Ich bin zu dem Schluß gekommen«, sagt Rick mit fester Stimme, die seinen verlorenen Blick Lügen straft, »daß du zu ihm gehörst . . . du bist ein Teil seiner Arbeit, du gibst ihm Kraft . . . wenn du jetzt nicht mit ihm gehst, wirst du es bereuen, vielleicht nicht heute, vielleicht nicht morgen, aber bald, und dann bis an dein Lebensende.« Großaufnahmen, Schuß, Gegenschuß, ihr Gesicht weichgezeichnet, tränenfeucht. »Ich seh' dir in die Augen, Kleines«, sagt der große Held, und Ilsa lächelt tapfer und geht mit ihrem Widerstandskämpfer aufs Rollfeld.

Nun wird der Abschied zum Verzicht, zur großen heroischen Geste. Die Pflicht siegt über die Liebe, die Ehe über die Leidenschaft. Ohne diesen tragischen Touch wäre *Casablanca* nicht derselbe Film . . .

Doch *Casablanca* wurde nicht nur des Abschieds wegen zum großen Kinoerlebnis, der Film zieht noch andere melodramatische Register, spielt virtuos auf der Klaviatur des Trivialen.

Seine Stimmung, seine Nachtklubatmosphäre, seine Schwarzweiß-Ästhetik erinnern an den *film noir*, seine Spannungstechnik an den puren Action-Film. *Casablanca* ist außerdem ein exotischer Abenteurerfilm, ein Spionagefilm, ein Liebesfilm, ein Kriegsfilm − und ein Musikfilm, nicht nur wegen des Wettstreits zwischen der »Marseillaise« und der »Wacht am Rhein«, der sich mehr als patriotischer Konflikt zu erkennen gibt. *Casablanca* ist ein politischer Film, ohne wirklich politisch zu sein. Ein Antinazifilm, ohne dabei über die gängigsten Klischees hinauszukommen − doch gerade darin liegt seine Wirkung. *Casablanca* handelt vom Widerstand, von der Emigration, von Liebe, Freundschaft, Mut, Opfermut, von Gefahr und Glücksspiel. Doch die Probleme werden nicht wirklich behandelt, sondern in filmwirksame Aktion übersetzt und genußvoll zubereitet. Drehbuchautor Howard Koch: »Der Film handelt davon, was wir einst glaubten, wie wir wären.«

In der Traumwelt dieses Films wird der Konflikt zwischen privatem Glück und sozialem Handeln als unüberbrückbar ausgegeben. Verzicht und Sich-Abfinden mit den Verhältnissen bedeuten nicht nur die moralischere Haltung, sondern auch die Erkenntnis, daß alles noch einen Sinn hat.

Die lakonischen Dialoge und schnoddrigen Sprüche − ebenfalls typisch für den *film noir* − genießt der Kenner und Liebhaber von *Casablanca*. Die berühmtesten Sätze werden − wie früher Faust- oder Hamlet-Zitate − in den Alltag übernommen: Bogarts »Ich halte meinen Kopf für niemanden hin« (»I stick my neck out for no one«), Bergmans »Spiel es noch einmal, Sam« (»Play it again, Sam«) und Bogarts Antwort »Du hast es für sie gespielt, nun spiel es für mich« (»You played it for her, you can play it for me«) oder Bogarts immer wiederkehrender Satz, der für seine Liebe zu Bergman gleichsam als Synonym steht: »Ich seh' dir in die Augen, Kleines« (»Here's looking at you, kid«).

ILSA: *» Und was wird aus uns? «*

RICK: *» Uns bleibt immer Paris . . . Wir hatten es nicht bis zu dem Moment, als du nach Casablanca kamst. Wir haben es gestern abend zurückgewonnen. «*

ILSA: *» Da habe ich dir gesagt, ich würde dich nie wieder verlassen. «*

RICK: *» Das wirst du auch nicht . . . Ich passe nicht in eine noble Rolle. Aber zu der Erkenntnis, daß die Probleme dreier Menschen in dieser verrückten Welt völlig ohne Belang sind, gehört nicht viel. «*

Damit sind nur einige Highlights genannt. Eine wesentliche Wirkung des Films geht vom gesamten Dialog aus, der sich durchwegs anspielungsreich präsentiert und von trockenem Witz ist. Einige Beispiele:

YVONNE: »Sehen wir uns heute abend?«

RICK: »Ich plane nie so weit im voraus.«

Dialog zwischen dem Nazi-Major und Rick:

STRASSER: »Können Sie sich uns in London vorstellen?«

RICK: »Fragen Sie mich, wenn Sie dort sind.«

*Casablanca* zählt zu den sattesten Liebesfilmen, die Hollywoods Traumfabrik je hervorgebracht hat, vereint er doch zwei der größten Glamourstars jener produktiven vierziger Jahre und des Films überhaupt.

*Casablanca* beschreibt die romantische Liebe zwischen dem Amerikaner Humphrey Bogart und der Schwedin Ingrid Bergman.

Bogart, damals 43 und gerade dabei, den Höhepunkt seines Ruhms zu erreichen, trug entscheidend zur Wirkung des Films bei. Ein hartgesottener Zyniker, der um die Korruption der Welt weiß, sie aber mit bitterer Ironie trägt — einer der beispielhaften Kinohelden unserer Zeit. Er wäre wohl auch ohne *Casablanca* zur Kultfigur geworden, aber in diesem Film kommen alle seine Ticks, Haltungen und Manierismen am perfektesten zur Wirkung. Es ist nicht übertrieben zu behaupten, daß umge-

*Casablancas* Titelsong »As Time Goes By«, intoniert von Sam, dem schwarzen Barpianisten, umkreist die emotionalen Valeurs der großen Romanze zwischen Rick und Ilsa. Ein Lied über die Vergänglichkeit und das Glück des flüchtigen Augenblicks: »You must remember this: / a kiss is just a kiss, / a sigh is just a sigh, / the fundamental things apply / as time goes by.«

kehrt *Casablanca* ohne Bogart kein Kultfilm geworden wäre.

Am Beispiel *Casablanca* erweist sich, daß Kultfilme nicht planbar sind, sondern spontan und oft durch das Zusammentreffen der merkwürdigsten Bedingungen und Zufälle entstehen.

Der verwickelten Geschichte von *Casablanca* entspricht seine konfuse Entstehungsgeschichte.

So sollte Rick ursprünglich von Ronald Reagan gespielt werden, Laszlo von Dennis Morgan und Ilsa von Hedy Lamarr oder Ann Sheridan. Daraus wurde zum Glück nichts.

Der Film basiert auf dem nie gespielten Theaterstück von Murray Burnett und Joan Alison »Everybody Comes to Rick's«. Nachdem es Julius und Philip Epstein ablehnten, am Drehbuch weiterzuarbeiten, wurde Howard Koch engagiert, als die Produktion bereits lief. Er trat nun mit seiner Schreibmaschine in einen Wettlauf mit der Kamera — oft erhielten die Schauspieler ihre neuen Texte erst am Morgen des Drehtages.

Die totale Unsicherheit in bezug auf die endgültige Typisierung der Charaktere und den Fortgang der Ereignisse trug entscheidend zum Mythos des Films bei. Ingrid Bergman wußte bis zuletzt nicht, welcher der beiden Helden ihr am Ende bleiben würde. Nach eigener Aussage spielte sie ihre Rolle laut Regieanweisung »irgendwo dazwischen«.

Durch dieses »irgendwo dazwischen« fand Ingrid Bergman in ihrem Spiel dieselben Bedingungen wie in der Realität vor, und gerade das steigerte den Naturalismus und die »Echtheit« ihrer Darstellung wie in kaum einem anderen Film, auch wenn sie selbst der Meinung war, daß ihr Gesicht bei Großaufnahmen oft »absolut leer« gewesen sei.

Am angenehmsten überrascht war Claude Rains über die Wandlung seines Charakters vom kurrupten Polizeichef zum Patrioten.

Kurios verlief auch die Rezeption des Films, der im November 1942 erstmals in die Kinos kam und nach wenigen Wochen wieder abgesetzt wurde. Er wäre mit Sicherheit für immer in der Versenkung verschwunden, hätten nicht Churchill und Roosevelt im Frühjahr 1943 ein Gipfeltreffen in Casablanca veranstaltet. Daraufhin erlebte der Film einen zweiten Start, bei dem er sofort als Sensationserfolg einschlug und drei Oscars gewann: als bester Film 1943, für die beste Regie und das beste Drehbuch.

**Casablanca** (Casablanca)
USA 1943. Warner Bros.
*Regie* Michael Curtiz  *Drehbuch* Howard Koch, Julius J. und Philip G. Epstein, nach dem Theaterstück »Everybody Comes to Rick's« von Murray Burnett und Joan Alison  *Kamera* Arthur Edeson  *Schnitt* Don Siegel und James Leicester  *Musik* Max Steiner  *Songs* »As Time Goes By« von Herman Hupfeld; »Knock On Wood« von M. K. Jerome und Jack Scholl
*Darsteller* Humphrey Bogart (Rick), Ingrid Bergman (Ilsa), Paul Henreid (Victor Laszlo), Claude Rains (Captain Louis Renault), Conrad Veidt (Major Strasser), Sydney Greenstreet (Señor Farrari), Peter Lorre (Ugarte), Szöke Szakall (Carl), Madeleine LeBeau (Yvonne), Dooley Wilson (Sam), Joy Page (Annina Brandel), John Qualen (Berger), Leonid Kinsky (Sascha), Helmut Dantine (Jan Brandel), Curt Bois (Taschendieb), Marcel Dalio (Croupier), Corinna Mura (Sängerin), Ludwig Stössel (Mr. Leuchtag), Ilka Grüning (Mrs. Leuchtag), Charles La Torre (italienischer Offizier Tonelli), Frank Puglia (arabischer Händler), Dan Seymour (Abdul)

»Rick's Café Américain« in Casablanca ist ein Zufluchtsort für Gestrandete und Flüchtlinge aus aller Welt. Die meisten werden gehetzt von Nazi-Schergen, und viele haben nur noch den Wunsch, nach Amerika, »in die Freiheit«, zu entkommen.
Rick Blaine ist der hartgesottene Barbesitzer, der sich, abgebrüht und distanziert, aus allem heraushält, bis eines Tages Ilsa Lund an der Seite des Widerstandskämpfers Victor Laszlo sein Lokal betritt. Da wird die Ursache seines Zynismus offenbar — er leidet noch immer unter dem tragischen Ende seiner Beziehung zu Ilsa, mit der er in Paris eine große Romanze erlebte.
Durch Zufall kommt er in den Besitz zweier Ausreisevisa, die den schicksalhaften Lauf der Ereignisse weiter bestimmen.

*Die große Romanze nimmt in Paris, der Weltstadt der Liebenden, ihren Anfang, wird mit Champagner begossen und erhält durch den Einmarsch der Nazis einen melodramatischen Akzent.*
*Einen Tag später stehen Rick und Sam auf dem Bahnhof, und Regen tropft auf einen Abschiedsbrief.*

*Rick, der abgebrühte Zyniker und patriotische Held, sorgt für ein aktionsreiches, heroisches Ende der Geschichte — um dann mit Louis am »Beginn einer neuen wundervollen Freundschaft« zu stehen.*

# Citizen Kane

*Citizen Kane* ist ein in Zelluloid gehauenes Monument des Orson Welles. Er tritt selbst darin auf als blendende Gestalt, pausbäckig, erfolgreich, jungenhaft. Die Hände in den Taschen. Sonnyboy-Lächeln. Gereckte Schultern. Er hebt die Welt aus den Angeln. Seine Anzüge, Mäntel, Hüte, Schals sind glamourös. Er lebt in großen Räumen, in einer Welt aus freien Meinungen und ehrenvollen Aufgaben, Schlagzeilen, Skandalen und handwerklicher Druckerschwärze, mit einer Kraft, die jede bessere Idee zu sich herüberzieht. Der Film über die Potenz des begabten, ehrgeizigen Zeitungsmannes Charles Foster Kane ist auch ein Film über Orson Welles.

Als Orson Welles sich an dieses Werk machte, war er schon hochberühmt. Der Film war sein Erstling, und er machte ihn mit der Energie eines 25jährigen, debütierenden Genies. Man erwartete Wunderdinge von einem Wunderknaben. Unter dem Druck der Erwartungen ging Welles aufs Ganze. Er wollte den Anfängerfehler vermeiden, einen guten, ausgewogenen Film abzuliefern. Er machte zehn Filme in einem. Einen Film für Sammler, die auf Ausstellungsstücke aus sind. Einen Geschenkpaket-Film aus Nordamerika. Die Vision des kraftvollen, erfolgreichen Lebens, das noch im Scheitern den Eindruck erweckt, intensiver gewesen zu sein als jedes andere. Das vitalste Stück amerikanischer Träume.

Was Wunder, daß *Citizen Kane* zunächst in aller Munde war als der um jeden Preis extravagante Einstieg dieses Wunderkindes. Und als Skandalfilm: Der Randolph-Hearst-Konzern sah sich entlarvt und führte wütende Kampagnen, die Amerika die Zeit vertrieben. Wie das Enfant terrible Welles selbst geriet der Film danach einige Jahre aus der Mode. Aber bald sah man: Er hatte so viel vorweggenommen, daß er immer moderner wurde. Er entfaltete schließlich seine filmischen Innenwelten, die ihn als das fortgeschrittenste Werk des Erzählkinos auswiesen. 1962 erklärte ihn die internationale Kritik nach einer Umfrage der Fachzeitschrift »Sight and Sound« zum »besten Film der Welt«, und das blieb er. »Er ist bestimmt der Film«, schrieb François Truffaut 1967, »der am meisten junge Leute veranlaßte, sich dem Beruf des Regisseurs zuzuwenden.« Heute gilt *Citizen Kane* als ein modernes Museum formaler Filmkostbarkeiten, an denen sich Zuschaueraugen nicht sattsehen können, die von der Schlichtheit unserer Filmkultur und unserer Lebensräume frustriert sind.

Der Film sprengte die Grenzen des bis dahin Gewohnten. Welles hat seine ungewöhnlichen Stilmittel nicht erfunden, aber er entwickelte sie zur Vollkommenheit. Aus der Stummfilmzeit belebte er die Tiefenschärfe als Erzählperspektive wieder, die den Schnitt ersetzt; Weitwinkelaufnahmen verzerren und erweitern den Raum; schiefe Perspektiven, Ober- und Untersichten, parallele Vorgänge innerhalb des Bildaufbaus, eine Lichtorgie, die die Personen psychologisiert — all diese Techniken, mal journalistisch, mal poetisch genutzt, machen das Jugendwerk des weisen Welles zu einem Comic strip, der die Größenordnungen entgegen räumlicher Logik erzählerisch manipuliert.

*Citizen Kane* ist auch ein Film über Töne, ein Radiofilm, der durchaus ohne Bilder seinen Ausdruck fände. Jede Einstellung hat ihre Klangfarbe, die zur folgenden paßt, wie die Bilder zusammenpassen. Jedes Geräusch wird gleichwertig behandelt. Insgesamt ist der Ton den Bildern nicht untergeordnet.

Aber *Citizen Kane* ist noch mehr. Welles war kein selbstverliebter Formalist. Sein Film, der die Spiellust ausstrahlt, die ein Puzzle weckt, ist ein Werk des modernen Relativismus, wie Einsteins Forschungen und Prousts Romanwerk. Fünf Personen erzählen von dem Zeitungszar Kane und setzen ein widersprüchliches Bild zusammen. Der Erzähler Welles gibt seine Allwissenheit auf und überläßt dem Zuschauer die Erkenntnisse, die aus der Darbietungsform zu ziehen sind. Die Objektivität seiner Mittel machte *Citizen Kane* zum Kultfilm des literarischen Kinos, von dem Filmemacher wie Alain Resnais (in *L'Année dernière à Marienbad*) oder Federico Fellini (in *Otto e mezzo*) lernten.

Der formal reiche Film ist auch ein reiches Ausstattungswerk. Jedes Bild ist bis zum Platzen ausgefüllt mit Einzelheiten, bis hin zu den Bildrändern. Klingelknöpfe, Bekken, Vasen, Fotos, Plakate, Möbel, Türfassungen, Gitter und Ornamente belegen den Eindruck amerikanischer

*Jeder hat eine andere Wahrheit über Kane, die als Puzzle seines Lebens und seiner Epoche zugleich zusammensetzbar ist. Ein Puzzle, das nie wirklich fertig wird. Sowenig wie das seiner Frau (Dorothy Comingore), die sich ein Bild machen will.*

*Kane (Orson Welles) steht hier noch zuversichtlich neben seinem Redakteur Leland (Joseph Cotten) und auf den Beweisstücken seiner Macht. Am Ende weiß er, daß sie ihm nicht halfen, die Einheit seiner Person zu bewahren.*

Fülle. Autos, Straßen, Mauern und platzfressende Säle schließen die Figuren großformatig ein. Am Ende nutzt Welles die Ansammlung zu einer moralischen Aussage. Eine lange Kamera-Kranfahrt über den angehäuften Besitz des gerade gestorbenen Kane ergibt die Gewißheit, daß Reichtum keine Identität schafft und das individuelle Glück nicht festigt.

Der Eindruck des Überflusses, den der Film vermittelt, förderte jedoch seinen Ruhm. Mitte der fünfziger Jahre kam er zu uns herüber. Zusammen mit Care-Paketen, Coca-Cola, Lucky Strike und Hotmusik bestimmte er unser Bild vom vermögenden Amerika. Begierig griff das arme Europa zu, aß das amerikanische Futter und entdeckte den nordamerikanischen Film. Als USA-Film, als üppig ausgemalter Comic aus dem Land der unbegrenzten Möglichkeiten, wurde *Citizen Kane* bewundert und wird bis heute gefeiert als das Ausstellungsgebäude der Filmgeschichte, das an Räumen, Stilen, Stimmungen und Perspektiven alles enthält, was der Betrachter sich wünscht.

**Citizen Kane** (Citizen Kane)
USA 1940. RKO
*Regie* Orson Welles  *Drehbuch* Herman J. Mankiewicz und Orson Welles  *Kamera* Gregg Toland  *Schnitt* Robert Wise und Mark Robson  *Art Director* Van Nest Polglase und Perry Ferguson  *Dekor* Darell Silvera  *Musik* Bernard Herrmann
*Darsteller* Orson Welles (Charles Foster Kane), Agnes Moorehead (Mrs. Kane, seine Mutter), Harry Shannon (Mr. Kane, sein Vater), Ruth Warrick (Emily Norton, seine erste Frau), Dorothy Comingore (Suzan Alexander, seine zweite Frau), Joseph Cotten (Jed Leland), George Coulouris (Thatcher), Everett Sloane (Bernstein), Erskine Sanford (Carter), Ray Collins (Jim W. Gettys), Fortunio Bonanova (Matiste, Gesangslehrer), William Alland (Thompson, Reporter), Paul Stewart (Raymond), Philip van Zandt (Rawlstone), Georgia Backus (Miß Anderson), Gus Schilling (ein Oberkellner), Buddy Swan (Kane, acht Jahre alt)

Die Geschichte der gescheiterten Recherche eines Reporters, der das Geheimnis des gestorbenen Zeitungsmagnaten und vielfachen Millionärs Charles Foster Kane ergründen soll. Die Fakten seines Lebens sind bekannt: Aufstieg in Privatleben, Beruf und Politik, Fall in die Einsamkeit. Sein letztes Geheimnis sind sein Sterbenswort »Rosebud« und eine Schneeglaskugel, die seiner Hand entgleitet. Das Geheimnis bleibt dem Reporter verborgen, der Zuschauer erfährt es nebenbei: »Rosebud« war der Name des Schlittens, mit dem der Knabe Charles spielte, als er aus dem Paradies — dem Haus seiner Eltern — vertrieben wurde. In seinem Schloß Xanadu verdämmernd, wird es dem Sterbenden zur Chiffre für die Kinderträume, die ein notgedrungen verpfuschtes Leben zerstört.

# Les Enfants du Paradis

*Les Enfants du Paradis* ist Film als Pantomime, als Ausdruckstanz. Die Welt des Theaters und das Theater der Welt bespiegeln sich.

Ein Spiel von Liebe, Tod und Verbrechen, präsentiert als Sittengemälde, als großformatiges Tableau, aus dem Paris des 19. Jahrhunderts.

Ein Film über das in gesellschaftliche Zwänge verstrickte Individuum, das schuldlos schuldig wird: das Thema der klassischen Tragödie.

Der Zuschauer kann seine Träume in das Leinwandgeschehen projizieren, sich mit den Gestalten identifizieren, mit den großen Liebenden mitleiden, hoffen und bangen.

Das literarische Erzählmuster des Films ist so überschaubar und klar, daß er auch trotz vielfältiger Anspielungen, Verweise und Symbole leicht verständlich bleibt.

Die vier männlichen Hauptfiguren sind extreme Individuen, psychologisch durchgeformte und gegeneinander abgestimmte Charaktere, aber auch gesellschaftliche Antagonisten: Der sorglose, jedoch ehrgeizige Fatalist Frédéric, ein Schwätzer und Phantast, lebt, ständig auf der Suche nach dem größtmöglichen Vergnügen, in den Tag hinein.

Der intellektuelle Anarchist Lacenaire wird aus Haß auf die Gesellschaft zum Verbrecher.

Der schwärmerische Baptiste, der vom Mond gefallen zu sein scheint und für den Traum und Leben identisch sind, ist ein Ausdruckspoet, der die leidenschaftliche Liebe zu einer Frau zärtlich hütet.

Der reiche Graf de Montray, ein in die Jahre gekommener Dandy und Edelmann, verachtet als Aristokrat und »Ehrenmann« das Künstlervolk.

Seltsam blaß in ihrer Charakterisierung bleiben die beiden weiblichen Hauptfiguren.

An Garance sticht allein ihre verführerische Schönheit hervor, sie ist geheimnisvoll, arm, bleibt aber ohne individuelle Typisierung — sie existiert ausschließlich als Liebesobjekt der Männer.

Nathalie spielt im Theater »Funambules«, sie verfolgt Baptiste hartnäckig mit ihrer Liebe, heiratet ihn am Ende, doch er ist unrettbar Garance verfallen.

Die Handlung des Films ist verwickelt, kunstvoll geknüpft, aber von unerbittlicher Folgerichtigkeit. Die vier männlichen Akteure, deren Handeln durch ihr glückliches oder unglückliches Verhältnis zu Garance

*Pantomime als Sozialkritik. Baptiste als »Der Kleiderhändler«. Als armer Mann in den Ballsaal zur Liebsten zu gelangen, fehlt ihm der Frack. Baptiste sieht den Ausweg in einem Mord.*

*Seine schwärmerische Liebe zu Garance
verleiht dem Pantomimen Baptiste
(rechts) übermenschliche Kraft. Er wirft
seinen Gegner zu Boden.*

bestimmt wird, agieren mit einer zwingenden Logik: Der Schauspieler macht aus seiner Liebe eine Rolle, der Mörder ein Verbrechen, der Mann von Welt eine Ehrensache und der Mime eine stumme, verzehrende Leidenschaft.
Zentrum des Geschehens, das sich über Jahre erstreckt, ist das volkstümliche Theater »Funambules«, das mit Allegorien, Gaukeleien, Pantomimen sein Publikum unterhält.
Oben auf der Galerie, dem Olymp, sitzen die Arbeiter, Tagelöhner und Tagediebe, das einfache Volk, das mit kindlicher Spontaneität die Ereignisse verfolgt, beklatscht, kommentiert. Sie sind die Kinder des Olymp.
Bereits in den ersten Bildern, die das bizarre Treiben der Schausteller, Gaukler, Weissager, Akrobaten und Jongleure im Trubel des Boulevard du crime einfangen, symbolisiert der Film sein Thema: Die gefahrvolle Nummer, die ein Seiltänzer auf dem Drahtseil vollführt, steht für den Balanceakt, der Leben heißt, für den schmalen Grat des Schicksals, auf dem alle Menschen wandeln.
Große klassisch-traditionelle Vorstellungen, Formen und Ideale sind in *Les Enfants du Paradis* vereint: Freiheit, Schönheit, Leidenschaft, Geschmack, Intelligenz, Harmonie. Die Gegensatzpaare Kunst–Realität, Romantik–Realismus. Die Gesetzmäßigkeit, Ausgewogenheit, Sinnhaftigkeit des Lebens.
Es ist ein Film über eine versunkene Märchenwelt, ein Traumland, ein Film der theatralischen Gebärden und Gefühle, der von der großen, alles verzehrenden unerfüllten Liebe erzählt und die Sehnsucht nach der heilen Welt beschwört.

Der Film gilt als Höhepunkt in der Zusammenarbeit zwischen Marcel Carné und Jacques Prévert, den »Meistern des poetischen Realismus«. Seine Gestalten sind historische Figuren.
Die Idee zu *Les Enfants du Paradis* stammt von Jean-Louis Barrault. Carné wollte eigentlich einen Film über den Boulevard du crime und den Verbrecher Lacenaire machen, doch Barrault erzählte eine Episode aus dem Leben des berühmten Pantomimen Debureau, der zur selben Zeit lebte. Prévert schrieb die Geschichte um und entwickelte ein Drehbuch mit dem Titel »Funambules« (»Seiltänzer«).
Man wich in historisch-märchenhafte Stoffe aus, weil es die deutsche Besetzung von Paris unmöglich machte, aktuelle Themen zu behandeln.
Die gewaltigen Kosten des Films zur Zeit der Résistance und der Besetzung lösten heftige Kritik aus, die Öffentlichkleit warf Carné unverantwortliche Verschwendungssucht in einer Zeit der Not vor. Ein reicher Film in armer Zeit — das förderte seine Legende. Der Film lief bei seiner Uraufführung im März 1945 im Pariser Kino »Madeleine« vierundfünfzig Wochen en suite. Er wurde, von wenigen Ausnahmen abgesehen, von den Rezensenten einhellig gelobt.
Bei seinem Neustart 1977 schlug der deutsche Verleih den Kinobesitzern eine historisch-märchenhafte Präsentation dieser »unverlierbar schönen Erinnerung« vor.
François Truffaut: »Es ist ein Film, der nicht altert oder, was auf dasselbe hinauskommt, der sehr schön altert.«

**Les Enfants du Paradis** (Kinder des Olymp)
Frankreich 1943–1945. S. N. Pathé Cinéma
*Regie* Marcel Carné  *Idee* Jean-Louis Barrault  *Drehbuch* Jacques Prévert  *Kamera* Roger Hubert, Marc Fossard  *Bauten* Alexander Trauner  *Kostüme* Mayo  *Musik* Maurice Thiriet, Joseph Kosma  *Pantomime* Marcel Carné, Gilles Margaritis, Georges Mouqué
*Darsteller* Jean-Louis Barrault (Baptiste Debureau), Arletty (Garance), Pierre Brasseur (Frédéric Lemaître), Maria Casarès (Nathalie), Marcel Herrand (Lacenaire), Louis Salou (Compte de Montray), Pierre Renoir (Jéricho), Jeanne Marken (Mme. Hermine), Marcel Pérèz (Directeur), Gaston Modot (Blinder), Robert Dhéry (Célestin), Jacques Castelot (Georges)

Aus dem Menschengewühl des Boulevard du crime, der Vergnügungsstraße des historischen Paris, treten nacheinander die Akteure heraus. Die traumhaft schöne Garance, der Intellektuelle Lacenaire, der Schauspieler Frédéric Lemaître, der weißgeschminkte Mime Baptiste Debureau und der hochnäsige Graf de Montray. Sie alle sind angezogen, fasziniert von Garance, mit der sie nacheinander in Verbindung treten. Der schwärmerische Baptiste muß auf die Erfüllung seiner tiefen Leidenschaft für Garance bis zum Ende des Films warten, ihre erste gemeinsame Nacht wird auch ihre letzte sein. Garance verschwindet am nächsten Morgen im Menschenmeer des Boulevard, Baptiste, der stumme Mime, bleibt allein und verzweifelt zurück.

# La Belle et la Bête

Jean Cocteau fand das Übernatürliche stets natürlich, in seinen Filmen mischen sich Realität und Traum. Sein Feenmärchen *La Belle et la Bête* basiert zwar auf einer Vorlage der Madame Leprince de Beaumont, wird aber für ihn zum Anlaß, seine eigene Mythologie von Liebe und Tod zu zelebrieren.

Das Werk war nach seinem surrealistisch beeinflußten Manifest *Le Sang d'un Poète* (1930) Cocteaus erster Spielfilm. Er entstand 1946 zu einer Zeit, in der die Menschen »des sogenannten wirklichen Lebens müde waren« (Cocteau) und sich bereitwillig in eine entrückte Welt entführen ließen, in der das Schweigen, die Musik, der Wind und die schleppenden Kleider ein herrliches Abenteuer begleiten.

Die Schöne ist eine als Prinzessin verkleidete Bauersfrau, das Untier ein verwandelter Märchenprinz.

Die Bestie des Märchens hat etwas zu tun mit den Ungeheuern, die in den Schreckenskammern alter schottischer Schlösser hausten und sich in Wahrheit als Lords oder Familienälteste herausstellten.

Jean Cocteau erzählt die Geschichte jedoch gegen den Strich. Das Untier ist bei ihm kein entsetzliches Monster, sondern ein unendlich trauriges, auf seine Weise schönes Tier, liebenswerter als der Prinz.

Zahlreiche Briefe junger Frauen und Mädchen, die das arme Tier beklagen, bewiesen Cocteau nach der Uraufführung, daß er verstanden worden war (mit Ausnahme der Kritik!).

»Es gibt unsichtbare Feen, die glauben, daß alles dank eines Schlags mit dem Zauberstab einfach wird, während nichts einfach ist, am wenigsten das Herz der jungen, einfachen Mädchen, die das Abenteuer mehr lieben als die Vernunftehe« (Cocteau).

Das Ende des Films sollte sowohl das Publikum überraschen als auch die Schöne enttäuschen. Denn als das Untier aus Gram darüber stirbt, daß die Schöne zu spät in sein Schloß zurückgekehrt ist, erfährt man, daß das Mädchen in Wahrheit das traurige Tier geliebt hat und nicht den herausgeputzten Prinzen, in den es sich verwandelt hat.

Denn nun ist sie in die Langeweile und das Grauen des Alltags zurückgeworfen und hat, was alle haben: einen Mann und in der Zukunft viele Kinder.

*La Belle et la Bête* ist ein Film über die Emanzipation. Er ist aber auch ein Film, in den man wie in eine Ausstellung holländischer Meister hineinschauen kann. Die Schöne wohnt mit ihrer Familie in einem Bürgerhaus, das an Gemälde im Stil Vermeers erinnert.

*Das finstere Schloß des » Untiers« erinnert an die Bilderwelt Gustave Dorés: Die aus den Wänden ragenden Kandelaber werden von lebendigen Händen gehalten.*

*Als die Schöne zu spät ins Schloß zurückkehrt, ist das Tier dem Tode nahe.*

»Es gibt in diesem Film das Rätsel eines Blickes, der sich gleichbleibt und der seinen Sinn im Himmel finden wird. Es gibt das Wort von Paul Eluard, den man fragte, was er von dem Film halte, und der antwortete: ›Um diesen Film zu verstehen, muß man seinen Hund mehr lieben als seinen Wagen‹« (Cocteau).

Jean Cocteau, *poète maudit* und Romancier, Essayist, Maler, Zeichner, Ballett- und Filmschöpfer, betrachtete sein Werk unterschiedslos als Poesie. Sein Kino ist ein Relikt aus einer versunkenen Zeit, doch verfügt es gleichwohl über hypnotische Kraft. Er verteidigte seine Welt des Wunderbaren, Mysteriösen, Schattenhaften rigoros gegen den technischen Wahnsinn unseres Jahrhunderts.

Cocteau unterschied zwischen Kino und Kinematographie. Kino bedeutete für ihn, daß man wenig sieht, wenig hört, rausgeht und alles sofort vergißt. Kinematograhie dagegen war ein Gegenstand der Reflexion und eine Möglichkeit, die Realität des Irrealen auszudrücken. Dies gelang ihm auch beispielhaft mit seinem Film *Orphée,* einer existentialistischen Version der griechischen Tragödie, in der Menschen durch Spiegel gehen können. Er wurde ebenfalls zum Kultfilm.

*La Belle et la Bête,* von der amerikanischen Jugend geliebt als französisches Märchen, das die Zeiten überdauert hat, und in Europa inzwischen einer der Pro-grammschwerpunkte der Repertoire- und Kunstkinos, wurde von der Kritik bei seiner Uraufführung auf den Filmfestspielen von Cannes katastrophal aufgenommen. Man war der Ansicht, daß der Film für Kinder zu hoch und für Erwachsene zu kindisch sei. Ein paradoxes Mißverständnis.

**La Belle et la Bête** (Es war einmal . . .)
Frankreich 1946
*Regie* Jean Cocteau  *Drehbuch und Szenario* Jean Cocteau, nach einem Märchen von Madame Leprince de Beaumont  *Kamera* Henri Alekan  *Dekor und Kostüme* Christian Bérard  *Musik* Georges Auric  *Technische Beratung* René Clément
*Darsteller* Jean Marais (Avenant, Prinz und la Bête), Josette Day (la Belle), Michel Auclair (Ludwig), Mila Parely (Felicitas), Nane Germon (Adelheid), Marcel André (Vater), Raoul Marco, Gilles Watteaux, Noël Blin

Der Vater der Schönen verirrt sich im Wald und gerät in die Hände des Untiers. Er muß sterben, weil er eine Rose gestohlen hat, es sei denn, er findet jemand, der für ihn in den Tod geht.
Die Schöne ist bereit, für ihren Vater zu sterben, doch als sie die Bestie zum erstenmal sieht, schreit sie und wird ohnmächtig. Weil sich das Untier in die Schöne verliebt, befreit es sie von dem Fluch und erlaubt ihr sogar, ihren kranken Vater zu besuchen. Die Schöne kommt zu spät in das finstere Schloß zurück, und das Tier stirbt aus Gram in ihren Armen, verwandelt sich im Tod jedoch in einen Prinzen.

# The Red Shoes

»Das Märchen ›Die roten Schuhe‹ von Hans Christian Andersen erzählt die Geschichte eines Mädchens, das sich nichts so sehr wünscht wie ein Paar roter Schuhe. Sie erhält die Schuhe und beginnt zu tanzen, durch Wiesen und Wälder, Städte und Felder, Tag und Nacht. Sie tanzt und tanzt und vergißt dabei alles – die Zeit rast vorbei, die Liebe rast vorbei, das Leben rast vorbei. Am Abend, als sie müde wird und nach Hause gehen will, tanzen die Schuhe weiter und weiter, bis ihre Füße bluten und sie völlig entkräftet ist – am Ende stirbt sie.« Diese Geschichte erzählt der Impresario Boris Lermontov im Film dem jungen Komponisten Julian Craster, der die Partitur des Balletts umarbeiten soll.

Victoria Page ist ein junges Mädchen, das tanzt und liebt und den Tanz mehr liebt als ihr Leben.

LERMONTOV: »Weshalb tanzen Sie?«

VICTORIA: »Weshalb leben Sie?«

LERMONTOV: »Ich weiß nicht genau, aber ich muß.«

VICTORIA: »Das ist auch meine Antwort.«

Trotz ihrer Besessenheit für den Ballettanz ist Victoria charmant und intelligent, liebenswert und liebebedürftig. Man gönnt ihr eine große Karriere und eine erfüllte Liebe, doch beides zugleich erklärt der große Lermontov für unvereinbar: »Eine Tänzerin, die sich den zweifelhaften Annehmlichkeiten einer bürgerlichen Ehe hingibt, kann niemals eine große Tänzerin werden.«

Ein Traum wird wahr, und nach der Premiere des Balletts »Die roten Schuhe« ist Victoria eine gefeierte Primaballerina. Auch der Traum von der Liebe erfüllt sich. Für den jungen Julian Craster bedeutet Victoria das Glück seines Lebens – sie heiraten, und Victoria zieht sich ins Privatleben zurück.

Der Heirat-oder-Karriere-Konflikt spitzt sich zu.

Victoria Page kehrt zum Ballett zurück, weil sie tanzen muß. Vor Beginn der neuen Vorstellung kämpfen Lermontov und Craster verzweifelt um sie. Julian verläßt Victoria, aber sie ist gebrochen, wie gelähmt.

Die roten Schuhe tanzen mit ihr davon. Sie stürzt in den Abgrund.

Das Thema des Märchenballetts steht dramaturgisch im Zentrum des Films und symbolisiert gleichzeitig die reale Handlung. Ein romantisches Märchen mit einem romantischen Problem als expressionistischer Leinwandzauber, Tagtraum und Alptraum, Psychodrama und Künstlerschicksal.

Ein Märchen wird wahr in Monte Carlo, in einer Szenerie, die unglaubhaft, aber real ist. In den rauschhaften Märchenszenen des Balletts dagegen ist die Welt glaubhaft, aber irreal.

Der Film als Ballett. Eines der emotionsgeladensten Leinwanddramen von einst bis heute. Ein Identifikationsfilm für Teenager, Ballettratten, die vom großen Ballerinaleben träumen. Vom Spitzentanz, den Pirouetten, dem Pas de deux. Von der heiligen Kunstwelt, dem bohèmehaften Leben, dem rauschenden Erfolg – Kunst als Erotik und Religion zugleich. Und ein Film von Schicksal, Liebe und Tod.

*The Red Shoes* ist für Ballettomanen *der* Kultfilm. Sie interessieren sich speziell für das zwanzigminütige Ballett innerhalb des Films.

*Der kunstbesessene Impresario Lermontov liebt die Tänzerin nur, weil sie seine Vorstellungen ideal umzusetzen versteht.*

*Der junge Komponist Julian Craster liebt die schöne Tänzerin, sieht in ihr aber zuerst die Frau, die ihn glücklich macht.*

*Die Faszination
der roten Schuhe*

Bemerkenswert an diesen Tanzvisionen ist die neue Art der Kameraführung, sie folgt wie die Tänzer rhythmischen Bewegungsgesetzen und schafft damit eine kontrapunktische Kamerachoreographie.

Der Ausstattungskünstler Hein Heckroth, der die Bauten des Films schuf, leistete ein Jahr Vorarbeit, ehe gedreht werden konnte. Er malte sechshundert Bilder, semiabstrakte Form- und Farbkompositionen, mit denen der Kameramann Jack Cardiff einen »Papierfilm« nach der vorliegenden Musik von Brian Easdale drehte. Jede Tanzszene realisierte man anschließend nach diesem gemalten *screen*.

Die surrealen Effekte des Balletts — Tänzer schweben durch Illusionsräume, die sich farblich übergangslos verwandeln, aus Himmel wird Meer, aus einem Zeitungsblatt wird ein Tänzer usw. — wurden durch eine spezielle Montagetechnik ermöglicht, die Heckroth und Cardiff zusammen entwickelten, das sogenannte Cash-Verfahren. Die Hälfte des Filmstreifens wurde während der Tanzaufnahmen abgedeckt, danach malte Heckroth die Dekorationen, Städte, Wiesen, Wälder, Fantasy-Welten, mit denen die bis dahin kaschierte Hälfte des Filmmaterials belichtet wurde.

So entstand eine gelungene Symbiose aus Bewegung, Musik, Traumwelten, Jazztanz, Ballett, Malerei.

Der Film *The Red Shoes* ist reine Kino-Meditation, emotionale Realität und perverse Illusion.

**The Red Shoes** (Die roten Schuhe)
England 1948. Rank
*Regie* Michael Powell und Emeric Pressburger *Drehbuch* Michael Powell und Emeric Pressburger, nach dem Märchen von Hans Christian Andersen *Kamera* Jack Cardiff, Christopher Challis *Choreographie* Robert Helpman *Bauten und Kostüme* Hein Heckroth *Musik* Brian Easdale
*Darsteller* Moira Shearer (Victoria Page), Robert Helpman (Ivan Boleslawsky), Leonide Massine (Ljubov), Ludmilla Tcherina (Boronskaja), Anton Walbrook (Boris Lermontov), Marius Goring (Julian Craster), Albert Bassermann (Ratov)

Eine junge Tänzerin tritt in eine berühmte Ballettkompanie ein und wird mit dem Ballett »Die roten Schuhe« zur gefeierten Primaballerina.
In dem Konflikt zwischen Liebe und Kunst kann sie sich nicht entscheiden und erleidet ein tragisches Schicksal.

# A Bout de Souffle

Der Film ist mit einfachen Mitteln gemacht. Deshalb ist er den B-Filmen der amerikanischen Monogram-Pictures gewidmet. Wie deren Billigprodukte zerredet er nichts. Er zeigt, das er meint, ist schnell am Tatort und erzählt von den Hauptsachen. Von den tiefen, aber sorgsam gehüteten Gefühlen: Wenn es mit der Liebe nicht funktioniert, muß der Tod herhalten. Er beharrt auf dem Wenigen, das wichtig ist: Patricias winziges Hotelzimmer mit dem großen Bett, ihr mädchenhafter und Michels durchtrainierter Körper, ihr langes Geplänkel aus Worten, Blicken und Gesten, bevor sie endlich wie »glückliche Elefanten« unter der Bettdecke verschwinden. Die lauten Pariser Straßen und Kneipen mit ihren blechernen Geräuschen, Stimmen, die ihren Klang wechseln, das Gehen, das Autofahren, das Tragen von Kleidern. Die nächtlichen, schnellen Geschäfte in den Kneipen, das Spiel mit den Gegnern. Unterwegssein, Bleibenwollen, die lauernde Gefahr im Hintergrund. Der Film zeigt das lockere Netz der Subkultur, die ganz selbstverständlich in die Unterwelt reicht. Das Abenteuer eines Lebens ohne Vorschriften und den gewaltsamen Tod als Konsequenz. Die Konfusion freier Gefühle, die sich erst eine Außenwelt schaffen müssen. Die Mechanik des Polizeiapparates.

*A Bout de Souffle* ist ein Scharzweiß-Film, der den Tag zur Nacht und die Nacht zum Tag macht.

Der Film wirkt heute wie ein altes Foto, das einen Moment realer Zeit ersetzt. Er schließt die Lücken der Erinnerung an die Zeit vor der Revolte: die Zeit der dumpfen Gärungen.

Dieser Film war der siebte Streich der *Nouvelle Vague*, jener französischen Neuen Welle, mit der die Filmtheoretiker um die »Cahiers du Cinéma«, Ende der fünfziger Jahre, ans praktische Werk gingen. Nach Truffaut, Chabrol, Resnais, Malle und Varda nun Jean-Luc Godard. Die Generation der 20- bis 30jährigen sah sich damals im Spiegel dieses Films und erkannte ihre eigenen Botschaften, die zum Mai 1968 führten. Er war eine Hymne auf den Augenblick und auf die Unordnung.

*A Bout de Souffle* brachte bei vielen Kinosüchtigen auch den Bogart-Kult in Gang. Jean-Paul Belmondo als der Zufallsverbrecher Michel Poiccard starrte in einer Sequenz selbstvergessen Humphrey Bogarts Foto im Kinoschaukasten an und imitierte seine Gesten. Für ihn ist Bogart ganz stark und existentiell vorhanden, obwohl er ihm als Kinofigur begegnet. Bogart geht in seinem Leben aufs Ganze. Auch Woody Allen ließ Bogart später auftreten, aber sein behelfsmäßiger Held Allan Felix in *Play It Again, Sam* erlebte mit Bogart nur das prickelnde Gefühl, von der Trivialkultur zu kosten.

*Michel Poiccard schreitet leicht und lässig aus und beweist damit, daß er nur im Augenblick lebt. Er setzt sich den Bogart-Hut auf den Hinterkopf, jongliert mit den Zigaretten, die nie ausgehen; seine Hilfsmittel sind saloppe Sakkos und Hosen, große Autos, Revolver und die Grimassen des Gleichmuts. Die dem amerikanischen Gangster entliehenen Utensilien kennt er aus Filmen, sie sollen ihm aber auch das Überleben sichern. Er trifft seine »Lulu« auf den Champs-Élysées. Sie heißt Patricia Franchini, verkauft die »New York Herald Tribune«, experimentiert in ihrem Leben, hat kurze Haare, lacht oft und wirkt geheimnisvoll, weil sie sich für nichts entscheiden will. Eine Sphinx, deren Rätsel Michel zu lösen gedenkt.*

Der Film war in vier Wochen abgedreht, nur im Frühlicht des Morgens, an Originalschauplätzen, oft improvisiert und aus der Hand gefilmt. Der Film verpflanzte das Hollywood-Kino der *Schwarzen Serie* in die Zeit der intellektuellen Erneuerungsbewegung des europäischen Kinos. Er war Godards Antwort auf das literarische fran-

20 Jahren ein klassischer Film sein wird.« Mehr als 20 Jahre nach seiner Entstehung ist *A Bout de Souffle* noch ganz frisch, weil die Gefühlsbewegungen, die er abbildet, noch immer – und wieder – überall vorhanden sind. Und weil seine rigorose Erzählweise eine angemessene Form gefunden hat für den Zorn auf das Herkömmliche.

*Michel und Patricia, das erste moderne Liebespaar der Leinwand. Sie beziehen die provisorischen Wohnungen der frühen sechziger Jahre. Sie haben die Körpersprache und die Redensarten von heute. Im harten, kontrastreichen Licht des Hotelzimmers sieht es fast so aus, als könnte es zwischen ihnen das schöne, weiche Gefühl geben.*

zösische Kino der Renoir und Cocteau im Geiste des Regisseurs »schwarzer« Gangsterstücke Jean-Pierre Melville.

Daß der Film dennoch ein Kultfilm für Cineasten wurde, lag schon an den Voraussetzungen Godards. Er wollte alles in einem Film unterbringen. Er schaut sich selbst beim Filmen zu. Man sieht und hört ihn denken. Er zitiert. So bekam der Film zwar die Spannung und Dichte des Gangsterfilms, dahinter aber die Kompliziertheit des Elite-Kinos mit allen avantgardistischen Zeichen. Er wurde auch ein Sammelsurium handwerklicher Regelverstöße, die ins Lehrbuch des »wilden« Films eingingen. Und Godard wurde der Kultregisseur der jungen Wilden des europäischen Kinos.

»Seit 20 Jahren habe ich keinen Film gesehen«, schrieb Maurice Bessy 1959, »bei dem ich so sicher bin, daß er in

**A Bout de Souffle** (Außer Atem)
Frankreich 1959
*Regie* Jean-Luc Godard    *Drehbuch* Godard, nach einem Szenario von François Truffaut    *Kamera* Raoul Coutard    *Schnitt* Cécile Decugis    *Musik* Martial Solal, Konzert für Klarinette und Orchester K. 622 von Mozart    *Technische Beratung* Claude Chabrol
*Darsteller* Jean-Paul Belmondo (Michel Poiccard alias Laszlo Kovacs), Jean Seberg (Patricia Franchini), Henri-Jacques Huet (Berutti), Jean-Pierre Melville (Parvulesco), Daniel Boulanger (der Inspektor), Liliane David (Liliane), Claude Mansard (Autohändler), Jean-Luc Godard (der Spitzel), Jean Domarchi (der Saufbruder), Michel Fabre (der Polizist), Van Doude (der Journalist), André-S. Labarthe (der Interviewer), Jean Herman (der Soldat), Jean Douchet (der Passant), Roger Hanin

Der Autodieb Michel Poiccard, alias Laszlo Kovacs, erschießt einen Polizisten. Nach der eher zufälligen Tat flüchtet er nach Paris. Dort trifft er Patricia Franchini wieder, eine amerikanische Studentin, die die »Herald Tribune« verkauft.
Patricia läßt sich auf eine Beziehung mit Michel ein, verrät ihn aber der Polizei. Im letzten Moment warnt sie ihn noch, aber es ist zu spät. Michel wird auf der Straße erschossen.

# Jonas qui aura 25 Ans en l'An 2000

Ein Film über einen Jungen, aber auch über uns alle. Ein Zurück-zur-Natur-Film über Jonas und seine Zukunft. Er wird auf jenem Bauernhof geboren, der allen acht Figuren als Fixpunkt dient. Eine »didaktische Komödie« (Tanner), die sich fragt, welche »strahlenden« Lebensmöglichkeiten wir Jonas bereiten, der nicht im warmen Bauch des Walfischs bleiben darf und im Jahr 2000 fünfundzwanzig Jahre alt sein wird.

Ein Film über eine Gruppe von Außenseitern, Exzentrikern, Abfahrern, deren Namen nicht zufällig alle mit *Ma* beginnen. Die »Personen sind Allegorien, Metaphern. Sie haben ihre Wahrheit, sind stellvertretend für eine Gebärde, eine Idee, eine Aktion, die 1968 ihren Ausgangspunkt genommen hat« (Tanner), im *Mai '68*, jenem Hoffnungsdatum, das einst gesellschaftliche Veränderungen wie nicht entfremdete Arbeit, angstfreie Sexualität, solidarisches Miteinander-Leben, basisdemokratische Entscheidungen versprach.

Die acht Personen des Films erscheinen zwar als Spinner und Verrückte, trotzdem tun sie etwas in unserer zubetonierten, verwalteten Welt. Sie existieren als kleine subversive Inseln im grauen Meer der politischen Hoffnungslosigkeit.

Der Lehrer Marco veranschaulicht seinen Schülern die Dialektik der Geschichte mit Hilfe einer gewaltigen Blutwurst, der Aktivist Max spielt Roulette und verhindert mit seiner Sekretärin Madeleine einen Bauskandal, der arbeitslose Drucker Mathieu versucht auf dem Land eine alternative Schule einzurichten, Marcel und Marguerite düngen auf ihrem Bauernhof nicht chemisch, sondern

*Marie bekämpft den Supermarkt an der Kasse, indem sie Rabatte nach eigenem Ermessen einräumt.*

mit Mist nach Öko-Art, und Marie geht am weitesten, sie bescheißt als Kassiererin den Supermarkt, indem sie nach eigenem Ermessen »bedürftigen« Kunden weniger berechnet.

Ein Episodenfilm ohne oberflächliche Spannungsmache mit Personen, die witzig, pfiffig, individualistisch bleiben, obwohl sie als Metaphern auf zwei Beinen konzipiert sind, und in dem die Kamera abwechselnd den jeweilig sprechenden und agierenden Figuren über die Schulter schaut.

Ein Film ohne linkes Kauderwelsch, ohne theoretisches Geschwafel oder Selbstmitleid, sondern mit Personen, die leben, die bei sich selbst anfangen mit der Veränderung, die reflektiert handeln und wissen, was sie tun.

Ein Film von humaner Kraft und visuellem Glanz.

In einer pessimistischer werdenden Situation Mitte der siebziger Jahre, in der Schlagworte wie Resignation und Apokalypse immer stärker ins Bewußtsein drangen, gibt

*Der arbeitslose Drucker Mathieu verschafft den Kindern auf dem Bauernhof Spaß am Lernen durch seine alternative Schule.*

Tanners Film die gesellschaftlichen Utopien von einst nicht kampflos preis, fällt nicht ein ins allgemeine Klagelied, sondern fragt, wie es weitergehen soll.

Tanner fühlt sich Bresson und Godard verpflichtet. »Bresson hat die Normen der Darstellung gesprengt . . . Ich messe seinen Filmen größeren politischen Wert bei als den pseudopolitischen eines Costa-Gavras oder Yves Boisset.« Und Godard hat seiner Meinung nach den Unterschied deutlich gemacht zwischen »politische Filme machen« und einen »Film politisch machen«.

Ein Kultfilm für alle enttäuschten, frustrierten und verwirrten 68er, die Landfreaks und Spontis von einst und jetzt, die unverbesserlichen Revoluzzer und die zaghaft gewordenen Linken, für die ganze Trauergemeinde der Hinterbliebenen und Resignierten.

Ein Mutmach-Film für die »radikalen Minderheiten« im Land, die sich mit den Verhältnissen nicht abfinden wollen. Aber auch ein Film, der das resignative Klima der

siebziger Jahre so haarscharf traf, daß er wenig später schon überholt schien — und heute bereits zu einem Kultfilm von gestern geworden ist.

**Jonas qui aura 25 Ans en l'An 2000** (Jonas, der im Jahre 2000 25 Jahre alt sein wird)
Schweiz/Frankreich 1976
*Regie* Alain Tanner *Drehbuch* Alain Tanner, John Berger *Kamera* Renato Berta *Musik* Jean-Marie Sénia
*Darsteller* Jean-Luc Bideau (Max), Myriam Mezières (Madeleine), Rufus (Mathieu), Myriam Boyer (Mathilde), Roger Jendly (Marcel), Dominique Labourier (Marguerite), Jacques Denis (Marco), Miou Miou (Marie), Raymond Bussières (der alte Charles) und Jonas

Der Film handelt von acht unangepaßten, etwas verrückten Freunden, die auf einem alternativen Bauernhof auf dem Land zusammentreffen. Daß sich die gesellschaftlichen Hoffnungen und Utopien von 1968 nicht erfüllt haben, macht sie nicht gleichgültig oder resignativ. Sie führen ein unkonventionelles, unkompliziertes Leben und versuchen, jeder auf seine Weise, politisch subversiv zu handeln.
Am Ende gehen ihre Wege auseinander, zurück bleiben die lebensgroßen Graffiti der Hauptfiguren, die Kinder an die Wände gekritzelt haben.

# Horror

**Heimatfilme.** Horrorfilme sind Heimatfilme. Sie bieten keine rührselig verschönten Glücksbilder einer Wunschwelt, in der alles seine Ordnung hat, auch in Ordnung bleibt. Sondern krasse Gegenbilder zum gewohnten Heimatfilm, der hier umgedreht, auf den Kopf gestellt wird.

Im Horrorfilm kommt die andere Seite des Heimatfilms »zutage«, seine Nachtseite, seine Abseitigkeiten, all das, was in die Schattenzonen der Instinkte und Verbote verdrängt ist.

Horrorfilme graben aus dunkelsten Kammern und Kellern, was an Legenden, Aberglaube, Folklore verschüttet liegt: vergangene Vorstellungen über nächtliche Unholde und Nachtwanderer, Kinderschrecke und Dorfgespenster, raubgierige Grafen und wilde Jäger, verwunschene und entschwundene Burgen, Schlösser, Dörfer, Schatzgräberei, Leichenfledderei, Hexen, Werwölfe, Vampire . . .

Die Bilder und Geschichten des Horrorfilms erzählen von der unbekannten Natur und ihrer übernatürlichen Beherrschung durch Magie, Wunder und Frömmigkeit. Und auch davon, wie mit dem aufgeklärten Naturverständnis der neuen Zeit die Identität mit der Natur verlorenging, die alten Volkstraditionen zerstört, die Einbruchstellen des Irrationalen verstopft wurden.

»Da kam das aufgeklärte und pioniertüchtige Bürgertum und vertrieb alle bösen Geister, verdrängte sie zumindest aus dem täglichen Stadtleben in abgelegene Orte, Ruinen, alte Schlösser, Flüsterwälder; Geister vertrugen gar kein elektrisches Licht. Der erste Anschluß eines Dorfes an das städtische Elektrizitätswerk vertrieb allein mehr Gespenster als alle Traktate der Aufklärung zusammen« (Joachim Schumacher, 1936).

Horrorfilme entdeckten, daß die verstaubten Phantasiestoffe mit den unterschwelligen Ängsten unserer Zeit zu tun haben.

Kindergrauen vor der Dunkelheit, Gespensterfurcht und Angst vor den fremden Kräften der Natur, im Kino lange als romantischer Gruselzauber verlacht, bilden im Horrorgenre nur die psychologische Grundierung für Traumbilder, in denen sich die Verhältnisse des Vertrauten, Heimatlichen umkehren: Das Heimliche wird unheimlich, das Natürliche unnatürlich, das Menschliche unmenschlich, das Normale unnormal, die Idylle gerät zum Chaos. In den Horrorfilmen wird Heimat als heile Identifikationswelt in Frage gestellt. Geborgenheit erscheint als Enge, Wärme als Kälte, Harmonie als Tarnung von Verbrechen, Gewalt, Gefahr. Eine Ordnung, die der einzelne nur auf Kosten seines Unterganges sprengen kann.

Zu Helden eignen sich deshalb auch keine harten Naturburschen oder schönen Bürgersöhne, sondern tragisch umwitterte Außenseiter und Grenzüberschreiter. Ebenso Fanatiker, die im wörtlichen Sinn über Leichen gehen, am Ende scheitern, untergehen oder als Fremde im eigenen Land untertauchen, auch auswandern müssen. Die Helden des Horrorfilms sind keine Aussteiger, sondern Heimatvertriebene.

Heimatlos sind auch ihre Geschöpfe, wie das Monster Frankensteins. Und die vielen anderen Monster, die gegen die Natur sind und zu deren Schicksal es gehört, nicht als Menschen, eher wie Tiere behandelt zu werden, wie Wesen aus einer anderen Welt.

**Märchenfilme.** Manche Horrorfilme werden als Märchen gesehen, mit Irrgärten und Gespensterwäldern als Orte wilder Schrecken, an denen alles möglich wird, die Begegnung mit Wesen, gegen die sich Vernunft und Logik sträuben, als normal erscheint, wenn auch mit unvermuteten Konsequenzen. Menschen verwandeln sich in Tiere, in Wölfe, Katzen, Affen, Insekten. Tote werden lebendig. Lebende können nicht sterben oder finden auf sehr umständliche, mysteriöse Weise den Tod. Die Verwandlungsmythen von Tieren in Menschen und Menschen in Tiere haben es den Bildermachern des Horrorfilms besonders angetan, weil sich diese märchenhaft fremde Welt zur Projektion geheimer Ängste und Verdrängungen auch heute noch anbietet. So drängt sich das phantastische Bestiarium grotesker Mischwesen, Halbmenschen und Tiermenschen, die aus Mythen, Märchen, Sagen und Legenden vertraut sind, im Horrorfilm in unsere Gegenwart.

**Tierische Filme.** Die liebevollen Fabelwesen sehen freilich gar nicht mehr lieb und fabelhaft aus, weil sie all das zu verkörpern haben, was gegen die natürliche oder auch soziale Norm ist, vom biologisch Unnormalen bis zum

*Märchenbild mit Trauerrand / La Maschera del Demonio.
Italien 1960. Regie: Mario Bava*

extrem Kranken. Deshalb geht es in den Filmen ungeheuer tierisch zu und weniger menschlich. Im Horrorfilm haben Tiermenschen, anders als im Märchen, keine Chance, sich zur wahren Natur zurückzuverwandeln, etwa in einen schönen Prinzen, sondern werden in der Regel mit Hilfe grausamer Rituale ins Jenseits befördert. In den Monstern personifizieren sich nicht zuletzt die Furcht vor der scheinbar bezwungen Natur und auch das Entsetzen vor der eigenen Vorgeschichte.

Die Filme profitieren in naiver und populärer Weise von all den halbwissenschaftlichen und pseudowissenschaftlichen Erklärungen, die in der Nachfolge Darwins für das ungeklärte Problem der biologischen Vergangenheit des Menschen ausgedacht wurden, als der Mensch noch nicht ganz Mensch und nicht mehr ganz Tier war: Menschenaffen, Affenmenschen, Tarzan, King Kong, die Braut des Gorillas, auch Zwitter und Verwandlungen — das Horrorkino bastelt beständig und lustvoll an Fabeln und Bildern, in denen sich das vermeintliche Wesen von Menschen und Primaten auflöst und die einen in den anderen ein Stück ihrer verborgenen oder uneingestandenen Natur offenbaren.

**Erotische Filme.** Weil im Horrorfilm so vieles gegen die Natur des Menschen scheint, was nur seiner wahren Natur entspricht, entpuppen sich Horrorfilme auch als erotische Filme. Da befreiende Aktionen fehlschlagen, jeder Versuch von Grenzüberschreitungen auch auf diesem Gebiet böse Folgen hat, kommt verdrängte Sexuali-

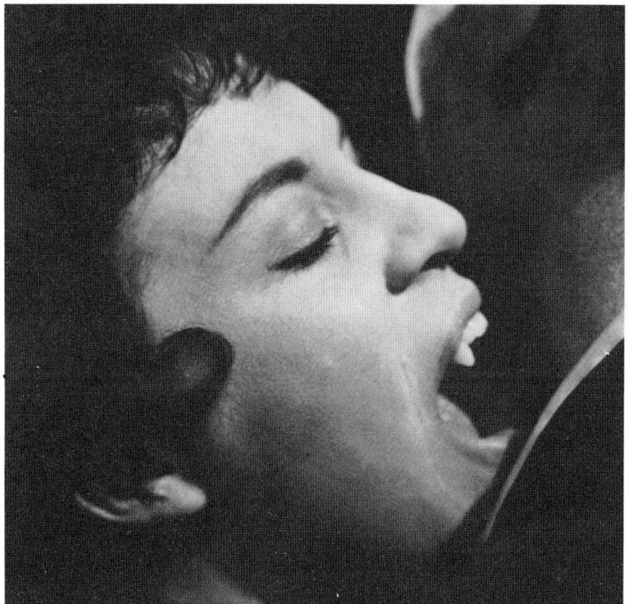

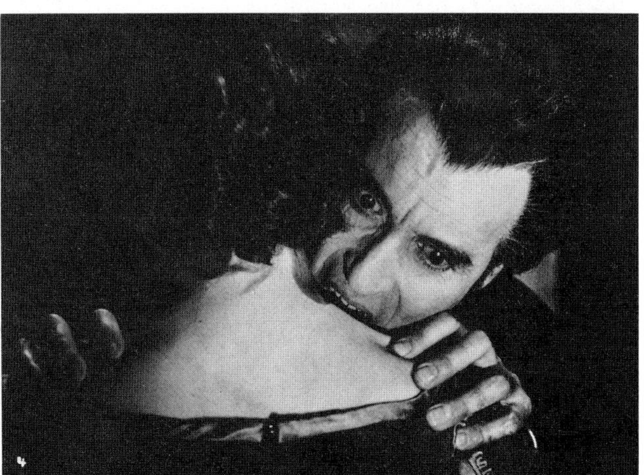

*Traumbilder aus Fleisch und Blut / <u>Scars of Dracula.</u> England 1970. Regie: Roy Ward Baker. Mit Christopher Lee / <u>Horror of Dracula.</u> England 1958. Regie: Terence Fisher. Mit Valerie Gaunt / <u>Taste the Blood of Dracula.</u> England 1969. Regie: Peter Sasdy. Mit Christopher Lee*

*Nebelbild der Liebe / <u>The Wolfman.</u> USA 1941. Regie: George Waggner. Mit Lon Chaney jr., Evelyn Ankers*

tät verzerrt, regressiv und aggressiv zum Vorschein.
Als schwarze erotische Märchen erweisen sich gerade die
frühen Horrorfilme, die einen unerschöpflichen Fundus
an erotischen Verdrängungsmotiven besitzen, selbst
Inventar und Dekor fügen sich zu bedeutungsschweren
Bildgeweben. Sie erzählen Kiss intime Geschichten, die viel
von den geheimen Bündnissen zwischen Erotik und
Todesangst offenbaren. Wie in den Filmen über Vampire, deren tödlicher Kuß nicht mehr interpretiert zu
werden braucht und bei denen inzwischen mehr interessiert, welche erotischen Obsessionen ihre Opfer entwik-
keln.
Während neuere Filme die nackte Angst immer wörtli-
cher nehmen, halten sich Feinschmecker des Genres
noch immer an die altmodischen, angestaubten Schauerstücke. Nicht allein, weil sie den Modergeruch verdrängter Gefühle heute noch exotischer erscheinen lassen,
sondern vor allem, weil in keinem anderen Genre derart
viele symbolische und verschlüsselte Erscheinungsfor-
men von Erotik zu entdecken sind, daß man geradezu
eine »Psychopathia sexualis« erstellen könnte.

**Opernfilme.** Zu den besonderen Reizen des altehrwürdi-
gen Genres gehört, wie es abseitige Erotik mit äußeren
Zeichen, kunstvoll verschnörkelten Zeremonien und
rituellen Formeln veranschaulicht, mit gestischer Über-
deutlichkeit eine Ahnung vermittelt, was an erträumtem
Anderssein hinter den deformierenden Masken und
Kostümen steckt. Ein Kino der Seelentiefen, Abgründe,
versteckten Leidenschaften.
So theatralisch sind die Gesten, auch die Bildinhalte
komponiert, daß manche Horrorfilme sich in schwarz-
gedämpfte Opern verwandeln mit Arien, Duetten, mit
tragischen Kulminationspunkten und mächtigem Finale.
Der Kult um die englischen Hammer-Produktionen wäre
nicht denkbar ohne ihre exzentrischen Hauptfiguren, die
eleganten Kostüme, das schwelgerische Dekor, die schat-
tig-leuchtenden Farben von dekadenter Raffinesse,
unter denen Rot ganz selbstverständlich dominiert und
dem Horrorfilm seinen spezifischen Glamour als Blutoper verleiht.
Bewegungen und Regungen wirken wie erotische Expo-
sitionen, sind immer Zeichen für innere Vorgänge. So
wenn Peter Cushing als Frankenstein sich wie ein Diri-
gent zwischen den blitzenden Geräten unter blubbern-
den Tönen in seinem Labor hin- und herbewegt und dem
Schöpfungsakt entgegenfiebert. Oder wenn der asiati-
sche Finsterling Fu Manchu als Hoherpriester der

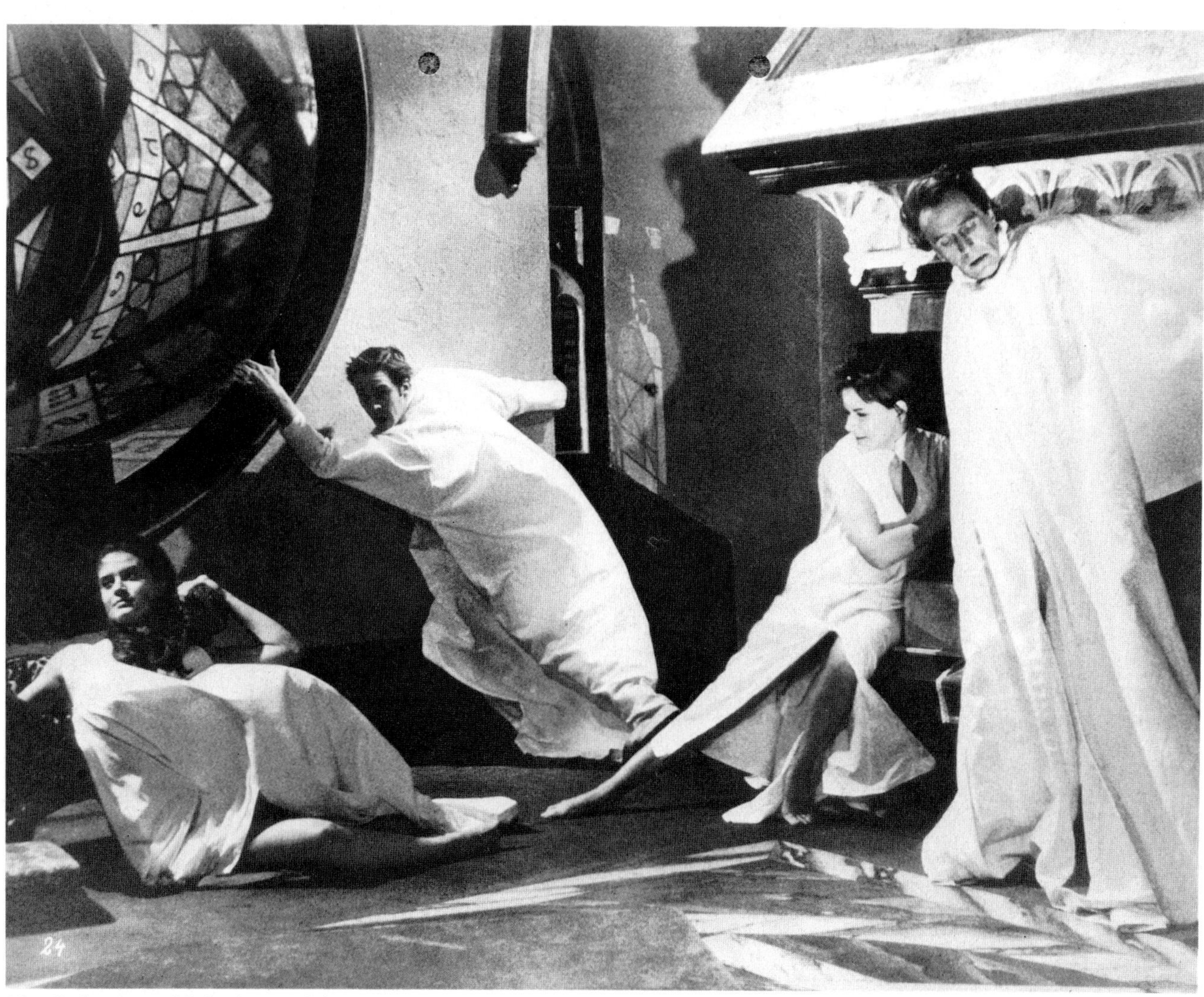

*Mystik des Augenblicks / <u>Kiss of the Vampire.</u> England 1962. Regie: Don Sharp*

*Schatten der Vergangenheit / <u>House of Wax</u>. USA 1953. Regie: André de Toth. Mit Vincent Price, Phyllis Kirk*

Gewalt schon bei der Einschulung seiner Opfer einen Danse macabre inszeniert, um an ihnen anschließend die Frustrationen über das Scheitern seiner Welteroberungspläne in sadistisch ausgeklügelten Symbolhandlungen abzubauen.

**Filme über das 19. Jahrhundert.** Horrorfilme profitieren von der Gefühlswelt des 19. Jahrhunderts, von der Entdeckung des Grauens als Quelle von Lust und Schönheit. Was der Zuschauer an Ängsten oder auch Aggressionen in sich hat, wird abgeleitet in ein System unterirdischer Gänge, Kerkerfluchten, Falltüren, Spiegelkabinette, Labyrinthe und Folterkammern, die von machtbesessenen Genies und ihren bevorzugt weiblichen Opfern bevölkert sind.

Horrorfilme sind auch Filme über Bilder, Geschichten, Orte und Vorstellungen, die das 19. Jahrhundert hervorgebracht hat.

Die ersten genrestiftenden Horrorfilme, 1931 produziert, basieren nicht zufällig alle auf literarischen Vorlagen aus diesem Zeitraum: *Dracula* (1897 von Bram Stoker), *Frankenstein* (1818 von Mary Godwin Shelley), *Dr. Jekyll and Mr. Hyde* (1885 von Robert Louis Stevenson). Als Kind des 19. Jahrhunderts brachte das Kino die Zauberküche dieser Epoche als Aussteuer in das Genre ein: teuflische Erfindungen, höllische Labors, geheimnisvolle Apparaturen, dämonische Ärzte, böse Finsterlinge, unschuldige Opfer, lebende Tote, Magnetismus und Geister, Geheimorganisationen und unterirdische Verstecke, okkulte Wissenschaften, Entdeckungsreisen und Kolonialabenteuer, Gesellschaftstugenden und Ausbruchsversuche aus den Normen. Aber auch: Weltflucht, Träumerei, Narzißmus, Wahnsinn, Perversion, Weltekel. Was in Wirklichkeit die Verwandlungen und Umwälzungen des vorigen Jahrhunderts vorführt, wird als Idylle und Poesie von nostalgischem Reiz erlebt, weil es inzwischen aus seiner historischen Verankerung herausgelöst worden ist.

**Antiquitätenkino.** Das funktioniert so wie in einem Freilichtmuseum. In der liebevollen Rekonstruktion des lokalen Ambiente, in seinen altmodisch eingedunkelten Genrebildern träumt das Kino entschwundener Folklore nach, sammelt sie als exotische Andenkenartikel und antiquarische Sehenswürdigkeiten für ein Musée imaginaire. Profaner ausgedrückt: das Horrorkino als Antiquitätenladen, als Flohmarkt und in seinen billigeren Ausgaben: als Ramschladen.

Hollywoods Horrorfilme aus den dreißiger Jahren sind amerikanische Kinoträume von einem fiktiven alten Europa. Und es sind (urbane) Visionen von einer zwar historischen, aber aufgegebenen, oft auch nie gesehenen »alten« Heimat der Immigranten. Anders als beim Western, der als der klassische amerikanische Heimat-

*Rekonstruktion der Vergangenheit: Kulissen für den amerikanischen Traum von Europa / Bauten zu <u>Frankenstein.</u> USA 1931. Regie: James Whale. Art Director: Charles D. Hall*

film bereits die »neue« Heimat zum Thema hat. Und es sind auch jüdische Träume von der verlorenen Heimat, wie viele Details belegen. So etwa deutsch-jüdische Namen von Orten und Figuren in den ersten Frankenstein-Filmen, die in einer altdeutsch-biedermeierlichen Welt spielen.

Dieser deutsch-jüdische Einfluß ist zurückzuführen auf jüdische Produzenten wie den deutschstämmigen Carl Laemmle, der für die Universal fast alle Klassiker des Horrorfilms der dreißiger Jahre produzierte. Auf die aus Deutschland eingewanderten Techniker, Regisseure und Autoren wie Curt Siodmak, Kurt Neumann, Karl Freund, Paul Leni, Edgar G. Ulmer (um einige zu nennen), die das Genre entscheidend mitgeprägt haben.

Das spezifisch theatralische Flair verdankt das frühe amerikanische Horrorkino anderen Europäern wie den aus Ungarn stammenden Bela Lugosi und Peter Lorre, vor allem aber britischen Schauspielern wie Boris Karloff, Colin Clive, Lionel Atwill, Claude Rains, Basil Rathbone, George Zucco, Charles Laughton, Elsa Lanchester, Ernest Thesiger, Cedric Hardwicke.

In England, dem Ursprungsland des schwarzen Humors und des gotischen Horrors, blieben die amerikanischen

Schauerstücke der dreißiger Jahre, trotz der starken britischen Beteiligung, ohne wirksame Resonanz. Erst in den fünfziger Jahren entwickelte sich der englische Horrorfilm, der aber nicht die amerikanischen Modelle imitierte, sondern seinen Erfolg dem Rückgriff auf das eigene literarische Erbe verdankt.

**Ruinenkult.** Der Blick in die Vergangenheit ist im Horrorfilm auch ein Blick in die Vergänglichkeit. In Ruinen, in denen das Vergangene Gegenwart wird, die aber zugleich vom zeitlosen Leben der Natur durchsetzt sind, gerät (so Wilhelm von Sonntag 1943 in seinem Essay über Ruinen) unser Zeitgefühl ins Schwanken, öffnet sich unser Bewußtsein unwillkürlich der Traumwelt. So benutzt auch der Horrorfilm die merkwürdige Verwandtschaft der Formenwelt der Ruinen mit der Szenerie unserer Träume immer wieder zur Lokalisierung für düstere Ausschweifungen, in denen Verwesung, Zerfall, Selbstzerstörung einen sinngemäßen Bezug finden.

Verfallene Burgen, finstere Schlösser, in der Einöde gelegene Landhäuser, bis ins Detail hinein oder oft nur im Detail mit Erinnerung an geheime Geschichte besetzt, geben die Aura für unheimliche Geschichten. Sie gelten

*Die fremde Heimat als Kuriosum: deutsche Szenerie im amerikanischen Frankenstein-Film / Frankenstein. USA 1931.*
*Regie: James Whale*

als die klassischen Aufenthaltsorte für Abgeschiedene, für Geister und Gespenster, auch als Zufluchtsort für mysteriöse Einzelgänger und Sektierer, die hinter den »Mauern des Grauens« oder undurchdringlichem Dickicht die Welt und selbst noch die Natur auszusperren scheinen.

Ob die Behausungen Festung oder Ruine, Relikt vergangener Zeiten oder nur die äußere Fassade für moderne, zeitgemäßere Schrecken sind, sie dienen der Irritation des Zuschauers: Seine Anschauungsformen sollen aus den Fugen geraten, bröckeln wie die losen Steine einer Ruinenfassade. Horrorfilme sind Vexierspiele, in denen sich festgefügte Begriffe für die Funktionen einzelner Bauteile der Natur und des Menschen immer wieder verschieben. Ruinen bekommen animistische Züge. Menschen ruinieren ihr Leben.

Im romantischen Ruinenzauber des Horrorfilms werden auch amerikanische Wunschbilder ausgemalt. Weil Amerikaner glauben, ihre Kultur leide an Geschichtsdefizit (Henry James zählt schon 1879 zu den Elementen hoher Kultur, die dem amerikanischen Leben fehlten, auch die Ruine), haben amerikanische Millionäre bekanntlich einen Kult daraus gemacht, originale Ruinen aus dem sagenhaften Antiquitätenland Alte Welt in die Neue Welt einzuschiffen.

Daß sie auch die Natur als Antiquitätenladen betrachteten, lebende Antiquitäten importierten, hatte einen unerwarteten Effekt: Die zerstörende Gewalt der Natur wirkte sich in der Zivilisation aus. King Kong sorgte dafür, daß im heimischen New York Ruinen entstanden.

**Ruinöse Filme.** Horrorfilme erzählen immer wieder und immer mehr von der Rache der Natur. Sie zeigen, wie die scheinbar bezähmte Natur gegen ihre Bezwinger zurückschlägt. Sie korrigieren unseren Traum vom Paradies, in dem, stand schon früher nicht alles zum besten, wenigstens die Natur noch in Ordnung schien. Anders als im Heimatfilm konventioneller Prägung präsentiert der Horrorfilm die Natur nicht bloß als Bühne, sondern auch als Schlachtfeld und was danach übrigbleibt: die Natur als Ruine.

Manche Filme wirken wie Illustrationen zur aktuellen Ökologiekrise.

Die alten Horrorfilme zeigten den Verfall als selbstverständlichen Spätzustand, mit der Ruine als Symbol. Sie führten die Rückverwandlung von Zivilisation in Natur

*Schatzgräberei. Horrorfilme holen sich ihren Stoff nicht nur aus den Ruinen der Märchenwelt, den zerstörten Tempeln der Natur und den Kellern des Unterbewußtseins, sondern auch aus den Gräbern der Phantasie. / <u>The Vampire Lovers.</u> England 1970. Regie: Roy Ward Baker*

vor, an deren Anfang und Ende das Bild einer verschwundenen Zeit stand.

Zum neuen Horrorfilm gehört heute nicht mehr der allmähliche Verfall, sondern die spontane Demolierung. Die Lust am Zerstörten ist durch die Lust am Zerstören ersetzt worden: Beton und Eisen zerfallen nicht zu Ruinen, sondern bilden nur Schrotthaufen. Die neuen Schauplätze sind die Städte, die sich auf der Zerstörung von Natur gründen, sich in Schutthalden verwandeln. Eine chaotische, sinnlos erscheinende Welt, in der die Opfer nun blutrünstig tabula rasa machen.

Das moderne Alptraumkino ist Schlachthauskino, Schnellimbißkino, Kino von der Müllhalde.

# Kultfiguren

Es gibt kein zweites Genre, mit dem derart viel Kult getrieben wurde und wird. Auf Horrorfilme haben sich unzählige Fans eingeschworen. Es sind Sekten und Gemeinden entstanden, die sich keineswegs einig sind, welchen Filmen oder Darstellern der schwarze Oscar gebührt. Was die einen für extremen Schwachsinn halten, feiern die anderen als Glanzstücke des Genres. Und seit mit der Rehabilitierung des Trivialkinos auch der Horrorfilm intellektuelle Weihen empfangen hat, gibt es kaum einen Film, Regisseur oder Darsteller, der nicht von irgend jemandem für kultreif erklärt wird.

Für Horrorfreaks bleiben die Monster die eigentlichen Kultfiguren: Dracula, die Mumie, der Wolfsmensch, Jekyll/Hyde, das Phantom der Oper . . . Es gibt sie sogar als Masken und Miniaturmodelle für den häuslichen Kult zu kaufen.

Daß neben den Maskenbildnern auch die Stars hinter den Masken, selbst wenn sie die Maske wechselten oder ganz ablegten, Kultfiguren geworden sind, versteht sich von selbst. Horrorfans haben, entgegen ihrem Ruf, ein sensibles Gespür für die Gesichter hinter der Maske entwickelt.

Die Kultfiguren des Horrorfilms sind nicht die guten, moralisch integren Helden, in deren Arme am Ende die gerettete Unschuld sinkt. Die Faszination geht ganz von den Antihelden aus, den Bösewichten und Finsterlingen, den Figuren der Nacht, des Traums, des Wahnsinns. Ihre »guten« Gegenspieler, also die Sieger, sind die eigentlich tragischen Figuren, weil sich für sie kaum jemand interessiert, sie nur als Handlungsträger geduldet werden und deshalb auch nicht selten in der Erinnerung namenlos geworden sind.

Die wichtigste Frage und damit verknüpfte Hoffnung bleibt immer, ob die Figuren des Todes »überlebt« haben. Inzwischen gehört es zu den lustvollen Erfahrungen der Horrorgemeinde, daß die Veteranen des Genres mit zunehmendem Alter immer liebenswürdiger wurden, selbst wenn sie noch so böse Rollen zu spielen hatten. Man freut sich richtig darauf, sie wiederzusehen:

**Boris Karloff.** Der große alte Mann des Horrorkinos. Er hat nie unterkühlt gespielt, selbst in seinen ersten Rollen als kaltes Symbol des Terrors vermittelte er allein schon

*König des Horrorfilms: Boris Karloff*

durch seine dunklen warmen Augen eine Ahnung vom Fall der Kreatur, die die Nacht und die Natur mit sich herabzogen. Und später, immer mehr der böse Überpapa, machte er sich ein Vergnügen daraus, die Widersprüche und Absurditäten vieler dubioser Rollen souverän auszuhalten. Ihm verdankt das Horrorkino, daß es nicht gefürchtet, sondern geliebt wurde und wird.

**Bela Lugosi.** Mit seiner modrigen Eleganz und muffigen Theatralik, seinem fremdländischen Akzent (als ungarischer Einwanderer) zunächst verlacht und verkannt, weil er aussah und auch so spielte, als sei er sein eigener Großvater. Aber genau das machte seine Wirkung aus. Denn die verstaubten Figuren des Schreckens aus den Kellern des Unterbewußtseins, vornehmlich des 19. Jahrhunderts, erscheinen mit ihm so, als hätten sie tatsächlich ihren eigenen Tod überlebt.
Er machte die letzten Geschmacklosigkeiten des Genres mit, identifizierte sich dabei allen Ernstes mit seinen Rollen, selbst wenn sie gar nicht so ernst gemeint waren, und wurde zuletzt zur tragischen Karikatur seiner eigenen verrückten Figuren, in denen immer nur und immer wieder sein Dracula zum Vorschein kam. Der Kult mit seinem eigenen Kinobild wurde ihm zum Verhängnis. Heute erweist sich, daß sein theatralisches Spiel und sein altmodischer Stil im Horrorkino nicht nur überlebt haben, sondern sogar als besonderes nostalgisches Vergnügen genossen werden, während gefeierte Stars seiner Zeit in Vergessenheit geraten sind.
Der früher eher als asexuell geltende Darsteller zwielichtiger Gestalten wirkt heute nicht mehr so eindeutig. Von Puder und Schminke, Masken und Kostümen umhüllt, erschließen sich die erotischen Rätsel zuletzt im Mienenspiel und in den Bewegungen Bela Lugosis, die ihn auch zu einem Kultstar der Transsexuellen machen.

**Peter Lorre.** Der kleine Melancholiker mit den Glubschaugen, der so traurig und verzweifelt aussieht, als ob er unausgesetzt leiden müsse — selbst an der Todesangst seiner Opfer. Ein kindlich maskierter Clown mit der Überempfindlichkeit einer Seele, die ihn als reuigen Sünder auftreten läßt, wo er in Wahrheit den Henker spielen möchte. Er sei »die böse Harmlosigkeit, die infernalische Freundlichkeit, die zynische Sanftmut, die lustige Treuherzigkeit, die ironische Spießigkeit«, erkannte schon Herbert Ihering, bevor Peter Lorre in den USA als Spezialist für psychopathische Charaktere zur Kultfigur wurde.
In seinen späten Rollen sieht man ihn immer nur mit den Augen der Erinnerung und erlebt dabei, wie Peter Lorre mit seinem Augen-Spiel auch nichts anderes tut, als selbstironisch unsere Kinoerinnerungen an ihn zu bestätigen.

**Vincent Price.** Der shakespearehafte Schurke, meist Jäger und Gejagter, der nicht selten seinen kunstvoll eingefädelten Horror-Kabinettstückchen zum Opfer fällt. Er ist der amerikanischste unter den Kultstars des Horrorfilms. Nicht weil er geborener Amerikaner ist, sondern weil er seine durchtriebenen Charaktere wie ein

*Dame des Horrorfilms: Bela Lugosi*

*Bube des Horrorfilms: Peter Lorre*

*Legitimer Thronfolger: Vincent Price*

vollendeter Professional zur Schau trägt, leicht snobistisch, pervertiert. Der unausgesetzte Versuch, seine Rollen mit süffisanten theaterhaften Mitteln auszuspielen, mit Zynismen und Sarkasmen zu garnieren (wobei ihn die konventionelle Horrormaskerade nur stört und er deshalb am liebsten mit kleinen Requisiten arbeitet), hat eine bestimmte Wirkung: Der Zuschauer wiegt sich immer in dem Glauben, seine Schreckenstaten berechnen zu können, während sie sich bereits an ganz anderer Stelle eingeschlichen haben.

**Peter Cushing.** Während in den amerikanischen Frankenstein-Filmen durch die klassische Verkörperung von Boris Karloff das Monster in den Mittelpunkt rückt, steht im Zentrum der englischen Produktionen der Baron Frankenstein — mit Peter Cushing. Beide sind durch ihre grundlegenden Rollen zu Kultfiguren geworden. Beide können spielen, was sie wollen, sie werden immer mit diesen Figuren identifiziert.

Peter Cushing ist und bleibt der Einzelgänger und Exzentriker, der rätselhaft scheue, unzugängliche, arrogante Aristokrat, dessen unauffällige Extravaganzen bis ins Detail entwickelt sind: Er ist immer korrekt, wenn nicht elegant gekleidet, ein Mann mit gepflegten Manieren und beständigen Gepflogenheiten — und doch ein Bürger mit Abgründen. Unter der Maske des Bourgeois lauert ein harter, verbissener, zynischer und fanatischer Charakter, der über Leichen geht.

*Aristokrat im Untergang: Peter Cushing*

*Prinz der Nacht: Christopher Lee*

*Königin der Nacht: Barbara Steele*

**Christopher Lee.** Der viktorianische Dandy unter den Horrorfiguren. »Einen Hauch von adliger Noblesse« sollte sein Dracula haben, wie er selbst bekennt. Was er dezent verschweigt, obwohl es aus seinen Augen leuchtet: Sein Dracula ist auch der erotischste. Die symbolische Nähe von Liebe und Tod hebt er endgültig auf. Ein Prinz der Nacht, der die Moral der Liebe entweiht und sich dabei zu Tode liebt.

Und er ist auch ein Dracula, der sich aus dem düsteren Dunkel der Vergangenheit ins farbige Lichtermeer der Großstädte unserer Zeit wagt, um mit »tödlichem« Entsetzen festzustellen, daß inzwischen Zombies die Szenen beherrschen.

Hauptfiguren werden zu Nebenfiguren. Nebenfiguren zu Hauptfiguren. Für den echten Kultisten rückt im Horrorfilm das gesamte Personal zu einer »magischen Enzyklopädie« zusammen, in der noch die entlegensten Figuren eine Schlüsselstellung einnehmen. So lassen sich im Horrorkino wie sonst nirgends Typen entdecken, die nicht normal sind oder sein wollen, für die der Horrorfilm die wahre Heimat ist: dubiose Hausbesitzer, skurrile Dorfgeistliche, exzentrische Waffensammler, skrupellose Leichendiebe, dämonische Grafen, schnippische Kolonialbeamte, zwielichtige Erfinder, vertrocknete Jungfrauen, tyrannische Väter, vertrottelte Diener, verstockte Kutscher . . .

# Dracula

Tod Brownings Version hält sich im ersten Teil noch an das überlieferte Bild von Dracula in Bram Stokers Roman. Mit liebevoll ausgemalten Genrebildern zeichnet er die ländliche Idylle einer Welt, in denen die Dorfbewohner wie exotische Fremde erscheinen, deutet er auf krause Vorstellungen und Ängste in einem bäuerlich-magischen Milieu, gibt er den Vorgängen etwas tief Vergangenes.

Visionsraum für eine Scheinwelt, deren fahle Reflexe am Horizont bereits Unheimliches verraten. Eine Kutsche fährt durch unwegsames Gelände, schwebt geradezu durch das Zwielicht hinauf zur Burg des Grafen Dracula. In Horrorfilmen sind Kutschen Traumfahrzeuge, wie Schlitten und Schiffe.

Ein Schiff ist es, das den Sarg mit Dracula nach London bringt, wo sich die Handlung fortsetzt. Von hier ab verläßt Browning die romanhafte Linie Stokers und bewegt sich mehr auf der Vorlage des Theaterstücks. Es ist ein Sprung ins 19. Jahrhundert, in die theaterhafte Atmosphäre bürgerlicher Verlegenheiten. Dracula steigt aus den unterirdischen Labyrinthen der Romantik und lustwandelt auf den Boulevards der neuen Zeit.

Hinter der Maske Draculas steckt der viktorianische Dandy, wie ihn Baudelaire beschrieben hat: deklassiert, angeekelt und zur Untätigkeit verurteilt, aber mit dem Gedanken, eine neue Art von Adel zu bilden: kalt und voller Melancholie.

Draculas Erscheinung verkörpert, stark eingeschattet, den aristokratischen Individualismus, dem das 19. Jahrhundert den Todesstoß versetzte. Ein figurenhafter Einzelgänger, kultiviert und diszipliniert. In seinem schwarzen Frack, einem nicht gerade luminösen Kleidungsstück, wirkt er schon äußerlich wie sein eigener Leichenbestatter.

Geheimnisvoll und verloren aus dem fernen Nebel der Vergangenheit taucht er auf, unfaßbar für die Wirklichkeit. Nur dem geschärften Verstand des mit dem Untergrund alter Traditionen vertrauten Professors Van Helsing zugänglich, dem das Horrorkino auch das schönste Bonmot zur Definition von Vampiren verdankt: »Nur deswegen gibt es noch Vampire, weil einfach niemand glaubt, daß es welche gibt.«

Zwischen ihm und Dracula entsteht eine Art dialektische Auseinandersetzung: auf der einen Seite die Überlieferung scheinbar naturgegeben, unantastbar, als der ewige Versuch der Restauration, das Dasein in den Bann der Erinnerung zu ziehen. Auf der anderen Seite die Überlieferung handlich gemacht (zum Beispiel mit Knoblauch, Wolfskraut, Kruzifixen), um die Tradition gewissermaßen mit ihren eigenen Mitteln zu liquidieren.

Doch verkörpert Dracula nicht einfach das ursprüngliche Verhängnis, das Böse und den Tod in Gestalt des Vampirs. Bela Lugosis Interpretation zeigt merkwürdig abstrakte, zwitterhafte Züge, vermittelt den Eindruck einer zweideutig düsteren Sinnlichkeit.

Es gehört zu Draculas wesentlichen Charakterzügen, konsequent gegen die Natur zu revoltieren, während er sich ihr fügt; sie zu beherrschen, obwohl er von ihr beherrscht wird. Er scheut den Tag, das Licht. Und liebt die Nacht, das Dunkel. In ihrem Schutz sucht er die Erfahrungen der großen Leidenschaften und Laster, seine Opfer, die ihm fremd sind — um das Spiel noch vor Morgengrauen zu beenden. Ohne erkannt zu sein, kaum sichtbare Spuren hinterlassen zu haben. Zur Doppelbödigkeit seiner Existenz gehört ebenso, daß er Hoherpriester und Opfer seiner eigenen Passionen ist, die er in religiöse Rituale verwandelt.

Er bewegt sich unter den Menschen wie ein Schlafwandler, den nur seine grausigen Phantasien aufrechterhalten, während die greifbaren Handlungen sich im Dekorum der Abstraktion verlieren: Der einzig sichtbare Akt seiner sexuellen Zwangsvorstellungen wirkt bedeutsam überspitzt: wenn er seine spitzen Zähne in den Hals seiner Opfer treibt.

Im Grunde ist Dracula impotent. Es ist eine Impotenz, die sich zu mystischer Ekstase sublimiert, sich mit den Symbolen von Liebe und Tod eindunkelt. Der geheime Sinn dieser Verdunkelungsphantasie: Im tarnenden Spiel zwischen Licht und Schatten, Tag und Nacht vermischen sich in Dracula männliche und weibliche Motive, nimmt das androgyne Ideal Gestalt an. Das traditionelle Rollenspiel erscheint so als vom Tode überhauchte Erotik.

**Dracula** (Dracula)
USA 1931. Universal
*Regie* Tod Browning  *Drehbuch* Garrett Fort, nach dem Roman von Bram Stoker und dem Bühnenstück von Hamilton Deane und John Balderstone  *Kamera* Karl Freund  *Art Direction* Charles D. Hall  *Musik* Peter Tschaikowsky
*Darsteller* Bela Lugosi (Graf Dracula), Helen Chandler (Mina Seward), David Manners (John Harker), Dwight Frye (Renfield), Edward Van Sloan (Prof. Van Helsing), Herbert Burnston (Dr. Seward), Frances Dade (Lucy Weston), Charles Gerrard (Martin), Joan Standing (Briggs), Moon Carroll, Josephine Velez, Donald Murphy

Der Grundstücksmakler Renfield fährt nach Transsilvanien, um einen Kunden zu besuchen. Er kommt auf Schloß Dracula, das seit Jahrhunderten unbewohnt scheint. Der Schloßherr, Graf Dracula, verhält sich sonderbar, unterzeichnet aber den Kaufvertrag für ein Haus in London. Er lädt Renfield zur Überfahrt auf seinem eigenen Schiff ein. Als das Schiff in England ankommt, ist die Mannschaft tot. Der irre gewordene Renfield wird in das Sanatorium von Dr. Seward eingeliefert. Es stellt sich heraus, daß Dracula ein Vampir ist, der sich Renfield gefügig gemacht hat und nun die Tochter Sewards in seinen Bann bringt. Erst Professor Van Helsing, einem Kollegen Sewards, gelingt es, den Vampir unschädlich zu machen.

*Grandseigneur des Schwarzen Kinos*

# Frankenstein

Dr. Frankenstein zu seiner Braut: »Ich sehne mich danach, menschliches Leben zu schaffen.« — Die Braut: »Aber wie?«

Ein Film über die Unmöglichkeit der Liebe und darüber, wie ohne Kindheit und Unschuld sich ein utopisches Traumbild zwar belichten, aber nicht entwickeln läßt.

Es geht um Impotenz, Vaterkomplex, verlorene Kindheit, um Unschuld und Jungfräulichkeit.

Frankenstein ist jener besessene Gelehrte, der mitten im 19. Jahrhundert in einem kleinen deutschen Städtchen sich in den Kopf gesetzt hat, menschliches Leben unter Umgehung des Sexualaktes zu schaffen.

Er macht das hinter dem Rücken seines Vaters, schließt sich in sein Labor ein. Und verweigert sich prompt, als der Vater ihn herausbittet und ihn an seine eigentliche »Lebensaufgabe« erinnert, seine Braut Elisabeth endlich zu heiraten.

Ein Film über eine gestörte Vater-Sohn-Beziehung. Frankenstein ist zum Endkampf gegen den Vater angetreten, hat im Unterbewußtsein dessen Stelle eingenommen, um sich ein eigenes Geschöpf zu schaffen. Gegen die Bitten seiner Braut.

Aus Teilen bereits gelebten Lebens, aus Leichenteilen, bastelt er sich eine lebensgroße Puppe. Den Schöpfungsakt vollzieht er bei Gewitter im Turm seines Labors, wobei der letzte entscheidende Moment wie eine Orgasmusszene gestaltet ist: In einer »stürmischen Nacht« erlebt Frankenstein voller Erregung, wie sich unter zuckenden Blitzen die Kräfte der Natur entladen.

*Zwei spielende Kinder. Das tapsige Monster, das keine Kindheit erlebt hat, findet in dem kleinen Mädchen für einen kurzen Augenblick seine Sehnsucht nach Kindheit erfüllt. Das Spiel mit den Blumen (Symbol der Jungfräulichkeit) zeigt an: Ohne Natur und Liebe gibt es nur Zerstörung und Tod.*

Ein Schöpfungsakt mit mythologischem Hintergrund. Der vom Himmel herabfahrende Blitz, der den Lebensfunken bringt, verweist auf die Prometheussage, in der die Entzündung des irdischen und himmlischen Feuers den Zeugungsvorgang symbolisiert. Mit Hilfe von Elektrizität (Feuer) erzeugt, ist das neue Wesen mit seinem Geburtsschreck behaftet. Es fürchtet sich vor nichts mehr als eben diesem Element. Frankensteins buckliger Assistent Fritz, voller Neid auf das angeblich vollkommene Wesen, setzt diesem in unbemerkten Augenblicken mit einer brennenden Fackel zu. Und am Ende landet das Geschöpf, von der Volksmenge im Fackelzug gejagt, zunächst auf einem Scheiterhaufen, schließlich (wie die Ungeheuer in Grimms Märchen) in einer brennenden Mühle. Es endet im Feuer, jenem Element, dem es sein Leben verdankt.

In Frankensteins Wunschbild nehmen sein Erschrecken vor dem sexuellen Versagen wie seine tödliche Furcht vor der Lust Gestalt an: Das neue Wesen hat eine Stimme, ist aber sprachlos. Es möchte sich verständlich machen, stößt aber nur auf Unverständnis. Es hat verborgene Gefühle hinter seiner monströsen Maske, mit der es gerade gegenteilige Gefühle provoziert.

Der Versuch dieses künstlichen Geschöpfes, das keine Kindheit erlebte, aber im Grunde seines Wesens naiv wie ein Kind ist, mit Menschen Kontakt aufzunehmen, endet mit einem Fiasko.

An einem See spielt ein kleines Mädchen mit Blumen. Ohne Scheu lädt es das Monster ein, Blumen als kleine Boote ins Wasser zu werfen. Boris Karloff, Darsteller des Monsters, hat diese Schlüsselszene später erklärt: »Als keine Blumen mehr da sind, schaut das Geschöpf verwirrt das Mädchen an, das sich für ihn in eine Blume verwandelt. Behutsam nimmt er das Kind auf und setzt es ins Wasser. Er versteht nicht, daß das Kind ertrinkt.«

Genau diese Sequenz aber wurde noch vor der Uraufführung des Films geschnitten, was zur Folge hatte, daß Frankensteins Geschöpf in der Erinnerung des Publikums wie in den nachfolgenden Filmen als gewalttätiges, mordendes Monstrum weiterlebt.

**Frankenstein** (Frankenstein)
USA 1931. Universal
*Regie* James Whale  *Drehbuch* Garrett Fort, Francis Edward Faragoh  *Literarische Vorlage* Mary Wollstonecraft Shelley »Frankenstein or the Modern Prometheus«  *Adaptation* Robert Florey und John Balderston, nach dem Theaterstück »Frankenstein« von Peggy Webling  *Kamera* Arthur Edeson  *Art Director* Charles D. Hall  *Dekor* Herman Rosse  *Masken* Jack Pierce  *Musik* David Broekman  *Spezialeffekte* John P. Fulton  *Elektrische Effekte* Kenneth Strickfaden, Frank Garves, Raymond Lindsay
*Darsteller* Colin Clive (Henry Frankenstein; dt. Fassung Herbert), Mae Clark (Elisabeth), John Boles (Viktor Moritz), Boris Karloff (das Geschöpf), Edward Van Sloan (Dr. Waldmann), Frederick Kerr (Baron Frankenstein), Dwight Frye (Fritz), Lionel Belmore (Burgomaster Vogel), Marilyn Harris (kleines Mädchen), Michael Mark (Ludwig), Arletta Duncan, Pauline Moore (Brautjungfern), Francis Ford (verwundeter Dorfbewohner auf dem Hügel)

Dr. Frankenstein ist von der Idee besessen, einen neuen, künstlichen Menschen zu erschaffen. Aus Leichenteilen bastelt er sich ein Modell zusammen. Sein Experiment mißglückt. Das Geschöpf entpuppt sich als Monster.

*Braut mit Blumen in der Hochzeitsnacht.*
*Hinter ihr das Geschöpf, das ihr Mann inzwischen auf künstlichem Wege erzeugt hat.*
*Beide verbindet auf »erschreckende« Weise, daß sie keine Liebe finden.*

# Dr. Jekyll and Mr. Hyde

Zu sehen ist ein Traum. Robert Louis Stevenson hat ihn 1885 geträumt und daraus diese Geschichte über das Thema der Bewußtseinsspaltung gemacht. Sie ist inzwischen weltberühmt, auch immer wieder verfilmt worden. Die schönste Version ist die von Rouben Mamoulian. Denn er hat aus diesem Traum einen Film über das 19. Jahrhundert gemacht, mit liebevoll ausgesuchten Requisiten und einem feinen Gespür für die Atmosphäre in Dekor und Licht und für die Embleme von Kostümen.

Und doch ist es ein Film über die geheimen Abgründe und Leidenschaften, die puritanische Moral und arrogante Rationalität, die ihre Schrecken erst in der Figur und den Konflikten des Dr. Jekyll (und seines Doppelgängers Hyde) preisgeben.

Ein altes Thema. Wie im Sündenfall, wie bei Faust kämpfen zwei Seelen in Jekylls Brust, die immer wieder versuchen, sich gegeneinander auszuspielen: irdische und himmlische Lust, Wollust und Tugend, die Spannung zwischen Fleisch und Geist. Doch es ist immer der Geist, der sündigt . . .

Ein altes, noch aktuelles Thema. Die Befreiung des Menschen von gesellschaftlichen Zwängen. Statt in der Welt spiegelt sich der Versuch zur Konfliktlösung am eigenen Leibe. Der Versuch schlägt fehl. Jekyll ist zwar ein anderer Mensch geworden, aber als Hyde ein gezeichneter, bestraft für den Versuch, die alte (väterliche) Welt zu negieren, die Einheit der Familie und der Persönlichkeit aufs Spiel zu setzen. Sein Kollege, Dr. Lanyon, hatte ihn gewarnt: »Ich habe Ihnen gesagt, daß kein Mensch aus der Tradition seiner Art ausbrechen kann, ohne verdammt zu werden . . . Sie sind ein Rebell!«

Ist er als Dr. Jekyll einer bürgerlichen Welt verhaftet, an die ihn auch eine verklemmte Liebe zu einem Mädchen der »besseren« Gesellschaft bindet, findet er nach seiner Verwandlung in Hyde die erotische Freiheit gerade in einem Milieu, auf dem der Bann seiner Klasse liegt: bei einer jungen Prostituierten.

Eigentlich eine absurde Verkehrung: Von Hyde, der sich die heuchlerische Maske der Gesellschaft vom Gesicht gerissen hat, wird kein positiver, sondern ein negativer Abzug hergestellt. In Hydes Persönlichkeit, in seinem Sadismus, kompensiert Jekyll seine Prüderie.

Sigmund Freuds These, daß beim verrückten Wissenschaftler aus dem Unterbewußtsein sexualisierte Gedan-

*Hyde im Glück*

*»Frei! Frei! Jetzt endlich! Ohhh! Ohhhhhh!«*

ken heraufsteigen, daß sein Grübelzwang als Ausdruck von erstickten sexuellen Bedürfnissen zu gelten habe, bringt der Film besonders einsichtig ins Bild.

In seinen medizinischen Selbstversuchen benutzt Jekyll seltsame Wundersäfte, nach deren Einnahmen sich in ihm eine verdrängte Welt Bahn bricht, die völlig anderen Gesetzen und Bindungen folgt, begleitet von rauschhaften Affekten, in denen sich lange gebundene Wünsche freisetzen. Treibstoff für Träume, in der die erotischen Phantasien als Wirklichkeit erscheinen.

*Dr. Jekyll and Mr. Hyde* ist ein Drogenfilm.

**Dr. Jekyll and Mr. Hyde** (Dr. Jekyll und Mr. Hyde)
USA 1931. Paramount
*Regie* Rouben Mamoulian *Drehbuch* Samuel Hoffenstein, Percy Heath, nach dem Roman von Robert Louis Stevenson *Kamera* Karl Struss *Art Director* Hans Dreier *Kostüme* Travis Banton *Masken* Wally Westmore *Darsteller* Fredric March (Dr. Henry Jekyll/Mr. Hyde), Miriam Hopkins (Ivy Parson), Rose Hobart (Muriel Carew, Jekylls Braut), Holmes Herbert (Dr. Lanyon), Edgar Norton (Jekylls Butler), Halliwell Hobbes (Sir Danvers Carew)

Der angesehene Londoner Arzt Dr. Jekyll versucht mit medizinischen Selbstversuchen, dem Geheimnis der Persönlichkeitsspaltung auf die Spur zu kommen. Er verwandelt sich zeitweise in seinen Doppelgänger, Mr. Hyde, in dem seine verborgenen Triebe zum Ausdruck kommen, allerdings in monströser Gestalt.

# The Mask of Fu Manchu

Die schönste Kinosaga über einen teuflischen Bösewicht. Boris Karloff als definitive Verkörperung des von Sax Rohmer erfundenen asiatischen Finsterlings.

Daß unter den Fu-Manchu-Filmen gerade dieser zum Kultfilm avancierte, verdankt er der hochkarätigen Darstellung Karloffs, der in Manier und Stil dem eher abstrakten Bösewicht der Romane zur legendären Erscheinung verhalf.

Fu Manchu verkörpert hier die exotische Variante des von Karloff so oft gespielten bösen Wissenschaftlers. Aber, viel wichtiger, er bekommt bei ihm das Image eines Aristokraten der Gewalt. Mit dieser Typisierung wird die Aufmerksamkeit auf die Herkunft der Figur gelenkt, die zwar ins ferne China weist, aber im Europa des 19. Jahrhunderts ihren sozialen Fundort hat. Als Vorbild diente dem Romanautor ein sagenhafter »Mr. King« aus dem Londoner Chinesenviertel. Trotz fremdartiger Abschattungen, in die das koloniale Trauma hineinprojiziert ist, erscheint die Gestalt als Quintessenz exzentrischer Lebenshaltung, wie sie sich die vorige Epoche in ihren masochistischen Phantasien konstruierte. Fu Manchu ist eine höllische Figur, in der sich die Existenz derer abspielt, die nichts, was sie sich ausgedacht haben, vollenden dürfen. Er wird letztlich immer wieder daran gehindert, seine teuflischen Welteroberungspläne zu realisieren, muß sie in sadistischen Ersatzhandlungen abbauen.

Fu Manchu, aus biographischen Rückständen des 19. Jahrhunderts zusammengesetzt, ist ein Exzentriker, Machtmensch, Priester, Décadent, Wissenschaftler. Vor allem aber ist er ein Spieler.

Immer im Bruch mit der Welt, benutzt er das Spiel, um das Ordnungssystem der Erfahrung außer Kraft zu setzen, Ereignisse aus dem Zusammenhang zu reißen, sich selber unberechenbar zu machen, seine Gegner auszutricksen. Er versucht, seine Coups überraschend zu landen, und zieht daraus seinen Genuß. Er spielt das Leben, weil er nicht leben kann.

Seinem Gegen-Spieler, dem biederen Nayland Smith vom britischen Geheimdienst mit dem typischen Ober-

*Phantasmagorie des technisch armierten Sadismus*

lippenbärtchen des Kolonialbeamten, bleibt keine Wahl:
Er muß sich auf die Spielregeln Fu Manchus einlassen,
selbst wenn das Spiel für ihn aussichtslos scheint und
auch er immer wieder ausgespielt wird. Er läßt sich darauf ein, denn er kennt als Engländer die Mechanismen
des Spiels. Fu Manchu hält zwar alle Trümpfe in der
Hand, hat aber noch einen zweiten Gegner, den er mehr
fürchten muß: die Macht des Zufalls. Fu Manchu ist am
Ende doch der Verlierer. Er muß das Spiel wieder von
vorn anfangen.

Einsatz und Gewinn stehen in keinem Verhältnis. Diese
irrationale Lücke trägt erheblich zur Spannung bei. Fu
Manchus weltweiter Spielraum bleibt letztlich begrenzt
auf sein unterirdisches Domizil, in dem er sich ein wahn-
sinniges Spielzeug-Arsenal angelegt hat: angefüllt mit
Schlangen, Spinnen, Skorpionen, geheimnisvollen Apparaturen und Geräten, Säften und Substanzen, mit einer
barock ausgestatteten Folterkammer voller tödlicher
Instrumente und Falltüren, unter denen gefräßige Kro-
kodile lauern.

Alles dient ihm für das mechanische Spiel seiner sadistischen Einfälle. Fu Manchu erweist sich als ein eleganter
Barbar, der moderne Wissenschaft und primitive Magie
in diabolischer Meisterschaft zur Anwendung bringt.

Was andere zerstört, wird ihm zum Anreiz für seine
schöpferische Energie. Er betreibt das Spiel mit dem
Tod, ist der »Herr der sonderbaren Tode«, der »Meister
der seltsamen Todesarten«, wie es bei Sax Rohmer heißt.
Aber so wie seine Opfer ihm ausgeliefert sind, ist er dem
Gang des Spiels ausgeliefert.
Für die Surrealisten war dieser Fu-Manchu-Film ein
Kultfilm, ehe es Kultfilme gab.

**The Mask of Fu Manchu**
USA 1932. MGM
*Regie* Charles Brabin  *Drehbuch* Irene Kuhn, Edgar Allen Woolf, John
Willard, nach dem Roman von Sax Rohmer  *Kamera* Tony Gaudio  *Art
Direction* Cedric Gibbons  *Kostüme* Adrian  *Maske* Cecil Holland
*Darsteller* Boris Karloff (Dr. Fu Manchu), Lewis Stone (Nayland Smith),
Karen Morley (Sheila Barton), Myrna Loy (Fah Lo Suee), Charles Starrett
(Terence Granville), Jean Hersholt (Prof. Von Berg), Lawrence Grant (Sir
Lionel Barton), David Torrence (McLeod), Ferdinand Gottschalk, C.
Montague Shaw, Willi Wung

Eine Archäologengruppe unter Sir Barton reist in die Wüste Gobi, um das
Grab von Dschingis Khan freizulegen. Nayland Smith vom britischen
Geheimdienst begleitet sie. Er befürchtet, daß der berüchtigte Fu Manchu
sich die Reliquien aneignen will, um so die Völker Asiens gegen die weiße
Rasse zu einigen. Barton wird von Fu Manchu entführt. Auch die restliche
Forschergruppe einschließlich der inzwischen gefundenen Reliquien fällt
in seine Hände. Als sich herausstellt, daß Schwert und Maske aus dem
Herrschergrab nur Kopien sind, beginnt Fu Manchu das große Folterspiel.
Erst im letzten Augenblick gelingt es, einen Ausweg zu finden.

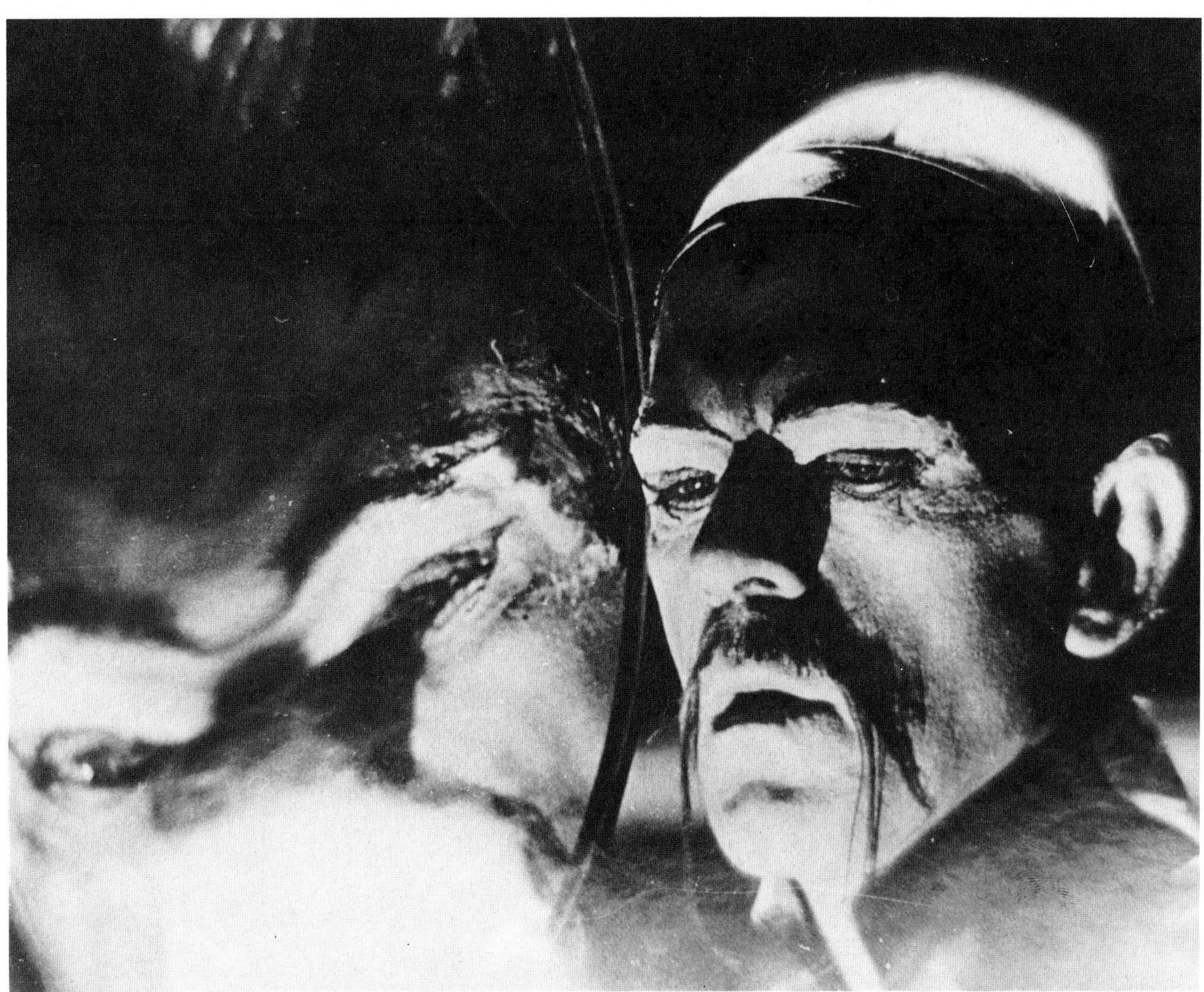

*Aristokrat der Gewalt, Meister seelischer Folter und physischer Grausamkeiten*

# King Kong

Der erste Blick vom Schiff, durch Nebel, Zwielicht und Dunkel, fällt auf steile Küstenklippen, umschwirrt von schwarzen Vögeln. Böcklins Bild von der Todesinsel. Die Natur lauert auf den Menschen. Skull Island, nach einem Berg benannt, der wie ein Schädel aussieht, vermittelt die bizarre Illusion eines Ausflugs in die Doppelnatur der Nacht, undurchdringlich und doch unendlich. Wie das Schattenreich des Dschungels, in dessen tiefsten Schichten die Kräfte der Natur ein letztes, wahrhaft überlebensgroßes lebendiges Denkmal hinterlassen haben: King Kong.

Ein Film über die Wunder der Natur, als die Natur noch »heilig« und die Tiere Götter waren, die Menschen aber in den irdischen Paradiesen aufzuräumen begannen.

Ein Film über einen Film, den eine Expedition im dunklen Dschungel drehen will. Der Versuch, noch einmal jenen Traum von Kolonialabenteuer und Entdeckungslust des 19. Jahrhunderts zu wiederholen, der, weil unwiederholbar, als Kinotraum vorgeführt wird.

King Kong ist mythologisiertes und stilisiertes Afrika, ein ins Groteske gesteigerter Reflex des von Stanley und Livingstone ausgelösten Afrika-Kults in der Abenteuerliteratur; die Idee stammt vom Afrika-Fan Edgar Wallace, und in dem im Film auftretenden Filmproduzenten Denham haben auch die beiden Regisseure ihre Afrika-Erlebnisse als Dokumentarfilmer fixiert.

Ein Schatzsucher-Film, der noch einmal die alten Erwartungsutopien ins Gigantische steigert und ad absurdum führt, daß jedermann in den neuentdeckten Ländern schnell und mühelos reich werden könnte: »Wir nehmen starke Ketten. Er ist in seiner Welt König gewesen. Aber wir werden mit ihm fertig werden! Wir sind Millionäre!«

King Kong ist auch ein Film über Kinderschändung, über die Rassenfrage, die Dritte Welt, die Gewaltfrage, über die Wirtschaftskrise und über Filmtricks. Vor allem aber darüber, wie der Sieg über die Natur zum Verlust der Natur in uns allen führt.

*Verwirrend dunkle Wälder, traumschöne Labyrinthe aus umgestürzten Bäumen, herabhängenden Lianen, mit Klippen und Klüften. Und phantastischem Getier.*
*Eine Märchenlandschaft, utopisch umwittert als geheimnisvolle Insel. Irgendwo am Rande der Welt.*

*Der Horizont zugebaut mit Kulissen wie Barrikaden, um die Wildnis, den Aufstand des Unterdrückten, abzuwehren.*

**King Kong** (King Kong und die weiße Frau)
USA 1933. RKO
*Regie* Ernest B. Schoedsack und Merian C. Cooper   *Drehbuch* James
Creelman, Ruth Rose, nach einer Idee von Merian C. Cooper und Edgar
Wallace   *Kamera* Edward Lindon, Vernon L. Walker, J. O. Taylor
*Musik* Max Steiner   *Modellanimation* Willis O'Brien
*Darsteller* Robert Armstrong (Carl Denham), Fay Wray (Ann Redman),
Frank Relcher (Kapitän Englehorn), Bruce Cabot (John Driscoll), Sam
Hardy (Weston), Noble Johnson (Eingeborenenhäuptling), Steve Cle-
mento (Medizinmann), James Flavin (Briggs), Victor Long (Lumpy),
Ethen Laidlaw, Dick Curtis, Charlie Sullivan, Vera Lewis, LeRoy Mason,
Paul Porcasi, Lynton Brent, Frank Mills

Auf einer geheimnisvollen Insel dreht Carl Denham einen Film. Eingebo-
rene entdecken die Eindringlinge und fordern den Filmstar Ann als Opfer
für den heiligen Riesenaffen King Kong, den man mit Menschenopfern
besänftigt. Doch King Kong verliebt sich in die zarte weiße Frau. Betäubt
und in Ketten gelegt, wird er nach New York verfrachtet und dort als Sensation zur Schau gestellt. Er bricht aus, läuft Amok und wird am Ende von
der Spitze eines Wolkenkratzers abgeschossen.

# Krimi
# &
# Schwarze Serie

Der Gangster ist der Anarchist der Metropolen. In den fiebrigen Vorhöllen der Citys scheint er stark, autonom, unverwundbar: Er nimmt sich, was er braucht, und pfeift auf das Gesetz. Je stärker die Gesellschaft ihn ächtet, um so düsterer sein Glanz.

Er drängte von jeher mit Kraft in die aufnahmebereite Phantasie, die gierigen Köpfe der »guten Bürger«: denn er ist das, was sie nicht sein können. Er lebt in jener geheimnisvollen, irrlichternden Zwischenzone, in der sich das intensive, eigentliche Großstadtleben ereignet: in den Bars und Kaschemmen, den Spielhöllen, Rennbahnen und Tanzklubs, den anrüchigen Cafés und den nächtlichen Hinterzimmern, in denen das Laster wohnt, wo Verbrechen, Prostitution und Gewalt ihren Lauf nehmen. Einen Abglanz dieser zwielichtigen Halbwelt erlebt der Durchschnittsbürger, dem sie verschlossen bleibt, im Kino.

»Die wirkliche Stadt . . . bringt nur Kriminelle hervor, die eingebildete Stadt bringt den Gangster hervor: Er ist das, was wir sein wollen, und das, was wir zu werden fürchten« (Robert Warshow).

»Wenn nicht Schauspieler, dann wäre ich am liebsten Gangster geworden« (Alain Delon).

Der Gangster ist zwar unmoralisch, er steht auf der Schattenseite der Gesellschaft, nimmt aber in unser aller Vorstellung einen Sonnenplatz ein. »Jeder hat etwas zu verbergen«, sagt Humphrey Bogart in *The Maltese Falcon* zum Bezirksanwalt.

Im Gangster personifiziert sich die Kehrseite der Ellenbogenideologie, er »ist einsam und schwermütig, er kann den Eindruck eines Mannes von tiefer Weltweisheit hervorrufen . . . er ist das ›Nein‹ auf jenes große amerikanische ›Ja‹, das so breit und dick quer über die offizielle Kultur Amerikas gestempelt ist« (Warshow).

Verloren sitzt der Privatdetektiv in seinem kärglich möblierten Büro, zählt die Fliegen an der Wand und schiebt die Bourbonflasche in die Schreibtischschublade zurück, als die Silhouette einer Frau hinter der Milchglasscheibe sichtbar wird.

Gleich wird sie ihm gegenübersitzen, die neue Klientin, und mit leicht verrücktem Gesichtsausdruck und leiser, heiserer Stimme eine unglaubhafte Geschichte erzählen, von der nicht mal die Hälfte wahr ist.

Und der Privatdetektiv, hartgesotten und reserviert, der zu zögern scheint, ob er den Fall übernehmen soll, wird von diesem Augenblick an in den Strudel unfaßbarer Verwicklungen und Morde gezogen.

*Die Filme der <u>Schwarzen Serie</u> sind Reisen ans Ende der Nacht. Die Schauplätze sind verlassene Orte, schmutzige Hinterhöfe, Nebenstraßen. /<u>Crossfire.</u> USA 1947. Regie: Edward Dmytryk*

*Menschen werden in mysteriöse Vorkommnisse verwickelt, jagen oder werden gejagt.*
*Die Großstadt, eine düster-heillose Welt, verwandelt sich in einen Dschungel. / The Naked City. USA 1948. Regie: Jules Dassin*

Wie der Gangster steht auch der Privatdetektiv am Rande der Gesellschaft, ist auch er bestimmten Ritualen unterworfen. Er trägt eine Waffe, kennt die Tricks, wie man einen Verfolger abschüttelt, einen Lockvogel benutzt, ein Schließfach knackt. Der »private eye« ist der Gegenspieler des »outlaw«, hat aber zusätzlich die Polizei gegen sich. Er ist dem Gangster ähnlicher als dem Bullen, doch strahlt der Mythos des Gangsters heller, weil dieser am Schluß ins Gras beißt.

Requisiten, insbesondere Waffen, sind im Gangsterfilm erotisch besetzt, strahlen kultischen Glanz aus. Besonders hinter ihnen verbirgt sich eine verdeckte Symbolik. Guns, Revolver, Pistolen, Maschinenpistolen, mit und ohne Schalldämpfer, sind mehr als nur Spielzeug. Ihr todbringender Lauf kann Penisersatz sein, Fetisch oder Lustobjekt. Bereits die Namen der Fabrikate haben etwas Erregendes: Luger, 45er Walter, Parabellum, Smith & Wesson.

An Waffen gebunden sind Requisiten wie Ledertaschen oder Cellokoffer, in denen sie heimlich transportiert werden, Schulterhalfter, ausgebeulte Jackentaschen; in ihnen ruhen die Hände der Männer in typischer Manier. Andere wichtige Gegenstände, die zum Gangster gehören, sind die Kleidung, die Autos und die Gangster-

*Im film noir herrscht ein Klima der Verunsicherung und der Angst. Niemand kann dem anderen trauen. Die Kommunikation ist gestört; die Filme handeln von Identitätskrisen, Identitätsverlust. / Double Indemnity. USA 1944. Regie: Billy Wilder. Mit Barbara Stanwyck, Fred MacMurray*

bräute. Man könnte sie für Bankangestellte halten in ihren Trenchcoats, Hüten, Handschuhen und Sonnenbrillen — wüßte man es nicht besser. Die Gangsterbraut ist keß, kaltschnäuzig, wohlproportioniert und von unverbrüchlicher Treue, wird dafür aber wie persönliches Eigentum behandelt, und das bedeutet — wie ein Stück Dreck.

Ein Wagen rast vorwärts, geht mit kreischenden Bremsen in die Kurve, verfolgt einen anderen Wagen oder wird von einem anderen verfolgt. Männer mit starren Gesichtern sitzen drin, es ist Nacht, Regen glänzt auf dem Asphalt, ein rotes Rücklicht leuchtet auf — und immer ist es eine schwere Limousine, ein Chevrolet, ein Buick oder ein Cadillac.

Gangster ist ein »Beruf« wie jeder andere, mit Kenntnissen und Spielregeln, die eingehalten werden müssen, und einem strengen Ehrenkodex. Gangster sein bedeutet, zur Gesellschaft zu gehören und doch scharf abgegrenzt von ihr zu leben in einer Welt, in der es nur Feinde oder Freunde gibt, Mitverschworene oder Verräter. Die Helden bewegen sich ständig in einer angespannten Situation, sie leben auf den nächsten Coup hin, danach wird Leben ein Kampf ums Überleben.

# Film noir

Die Filme der *Schwarzen Serie* sind in düsteren Farben gemalt, ihre Atmosphäre ist gekennzeichnet von Pessimismus und Unsicherheit. Es sind Filme mit Rückblenden, einer tiefen Vorliebe für die Vergangenheit und Furcht vor der Zukunft. Gefühle der Hoffnungslosigkeit einer verlorenen Zeit herrschen vor. Die Grundfarbe des *film noir* ist Grau mit allen Schattierungen bis zum tiefsten Schwarz.

Die Interieurs sind schäbig, trostlos, die Personen treten übergangslos aus Schatten oder verschwinden wieder darin. Akteuren und Schauplätzen kommen gleiche Lichtwerte zu. Deckenbeleuchtungen hängen niedrig, Stehlampen werfen nur einen begrenzten Lichtkegel.

Die Personen des *film noir* bewegen sich in einem gewöhnlichen Alltag, in Banken, Büros, Bars, Kneipen, aber sie durchleben — ausgelöst durch eine ungewöhnliche Begebenheit — eine existentielle Krise. Die Männer erscheinen oft unsicher, von Selbstzweifeln geplagt, die Frauen kalt und intrigant; sie setzen ihre körperlichen Reize als Waffe ein und handhaben Revolver spielerisch.

*Die Nacht dringt bis in die Innenräume, die Beziehungen werden immer undurchsichtiger, zwielichtiger. Schlüsselfiguren sind Frauen, von denen das Unheil ausgeht: schöne, kalte Todesengel. / Out of the Past. USA 1947. Regie: Jacques Tourneur. Mit Jane Greer, Kirk Douglas, Robert Mitchum*

*Das Bild von Mann und Frau verschiebt sich. Horizontale und vertikale Linien in der Bildführung werden häufig ersetzt durch Diagonalen, schräge Blickwinkel und verzerrte Perspektiven. / <u>Pickup on South Street.</u> USA 1953. Regie: Sam Fuller. Mit Jean Peters, Richard Widmark*

Fast immer sind böse Frauen schwarzhaarig und gute blond, aber verwirrenderweise kann es auch umgekehrt sein, oder die schwarzhaarige trägt eine blonde Perücke. Die Filme der *Schwarzen Serie* entstanden zwischen 1941 und 1955, während des Zweiten Weltkriegs und kurz danach, aber sie treffen überraschend genau das gesellschaftliche Klima der beginnenden achtziger Jahre, nehmen in anderem Kontext diese gegenwärtige Stimmung bereits vorweg.

Zynische und romantische Strömungen fließen ineinander, es besteht eine Affinität zu Verbrechen, Korruption und todbringenden Leidenschaften. Aber der *film noir* ist genreübergreifend, er geht über den Kriminalfilm hinaus, umfaßt ebenso Melodram, Thriller und andere Gattungen. Sein Einfluß reicht bis zur Komödie, wo in *Arsenic and Old Lace* zwei »liebenswürdige« alte Damen bedenkenlos morden.

Der *film noir* speist sich mehr aus der Choreographie seiner Figuren, seinem visuellen Stil, als aus einer sozialkritischen oder wie auch immer definierten »Aussage«.

In seiner alptraumhaften Welt scheinen die Menschen auch in stummen Szenen zu schreien, es gibt nächtliche Verfolgungen, geheimnisvolle Schließfächer, Überwachungen, Lockvögel, wortlose Morde, schwermütige Saxophone, klaustrophobische Stimmungen, Frauen in hautengen Kostümen und Männer im Trenchcoat, die sich im Halbdunkel Zigaretten anzünden. Irgend etwas ist immer unklar, bedrohlich, schafft eine unerklärliche Spannung — läßt die Figuren auf die unfaßbare Katastrophe zutreiben.

*Film noir* ist nicht nur gekennzeichnet durch seine Atmosphäre und seine konstrastreiche Schattendramaturgie, sondern besonders durch sein dämonisiertes Frauenbild. Der Zwang der Verhältnisse am Beginn und während des Zweiten Weltkrieges führte zu einem unausgegorenen weiblichen Emanzipationswillen. Bereits Anfang der vierziger Jahre waren erstmals Amazonen im Film aufgetreten, die »Queen of the Jungle« oder »Tiger Girl« hießen. In Jacques Tourneurs *The Cat People* (1942) verwandelte sich eine Frau während des Geschlechtsaktes in einen Panther und zerfleischte den Ehemann — die Horrorvision der »Tierfrau« zeichnete sich ab.

Auch der Vamp von einst tritt in neuer Gestalt als die »fremde Frau« wieder auf, der die Männer im Krieg begegnen, gierig und zugleich von schlechtem Gewissen geplagt wegen der zu Hause allein gelassenen Frau, die ebenfalls zu einer Fremden zu werden droht.

Frauen sind nicht länger sweet and lovely, anschmiegsam, unterwürfig, dem Mann ergeben. Die *Schwarze Serie* beleuchtet grell die Unterseite der amerikanischen Gesellschaft und fördert dabei ein überraschendes, bisher nicht gekanntes Frauenbild zutage, in dem das schwache Geschlecht bindungsunfähig, selbstsüchtig und destruktiv erscheint. Frauen tragen fast immer eine Maske, hinter der sie ihr »wahres« Gesicht verbergen, sie sind gefühlskalt und zu allem fähig. Sie setzen ihren Sex-Appeal nur als Mittel zum Zweck ein, um Geld oder Macht über den Mann zu erlangen. Hinter ihrer scheinbaren Frigidität verbirgt sich ein im dunkeln liegender,

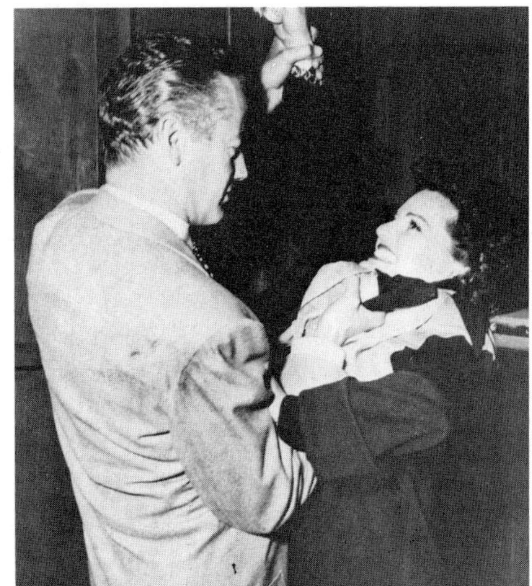

*Latente Frauenfeindlichkeit und erste verzweifelte Emanzipationsversuche bestimmen auch das erotische Klima des <u>film noir</u>. Männer und Frauen sind Gefangene ihrer Hysterien, lassen durch ihre Überreaktionen Befreiungsversuche nur noch tragischer enden. / <u>The Reckless Moment.</u> USA 1949. Regie: Max Ophüls. / <u>Pickup on South Street.</u> USA 1953. Regie: Sam Fuller. Mit Richard Widmark, Jean Peters*

noch unausgelebter Geschlechtstrieb, der sie für den Mann jederzeit bedrohlich erscheinen läßt.

Die Attribute der Frau werden fetischiert, man könnte aus ihnen eine komplette Frau der *Schwarzen Serie* zusammensetzen, die das engelsgleiche Gesicht von Veronica Lake, die Augen und die dunkle Stimme von Lauren Bacall und die Beine von Rita Hayworth hätte.

Frauen entpuppen sich immer häufiger als Mörderinnen (eines Mannes), in einer raffinierteren Variante stiften sie Männer zum Mord an. So entsteht ein negatives Frauenbild im *film noir*, die männliche Antwort auf die weibliche Herausforderung jener Kriegs- und Nachkriegsjahre: die Frau als Neurotikerin, Nymphomanin, Wahnsinnige, faszinierend und abstoßend zugleich.

Die Themen der *Schwarzen Serie* spiegeln ein Klima gesellschaftlicher Zerrüttung, das im Zerfall von Familien, in hohen Scheidungsraten und steigender weiblicher Kriminalität ebenso zum Ausdruck kommt wie in einem durch Kriegseinflüsse angeknacksten männlichen Selbstbewußtsein. So handeln die Filme der *Schwarzen Serie* immer wieder von Dreiecksgeschichten, Betrugsaffären, Rauschgifthandel, Glücksspiel, Erpressung, Denunziation und Totschlag. Doppelgänger- und Fluchtromane, Killer- und Detektivgeschichten. Instabilität, Orientierungslosigkeit und Unsicherheit des Individuums liefern Stoff und Hintergrund für diese moralisch doppeldeutigen »kaputten« Filme mit ihrer Lust am Untergang.

Es entstehen Kultfilme wie *The Maltese Falcon, The Big Sleep, Double Indemnity* oder *Gun Crazy*, selbst in den sechziger und siebziger Jahren gibt es noch späte Nachläufer mit *Le Samourai* und *Taxi Driver*. Den literarischen Background liefern Autoren wie Dashiell Hammett, Raymond Chandler und Cornell Woolrich mit ihren hartgesottenen Helden und neurotischen Heldinnen.

Die Filme der *Schwarzen Serie* sind Nachtfilme, Regenfilme, Kammerspiele, Verwirrspiele und nahezu immer Mordkomplotte.

*Film noir* zerfällt in drei Phasen. In der ersten (ab 1941), vorwiegend im Studio gedreht, dominiert der Privatdetektiv; in der zweiten Phase (ab 1946) wandert der Film aus den Studios auf die Straßen, überziehen Verbrechen und Korruption die ganze Stadt und erfassen auch Polizei, Justiz und das gesamte politische Leben; in der dritten Phase (ab 1949) treten immer deutlicher die selbstmörderischen Züge des Helden zutage, der verzweifelt um sich schlägt und als Killer, Psychopath oder Wahnsinniger endet.

»Gegen sein Ende zu war der *film noir* in einen Kampf auf Leben und Tod mit dem Material, das er reflektierte, verwickelt; es war der Versuch, Amerika eine moralische Sicht des Lebens, basierend auf dem Stil, akzeptieren zu lassen« (Paul Schrader). Filme wie *Kiss Me Deadly* oder *Touch of Evil* markieren dieses Stadium. Danach verschwindet der *film noir* von der Leinwand, positive Leitbilder treten an seine Stelle — aber auch neue Rebellen wie Brando und Dean.

# Kultfiguren

Nicht jeder Regisseur oder Star des B-Films wurde zur Kultfigur, aber Trivialgattungen wie Krimi-, Horror- oder Gangsterfilm haben mehr Kultstars hervorgebracht als die Superproduktionen zusammengenommen. Die beste Voraussetzung, zur Kultfigur zu werden, besaßen immer Regie-»Künstler«, die mit Kunst nichts im Sinn hatten. Und erstaunlich oft waren diese Regisseure lange Jahre verkannt, verachtet, oder sie wurden wegen ihrer scheinbaren Anspruchslosigkeit für zu leicht befunden. Bei genauerer Betrachtung stellt sich dann heraus, daß es sich immer um Besessene handelte, die ihre nüchterne Einschätzung der Realität oder was sie dafür hielten, ihre

Neurosen, Wahnvorstellungen oder fixen Ideen zu einem Stil zu formen verstanden, einer Erzählstruktur oder Bilderflut, einer parteiisch-einseitigen Sicht der Welt, die ihren Filmen etwas Manifestes gab. Aber selbst ihre Schwarzweiß-Dramen und Seifenopern waren auf banale Art so schwülstig-schön oder kitschig-cool, daß sich ihre jeweilige Fangemeinde in diesem inneren Kreis wohl fühlte, in ihm restlos aufging.

Was Kultregisseure von anderen unterscheidet, ist ihr größerer Mut zum Risiko. Sie neigen weniger zur Beschönigung, überhöhen die Konventionen nicht, durchbrechen sie eher. Sie schrecken weniger davor zurück, das wahre Gesicht der gewalttätigen gesellschaftlichen Verhältnisse zu zeigen. So schockte Sam Fuller 1950 mit *Steel Helmet* die amerikanische Öffentlichkeit, als er einen amerikanischen Soldaten in Korea einen Gefangenen ermorden ließ. Fuller war zum Schneiden dieser Szene nicht zu bewegen. Sein Kommentar: Er habe es mit eigenen Augen gesehen. Don Siegel bereitete in *The Shootist* (1976) John Wayne nicht nur den letzten Auftritt, der zu seinem Memorial wurde, er ließ ihn im Film auch die Rolle eines unheilbar Krebskranken spielen. Wim Wenders schließlich dokumentierte in *Nicks Film. Lightning over Water* Nicholas Rays Sterben.

Kultregisseure brechen Tabus, bleiben sich, ihrem Stil und ihren Werten, auch unter dem Zwang der Verhältnisse treu. Beginnen sie sich anzupassen, wofür es auch Beispiele gibt, verlieren sie immer ihre Faszination als Kultfigur.

**Samuel Fuller** ist der Polizeireporter und Kriegsberichterstatter unter den Machern des amerikanischen Kultkinos.

Mit siebzehn begann er, eigene Erfahrungen als Reporter zu sammeln. Er hat dann am Krieg in Nordafrika, Italien, Frankreich und Deutschland teilgenommen. »In dem Augenblick, in dem wir eine Waffe in die Hand nehmen, werden wir zu Tieren . . . Ich glaube nicht an die Gesetze des Krieges.« Wie Hemingway verherrlicht auch Fuller den Krieg nicht, kann sich jedoch seiner Faszination nicht entziehen.

Das Wichtigste in seinen Filmen ist die Geschichte — einfach, dynamisch und kraftvoll erzählt, ohne Umwege oder Rückblenden. Sam Fuller, der höchste Authentizität anstrebt und überzeugt ist, daß sich Verbrechen bezahlt macht, drehte Western, Kriegs- und Unterweltfilme. Godard hält ihn für den »Meister des barbarischen Kinos«, für Truffaut ist er ein »Bildungsloser, er denkt nicht rudimentär, sondern rüde, seine Filme sind nicht einfältig, sondern einfach«. Und gerade das beeindruckte die französischen Cineasten. Sie entdeckten Fullers Kino, das als häßlich, grotesk, geschmacklos und brutal verschrien war, für sich und uns und zogen aus seinem Negativbild des American way of life ihre Anregungen. Es ist deshalb kein Zufall, daß Sam Fuller in Godards *Pierrot le Fou* sein berühmtes Credo verkündete: »Cinema is like bottleground. Love. Hate. Action. Violence. Death. In one word: emotion.« Die Fuller-Fans aus den Vorstadtkinos wurden so nachträglich von der Intelligenzija bestätigt, die nun seine Ästhetik der langen Einstellungen und seine pessimitische Weltsicht goutierte.

Fullers Helden entstammen der sozialen Unterschicht, sie handeln individualistisch, einzelgängerisch, sie lassen sich nicht von einer Idee leiten. Wenn sie trotzdem einer guten Sache dienen, dann aus Zufall.

In *Underworld USA* zeigt Fuller zu Beginn als Schattenspiel, wie der Vater des zwölfjährigen Tolly Devlin totgeschlagen wird. Fortan sinnt das Hinterhauskind auf Rache. Tolly rollt dabei ein ganzes Syndikat auf, erledigt vier Gangster, landet am Schluß aber selbst im Rinnstein. Zwar hat er dabei den Bullen einen Dienst erwiesen, aber der Sadismus richtet sich gegen ihn: Er beißt ins Gras wie sein Vater.

Fuller: »Ich versuche, die Idiotie zu zeigen, die hinter dem Heroismus steckt.«

**Alfred Hitchcock.** Er war ein spleeniger Engländer und blieb es auch in Hollywood. Die letzten Jahre seines Lebens machte man ihn zum Monument. Stil und Inhalt seines Werkes lassen sich schon an dem 1926 in England gedrehten Film *The Lodger* ablesen. Wie *North by Northwest* (1959) war er ein Thriller und sein Thema auch ein zu Unrecht Verfolgter. Der frühe Hitchcock als Kultfigur ist längst erkannt, der späte wird noch zu entdecken sein.

Kultelemente in seinen Filmen: seine eigenen kurzen Auftritte, auf die man gespannt wartet, und der »MacGaffin«. Warum er seit *The Lodger* in jedem seiner Filme selbst erscheine? »Reine Zweckmäßigkeit. Um das Bild zu füllen. Später wurde es dann zum Aberglauben und dann zum Gag.«

Der MacGaffin ist für Hitchcock eine Finte, um eine Geschichte in Bewegung zu setzen. Es kann ein Dokument sein, eine Formel, ein Geheimnis. In *Psycho* sind es die 40 000 Dollar, die Janet Leigh klaut, in *Notorious* ist

*Sam Fuller*

*Alfred Hitchcock*

es eine Uranprobe in einer Weinflasche. Je unbedeutender der MacGaffin, um so gelungener der Film, sagte der Meister, denn er ist ja nur ein Vorwand, um den Helden in ein schwindelerregendes Labyrinth von Konfusionen zu stürzen, die Mechanik der Angst in Gang zu bringen. Die Nichtigkeit des MacGaffin korrespondiert mit Hitchcocks Sinn für das Absurde, den er praktizierte wie eine Religion. Je lächerlicher der Katalysator, der Auslöser des Unheils, um so absurder die Situation.

*Who's-done-it*-Filme interessierten Hitchcock nicht. Seine Welt ist der gehobene Mittelstand, in dem es höflich, diskret, vornehm bis feudal zugeht. Polizisten und Gangster kommen kaum vor, die Hauptakteure sind beliebige Bürger, Leute wie du und ich, in einem Umfeld, in das leise, aber unmerklich das Grauen einbricht. Hitchcock läßt dabei den Zuschauer mehr wissen als den Helden, macht ihn damit zum Voyeur und Mitleidenden, der zittert und bangt, daß sich das drohende Unheil doch noch abwenden möge.

So lädt der Magier sein Bild mit Emotionen auf. Nichts ist in seinen Filmen so, wie es zunächst scheint. Der Boden, auf dem sich die Figuren bewegen, ist trügerisch, die Grenzen zwischen Einbildung und Realität verschwimmen. Doch der Meister der Spannung gab gegenüber Truffaut auch zu, daß diese Stärke zugleich seine Schwäche sei: Unter dem Gewicht der *suspense* seien seine Personen oft zu dünn ausgefallen.

Sein totales Illusionskino, das vordergründig ganz auf Thrill und Effekt aus ist und in dem »die Anordnung der Bilder, die etwas ausdrücken soll, nie von den tatsächlichen Gegebenheiten abhängig gemacht werden darf« (Hitchcock), ist jedoch so präzise inszeniert und konstruiert, daß die Form den Inhalt bestimmt.

Seine Eisenbahnen, Karussells und Wendeltreppen, seine Traumata und Helden-mit-Mutterbindung, seine Phobien, Rückprojektionen und Vulgärpsychologie, seine eisgekühlten Blondinen, die nichts lieber täten, als dem Helden an den Hosenschlitz zu fassen, dieser ganze bunte Hitchcock-Kosmos ist nichts weiter als schaurig-vergnügliches Spaßmach-Kino.

Doch kristallisieren sich aus dieser Flut der Motive und Requisiten zwei Themen heraus: der versteckte Katholizismus und die verdrängte Sexualität. Alle seine Helden, ob schuldig oder zu Unrecht verfolgt, scheinen wie unter der Last einer schweren Schuld, einer Art Erbsünde zu leiden, die sie wie ein unentrinnbares Verhängnis niederdrückt — und trotz zahlreicher Happy-Ends gibt es kein einziges wirklich glückliches Liebespaar in seinen Filmen. Hitchcock hat sich eine tiefe, erfüllte erotische Beziehung zwischen zwei Menschen nie vorstellen können. Diese Welt der verklemmten Sexualität, dieses »kultische« Universum aus Schuld und Sühne scheint alle katholischen Kinofreunde in seinen Bann zu ziehen. Und nicht nur sie.

**Don Siegel.** Sein Grundthema sind Menschen, die jagen und gejagt werden. Seine Filme strahlen die Nüchternheit von Dokumentarstreifen aus, sie lösen sich ganz in Handlung auf und bestechen durch ihr rasantes Tempo. Sein erster Job war, Sonnenuntergänge zu schneiden, als er 1933 seine Laufbahn in Hollywood begann. Siegel

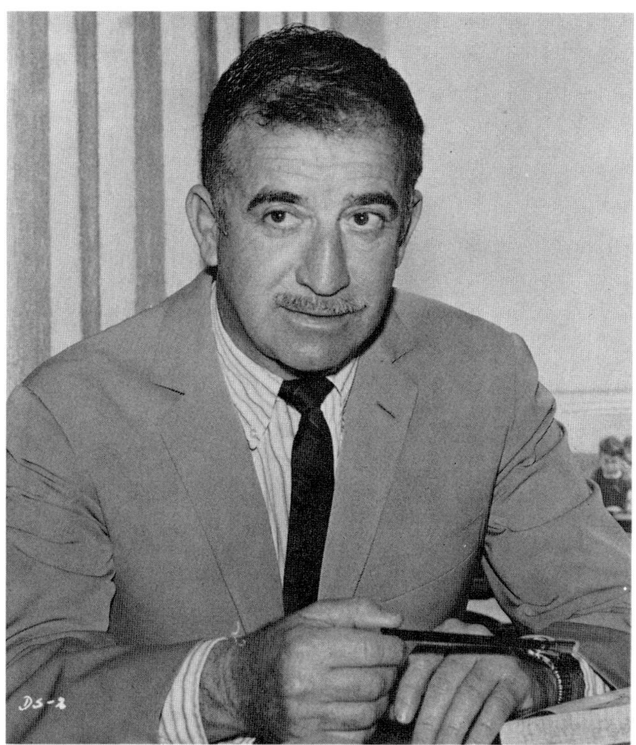

*Don Siegel*

arbeitete sich in zwölf Jahren von ganz unten hoch, vom Filmbibliothekar, Cutter, Montage- und Action-Spezialisten bis zum Second-Unit-Director. Danach nutzte er seine technische Perfektion als B-Film-Regisseur. »Don Siegel gelingt es, eine beunruhigende Ungewißheit und einen eindeutigen Standpunkt zu vermitteln, und er ist ein geborener Geschichtenerzähler«, sagte Peter Bogdanovich über ihn.

Siegel ist jüdischer Abstammung, ein kleiner introvertierter Mann mit leiser Stimme und schmalem Oberlippenbärtchen, der leicht mürrisch wirkt. Man nannte ihn einst den König der B-Filmer, die Titel seiner Streifen sprachen für sich: *Die Nacht vor dem Galgen, Der Henker ist unterwegs, So enden sie alle,* wobei die Originaltitel allerdings wesentlich nüchterner klangen. Die Stars seiner Thriller-, Abenteuer- und Gangsterfilme waren Leute wie Steve Cochran, Jane Greer, Robert Mitchum, Eli Wallach, Ida Lupino, Cornell Wilde und John Cassavetes.

»Dons Realismus, sein Gefühl für den Mann auf der Straße und das wirkliche Leben haben ihn zu einem echten Kultregisseur werden lassen«, äußerte Burt Reynolds 1980 über ihn.

Seinen ersten Erfolg hatte Siegel 1954 mit *Riot In Cell Block 11,* einer Gefängnisrevolte für die Humanisierung des Strafvollzug. Sein Image wandelte sich mit einem Film, der von Samenkapseln aus dem All handelte, seelenlosen Wesen, die in die Körper der Menschen schlüpften: *Invasion of the Body Snatchers* (1956), ein Sciencefiction-Thriller, der in Amerika wenig Beachtung fand, in Europa aber als Kritik am McCarthyismus verstanden wurde und einen Siegel-Kult auslöste.

Zwischen 1957 und 1964 entstand die Reihe jener letzten reinen Gangsterfilme, die noch einmal an *Scarface* und die dreißiger Jahre anknüpften, in denen aber zugleich kommende gesellschaftliche Veränderungen spürbar wurden. Typisch dafür sind Arbeiten wie *Babyface Nelson* (1957), der das Bonnie-und-Clyde-Motiv vorwegnahm, oder *The Line Up* (1958): Autos jagen über Kreuzungen und Schnellstraßen, werden verfolgt von Polizeiwagen, stoppen in letzter Sekunde vor dem Abgrund. Frauen kreischen, Kinder werden als Geiseln benutzt. Männer schlagen sich und schießen mit schallgedämpften Revolvern, ehe sie von hohen Brücken stürzen. Heroin wird im Gepäck ahnungsloser Touristen geschmuggelt. Die Polizei kämpft gegen das »Syndikat«, das Mafia-Gangstertum der USA, streng geheim und hierarchisch organisiert. Es steht der Polizeimacht in nichts nach, obwohl deren Apparat aufgeblähter ist: zwei Organisationen, die austauschbar scheinen. Ein Stück amerikanischer Realität, als Trivialmythos verpackt, aber deshalb nicht weniger wahr.

Man hat Siegel Sympathie für die Gangster vorgeworfen, und später hielt die Gegenseite seine brutalen Cop-Filme für Law-and-Order-Legitimation. Siegel ist wohl eher ein unpolitischer Moralist mit einem scharfen Blick für die schmutzige Kehrseite unserer Gesellschaft, der von sich behauptet, »keine Botschaft zu haben«.

Siegel über die Gewalt in seinen Arbeiten: »Meine Filme sind gar nicht so brutal, aber die Bedrohung in ihnen ist immanent. Und wenn es passiert, geht alles sehr schnell, nicht in Zeitlupe wie bei Peckinpah.«

**Jean-Pierre Melville.** Er sah aus wie seine Filmhelden, vielmehr, sie schienen identisch mit ihm: Immer trug er einen schwarzen Mantel, eine Sonnenbrille und einen gewaltigen Stetson.

Melville fuhr mit seinem schweren Ford Galaxy stundenlang nachts durch Paris, um Drehorte und Kamerawinkel zu finden, die aus Paris Manhattan machen würden.

Da er lange Jahre verkannt und finanziell erfolglos war, konnte er nur wenige Projekte realisieren — doch diese Filme wurden durch Melvilles unbeirrbaren Formwillen unverwechselbar.

Er war einer der wenigen Regisseure, die ein eigenes Filmstudio besaßen, in dem er auch lebte. Seine Wohnung erinnerte an das Dekor amerikanischer Filme der vierziger Jahre. Seine Filme und sein Leben bildeten eine Einheit.

Melville: »Die Welt der Gesetzlosen ist das letzte Bollwerk, wo noch die Kräfte des Guten und des Bösen zusammenprallen.« Das Kernstück seiner Filme bildete der Dualismus zwischen Gangster und Polyp, Gut und Böse, Ordnung und Unordnung. Doch in seiner pessimistischen Weltsicht begannen sich auch diese Grenzen zu verwischen.

Melville übertrug Figuren, Themen und Stilistik des amerikanischen Gangsterfilms in ein französisches Ambiente und erschuf damit sein eigenes Universum, eine esoterische Spielart des *film noir.* Zugleich transponierte der »Corneille der Unterwelt«, wie man ihn nannte, die klassische Tragödie in die Gegenwart.

Ein wichtiges Thema seiner Filme ist die Freundschaft zwischen Männern. Die Helden seines nächtlichen Kinos sind Außenseiter, Gestalten voll innerer Zerrissenheit, ihre Antriebskräfte und Motive sind Ehre, Verrat, Einsamkeit, Tod. »Es gibt keine tiefere Einsamkeit als die des Samurai — es sei denn die Einsamkeit des Tigers im Dschungel.« Dieses angebliche Bushido-Zitat aus dem »Eiskalten Engel« hat Melville selbst erfunden.

Seine äußerlich kühl und emotionslos wirkenden Helden sind kämpfende Gestalten, für die das innere Abenteuer zählt. Melville wurde durch einen amerikanischen Film der *Schwarzen Serie* zu *Le Samourai* angeregt, der ebenfalls die Geschichte eines Berufskillers erzählt: *This Gun for Hire* mit Alan Ladd. Melville: »Jede Tat in der Schizophrenie ist ein Ritual. Das Ritual ist ein Teil der Verrücktheit des Menschen, wie der Glaube übrigens auch.«

Sein realistischer Stil ist so echt, daß man ihm die extreme Künstlichkeit, den hohen Abstraktionsgrad nicht ansieht. Formen werden dabei zu Chiffren. Doch hinter seinem Streben nach dem Absoluten verbirgt sich eine Welt der kindlichen Regression, ohne Bezug zu unserer computergesteuerten Wirklichkeit. Aber gerade deshalb fühlen sich Melville-Fans so wohl in dieser Märchenwelt der düsteren Schatten, der Gangsterehre und der Männertugenden, die vom Fatalismus der Ereignisse überrollt werden.

Melville war der Guru der *Nouvelle Vague,* Godard und Chabrol trafen sich bei ihm, wollten aber seine Rat-

George Raft, Gangsterstar der dreißiger Jahre, parodiert in <u>Some Like It Hot</u> lustvoll seinen eigenen Mythos und zugleich die kultischen Rituale des Genres. / <u>Some Like It Hot.</u> USA 1959. Regie: Billy Wilder

schläge nicht annehmen. Godard ließ ihn in *A Bout de Souffle* als Schriftsteller Parvulesco auftreten, der von Jean Seberg interviewt wird: »Was ist die größte Leidenschaft ihres Lebens?« Melville: »Unsterblich werden — und dann sterben.«

Kein Genre hat so viele Kultfiguren hervorgebracht wie das beschriebene, besonders im *film noir*. Kultfilme und Drehbücher gibt es von Robert Aldrich: *Kiss Me Deadly*; Jacques Becker: *Touchez pas au Grisbi*; Raymond Chandler: *The Big Sleep* (Roman), *Double Indemnity* (Drehbuch); Alain Corneau: *Les Choix des Armes*; Jules Dassin: *The Naked City*; Joseph H. Lewis: *Gun Crazy*; John Huston: *The Asphalt Jungle*, Fritz Lang: *Scarlett Street*; Nicholas Ray: *In a Lonely Place*; Martin Scorsese: *Taxi Driver*; Robert Siodmak: *The Spiral Staircase*; Jacques Tourneur: *Out of the Past*; Frank Tuttle: *This Gun for Hire*; Orson Welles: *The Lady from Shanghai*; Billy Wilder: *Double Indemnity*.

Das sind nur einige der wichtigsten Namen, man könnte weitere umfangreiche Listen mit anderen Filmen und Personen erstellen, die genauso dazugehören. Regisseure wie Corneau oder Scorsese demonstrieren, daß Kultfiguren auch heute noch existieren und neue Filme zu Kultfilmen werden.

Schließlich gibt es Regisseure, die sowohl im Gangsterfilm als auch in anderen Genres ihre Spuren hinterlassen haben und die wir in diesem Band in anderem Zusammenhang beschrieben haben: Roger Corman (Horror), Budd Boetticher und Howard Hawks (Western).

Im darstellerischen Bereich hat jedes Jahrzehnt seine großen Kultstars hervorgebracht, die dreißiger Jahre James Cagney und George Raft, die vierziger Alan Ladd und Humphrey Bogart, die fünfziger Sterling Hayden und Lino Ventura, die sechziger Alain Delon . . . In den Achtzigern wird einer wie Gérard Depardieu kultverdächtige Blicke um sich werfen.

Erfahrene Regisseure haben den Kultwert großer Stars später genutzt. So läßt Billy Wilder in *Some Like It Hot* (1959) George Raft die Maschinengewehr-Arie in der Garage aus *Scarface* wiederholen, und Coppola vermarktet das kultische Image von Richard Conte und Sterling Hayden in *The Godfather* (1971).

Den abgebrühten, ausgebufften männlichen Helden der *Schwarzen Serie* wie Dana Andrews, Steve Cochran, Fred MacMurray, Ray Milland, den jungen Richard Widmark, Burt Lancaster und Kirk Douglas standen die perfiden, unberechenbaren Damen gegenüber: Gene Tierney, Joan Crawford, Gloria Graham, Barbara Stanwyck und Rita Hayworth. Sie morden zu sehen geht auch heute noch unter die Haut.

Ehe **Barbara Stanwyck** zur gefühlskalten Femme fatale der *Schwarzen Serie* wurde, hatte sie eine Kindheit im Waisenhaus hinter sich. In dieser Zeit soll sie einem messerstechenden Irren in die Hände gefallen sein.

Die Rolle der Hausfrau und Kameradin legte die Stanwyck spätestens 1941 mit *The Lady Eve* ab, einem bravourösen Gaunerstück, das ihre Talente als Falschspielerin ans Tageslicht brachte. Von nun an spielte der Star auch mit Männern falsch, entwickelte sich zu einem verderbten und Verderben bringenden Wesen von perverser Faszination. Sie kam ganz auf ihre Biographie raus und wurde so hart wie das Milieu, das sie umgab.

Ihr schmales, fein modelliertes Gesicht mit den hellwachen Augen erstarrte endgültig zur undurchdringlichen Maske in *Double Indemnity* (1944). Berechnend, selbstsüchtig und von profaner Dämonie, spinnt sie ihre tödliche Intrige und treibt den ahnungslosen Versicherungs-

*Barbara Stanwyck*

agenten Fred MacMurray zum Mord. Da der Mann bei all ihrer selbstsicheren Reflektiertheit hinter ihrem erotischen Appeal zärtliche Hingabe vermutet, muß ihn ihre zynisch-bösartige Kälte um so mehr wie ein Peitschenhieb treffen.

Barbara Stanwyck, die tödliche Blondine mit Vergangenheit, in der Jacques Siclier den »Archetyp der frigiden Killerin« sah, mordete auch in ihren nächsten Filmen weiter, ihre schwarze Erotik schlug in eine Erotisierung der Gewalt um.

*Sterling Hayden*

**Sterling Hayden** war als Halbwüchsiger von zu Hause durchgebrannt und zur See gefahren. 1940 kündigte ihn seine Filmgesellschaft als »beautiful blonde viking god« an. Seine Fans liebten ihn besonders in *Johnny Guitar* und in *The Asphalt Jungle*.

Er war der große Blonde, dessen Gesicht sich jäh verfinsterte, ein Gewalttäter wider Willen, müde aller Anstrengungen. Das gab ihm, der von unten kam und handeln mußte, einen durchtriebenen, schlau taktierenden Zug. Sein Körper war massig, seine Kraft groß. Da er dennoch zauderte, wirkte er schwach, auf kindliche Erlebnisse reduziert.

Einer, in dem so viel steckte und der so wenig daraus zu machen verstand, mußte einen Tick haben, eine Schwäche. Das gab ihm einen gefährlichen, unberechenbaren Zug.

Spieler, Reisende, Verfolgte, kleine Gangster mit großen Ambitionen, verkörperte er am besten. Sie kamen irgendwo an, ohne je zu Hause zu sein. Mit Haus und Familie war dieser Entwurzelte nicht denkbar. Wenn er doch einmal zurückkam auf den Ausgangspunkt seiner Kindheit, dann mit einer Kugel in der Brust wie in *The Asphalt Jungle*.

Er schien nie wirklich am Filmen interessiert, nur, wenn er Geld brauchte. 1969 segelte er mit seinem Schoner »Wanderer« und vier Kindern in die Südsee. 1976 erschien von ihm der Roman »Voyage«. Sterling Hayden lebt heute auf einem Hausboot am Rande europäischer Großstädte.

Nachdem **Jean Gabin** aus dem düster-proletarischen Schatten seiner frühen Filme getreten war, schlug er sich im französischen Gangsterfilm der fünfziger Jahre auf die Gegenseite, die der Sieger und Kommissare, und das gründlich. Selbst wenn er sich gelegentlich noch ins Ganovenfach begab, erschien er unbesiegbar, egal, ob Belmondo, Delon oder Ventura gegen ihn antraten.

**Alain Delon** ist der Geheimagent seines eigenen Lebens, ein eiskalter Engel aus den Vorstädten.

Später hielt er sich Leibwächter, speiste er mit Madame und Monsieur Georges Pompidou. Die Unterwelt hatte ihn nach oben gebracht, aber es ließ ihn ungerührt.

»In der Freundschaft gibt es keine Enttäuschung — nur den Verrat.« Diese Haltung prädestinierte ihn zum Akteur des Melville-Kultkinos. Nach *Le Samourai* gehörte er endgültig dazu, so schizophren und einsam wie er war keiner vor ihm.

Seine Minimalmimik ist unübertroffen, Blicke, ein beredtes Schweigen, winzige Fingerbewegungen genügen ihm zur Verständigung. Sein Gang ist schlendernd, leicht, er geht aus der Hüfte wie ein Zuhälter — mit seinen Gedanken scheint er immer Lichtjahre entfernt. Erschütterungen lassen sich an seinen eisig-blauen Augen ablesen, sie werden dann weich, wässerig, der Blick verschwimmt, geht nach innen. Er schießt und tötet mit ausdruckslosem Gesicht, als ginge es ihn gar nichts an, als handelte ein anderer an seiner Stelle. Alain Delon ist forsch, ja unverfroren. Er ist der Archetyp des modernen Städters, der sich immer ein Hintertürchen offenhält. Er ist gefährlich, aber nicht unverwundbar. Die Stolperschritte seiner narzißtischen Tode gehören zu den festen Ritualen des französischen Gangsterfilms.

In *Les Aventuriers* reißt ihn die erste Kugel hoch, ehe er stürzt, sich wieder aufrafft und erneut getroffen wird. Er krümmt und wälzt sich am Boden, Sand im Gesicht, das weiße Hemd blutgetränkt. Ehe er stirbt, sagt er »lieber alter Lügner« zu Lino Ventura, den Hauch eines Lächelns auf den sanfter werdenden Zügen. Sein Mund zuckt, dann schließt er die Augen für immer — in diesem Film.

*Alain Delon*

# Scarface

Man kann das Blut zwar nicht sehen, aber riechen — wie ein Pesthauch liegt der Geruch in der Luft: in *Scarface*, dem Dokument über den Schrecken der Straße, dem Gangsterfilm als Blutoper. Ein Film über das gewalttätige Leben der Gangs von Chicago zur Prohibitionszeit und über den kleinen Killer Tony Camonte, der sich ohne Umwege nach oben mordet, bis zum Gangsterboß und absoluten Herrscher über Leben und Tod. »*Scarface* ist die wahre Geschichte von Al Capone. Wir haben den Film gemacht, weil die Gewalttätigkeit dieser Zeit für uns hauptsächlich interessant war. Die Leute sagten, du bist verrückt, so etwas zu machen, und ich antwortete, nein, das ist die Geschichte, die Grausamkeit der Geschichte« (Howard Hawks).

Männer mit Hüten in schwarzen Anzügen sitzen in Gangsterautos, werden von anderen Männern in dunklen Anzügen in der Garage erwartet — mit Maschinenpistolen. Kreuze sind zu sehen wie zufällig, an Wänden, auf Schiefertafeln im Kegelklub — Symbole der Todgeweihten. Selbst Camontes Narbe im Gesicht ist kreuzförmig. Eine kaum merkliche Körperdrehung des Gangsterbosses Tom Gaffney (Boris Karloff) läßt ahnen, daß er getroffen ist, doch die Kamera zeigt nur, wie die Bowlingkugel die Kegel umstößt, bis auf den letzten, der wackelt, ehe er fällt. Zum erstenmal werden ungeschminkt die Bandenkriege von Chicago gezeigt, ihre geheimen Regeln und Todesriten. Ein Film über einen eigenen Zirkel innerhalb der Gesellschaft: Der Betrachter ist mit eingeschlossen in den inneren Kreis der Hölle, in die Bewegungen des Terrors, der sich wie feiner Sand über die Szene legt. Weil die Zensur offen Blutrünstiges

*Links Paul Muni als Tony Camonte, rechts George Raft als Guino Rinaldo, mit der Münze jonglierend.*

verbot, ist *Scarface* ein Schwarzweiß-Film von subtiler Gewalt, verschlüsselt, aber gerade dadurch um so wirksamer.

Paul Munis kühner Kopf mit dem römischen Profil gibt dem Film Mafia-Glanz und Authentizität. Muni als Tony Camonte wird beherrscht von Habgier, Eitelkeit und Infantilität — seine inzestuösen Gelüste, mit denen er die »Unschuld« seiner Schwester Cesca zu bewahren trachtete, machten seine Hybris, seinen Größenwahn perfekt. So tötet er, ohne eine Sekunde mit der Wimper zu zukken, seinen besten Kumpel Guino (George Raft), weil dieser »heimlich« seine Schwester geheiratet hatte.

Nach dieser grausigen Tat befällt ihn erstmals eine Ahnung von der Ungeheuerlichkeit seines Tuns — in diesem Moment verliert er seine Befangenheit. Handelte Muni bisher mit der Naivität eines Kindes, das nicht weiß, was es tut, so ist seine Stärke nun gebrochen. Er bleibt zwar eine vieldeutig schillernde, physisch bedrohliche Figur von der Unberechenbarkeit eines Psychotikers, doch von nun an strahlt er Todesgeruch aus. Nachdem seine Schwester Cesca ihn der Polizei verraten hat und stirbt, endet auch Tony Camonte im Kugelhagel der Ordnungsmacht.

*Scarface* ist ein Film, der keinen soziologischen oder psychologischen Ballast mitschleppt, sondern seine Botschaft mit der Geradlinigkeit eines Maschinengewehrfeuers auf die Leinwand zeichnet. Jede Bewegung, jede Szene löst sich in todbringende Aktion auf.

Der Film setzte sich zwar durch sein *Crime-doesn't-pay-*Ende in Widerspruch zur Realität, doch schlug die Wirkung seiner düsteren Anklage so durch, daß er sofort verboten wurde.

Ausgangspunkt ist die Figur Al Capones mit ihrer Faszination des Bösen, die sich zwischen Bewunderung und Ablehnung des amerikanischen Publikums bewegte. Angeklagt war letztlich das System in seiner unentwirrbaren Verfilzung von Gangstertum, Polizei und Geschäftswelt, die sich nach dem Börsenkrach 1929 noch vertiefte. Der wirkliche Al Capone und seine Kumpane von der Cosa Nostra waren um vieles gerissener und zehnmal gefährlicher, sie lebten weiter, auch wenn man Capone wegen »unerlaubten Waffenbesitzes« und »Steuerhinterziehung« eingebuchtet hatte.

Das Schwergewicht von *Scarface* liegt auf den Intrigen und Feuergefechten der rivalisierenden Gangs, doch prinzipiell zeigt der Film den Kampf zwischen Polizei und Verbrechen, Gut und Böse, Ordnung und Chaos. Die Struktur des klassischen Gangsterfilms ist hier noch erkennbar, zugleich aber auch schon in Auflösung begriffen.

Hawks zählte *Scarface* zu seinen liebsten Filmen, denn er konnte in ihm, dank der Möglichkeiten seines Freundes Howard Hughes, erstmals unabhängig von den großen Studios drehen. Für den noch unbekannten George Raft ließ Hawks Musik spielen, um ihn in Stimmung zu bringen. Er will Raft auch den Jongliertrick mit der Münze

*Bandenkriegsterror*

beigebracht haben, der den Star berühmt machte. George Raft war davon beeindruckt, daß Hawks bei den Feuergefechten echte Kugeln verwenden ließ, um realistische Toneffekte zu bekommen.

*Scarface*, der bahnbrechende Gangsterfilm, kam 1981 mit fünfzigjähriger Verspätung in der Bundesrepublik heraus.

**Scarface** (Scarface)
USA 1932
*Regie* Howard Hawks  *Drehstory* Ben Hecht  *Drehbuch* Seton I. Miller, John Lee Mahin, W. R. Burnett, nach einer Story von Armitage Trail  *Kamera* Lee Garmes, L. William O'Connell  *Musik* Adolph Tandler, Gus Arnheim

*Darsteller* Paul Muni (Tony Camonte), Ann Dvorak (Cesca Camonte), George Raft (Guino Rinaldo), Karen Morley (Poppy), Osgood Perkins (Johnny Lovo), Boris Karloff (Gaffney), C. Henry Gordon (Guardino)

Der kleine Gangster Tony Camonte killt seinen ehemaligen Boß Costillo und arbeitet nun für dessen Kontrahenten Lovo. Damit löst er einen Krieg unter den Banden Chicagos aus, die das illegale Alkoholgeschäft untereinander aufgeteilt haben. Narbengesicht Camonte — die Figur ist ein Porträt Al Capones — in seiner bösartigen Skrupellosigkeit ist auf seinem Weg nach oben von niemandem aufzuhalten.
Einer der Höhepunkte des Films ist das historische Massaker in der Garage der North Clark Street, bei dem eine Bande eine andere mit Maschinenpistolen kaltblütig niedermetzelte. Der Film dokumentiert erstmals in Bildern von äußerster Objektivität Aufstieg und Fall eines legendären Verbrechers.

# The Big Sleep

Kino als Labyrinth — der Detektivfilm eine Ikonographie des Schattenhaften, Morbiden.

Privatdetektiv Philip Marlowe erhält einen Auftrag von Sternwood, dem Millionär, der nur noch in der tropischen Hitze seines Treibhauses existieren kann. Marlowe soll einem Erpresser das Handwerk legen, statt dessen findet er einen Toten, eine Khmer-Statue mit eingebauter Kamera und Carmen, die rauschgiftsüchtige, nymphomane Tochter des Millionärs.

Der Sekretär Sternwoods bleibt verschollen, Opfer werden zu Tätern, Marlowe ist in ein Räderwerk mörderischer Komplizenschaft geraten, in dem er die Zusammenhänge nicht kennt. Er vertuscht und bereinigt die Situation und sieht sich mit der blasierten, großäugigen Vivian Rutledge konfrontiert, der älteren Tochter des Generals, die ihn für ihre Interessen zu manipulieren versucht. Doch muß sie schnell erkennen, daß er schwer zu beeinflussen ist und mit Leuten umspringt wie mit »dressierten Seehunden«.

Die erotischen Dialoge der großen Liebenden sind in den Metaphern der Rennbahn-Sprache gehalten.

In *The Big Sleep* regnet es, oder es ist Nacht oder beides zusammen. In den düsteren Dekors einer unheilvollen Atmosphäre treiben die Figuren dahin wie in einem Ozean aus Hoffnungslosigkeit, verstrickt in unmoralische Machenschaften, Heimlichkeiten, Erpressung, Glücksspiel, brutale Schlägereien, laute und geräuschlose Morde . . . und Vivian küßt den geschwollenen, geschundenen Mund Marlowes.

Jeder kämpft gegen jeden, und jeder hat etwas zu verbergen. Obwohl die Figuren wie durch den Müllschlucker gezogen scheinen, bewahren sie einen Rest an Haltung, Würde, Originalität, die das Kino später vermissen ließ. Und sie fahren in diesem Film aus dem Jahr 1946 — der in den zwanziger Jahren spielt — unentwegt in buckligen, kleinen Autos herum, die Schutz bieten vor dem Regen und vor dem Tod.

Die Aussage von Howard Hawks, daß er bei der Handlung selbst den Überblick verloren habe, klingt wie ein schlauer Werbegag, mag aber ein Körnchen Wahrheit enthalten. Raymond Chandler: »Mich reizte die Situation, in der das Geheimnis eher durch die Schilderung und das Verständlichmachen einer einzelnen Figur . . . gelöst wird, als durch die . . . Verknüpfung von Umständen.«

Die Kamera sieht Philip Marlowe über die Schulter, macht seine Perspektive zu unserer. Der Zuschauer weiß und sieht nicht mehr als der Held, er erlebt sich damit in der Situation des Detektivs, vollzieht seine Gedanken und Haltungen mit, überlegt selbst, was als nächstes zu tun wäre. Und spürt zugleich, je mehr Marlowe einzelne Details oder Personen durchschaut, daß sich das Ganze doch nie glatt wie das Puzzle eines Fernsehkrimis zusammensetzen wird, daß der große Rest immer rätselhaft, unaufklärbar bleiben wird. Und das nicht (nur) aus existenzphilosophischen Gründen, sondern auch aus ganz real gesellschaftspolitischen: Marlowe kämpft nicht nur — oft im zusätzlichen Konflikt mit der Polizei — gegen die professionellen Erpresser und Mörder, sondern auch gegen die Amateure aus dem feinbürgerlichen Lager, die sich am Ende aufgrund ihrer Macht- und Einflußmittel als die wahren Profis herausstellen. Die Bourgeoisie oder, bei Chandler genauer, die korrupte, verrottete High Society verhindert letztlich die restlose Aufklärung der Verbrechen. So steht Marlowe zwischen allen Fronten und kann sich nur behaupten mit dem verzweifelten Mut des Einzelgängers.

Philip Marlowe, Raymond Chandlers legendärer Privatdetektiv, wurde schon von Dick Powell, Robert Mitchum, Elliott Gould und anderen Superstars gespielt, aber nie war er adäquater besetzt als mit Bogart. Keiner hat Marlowes ausgeprägte Eigenart, seinen Stoizismus und seine Manierismen perfekter personalisiert als er. Mit dieser Haltung, die ihm die uneingeschränkte Bewunderung seiner Fans einbrachte, hat er *The Big Sleep* zum Kultfilm werden lassen. Einer Haltung, die bereits durch die Souveränität seines Auftretens bestimmt wird. Sie muß sich erstmals beweisen, als ihn Vivian bei ihrer ersten Begegnung einen »kleinen Schmutzfinken« nennt, der »auf Hotelkorridoren herumschnüffelt«, und Marlowe süffisant kontert, das nächste Mal werde er mit weißem Schlips und Tennisschläger kommen. Sie beweist sich ebenso im kaltschnäuzigen Umgang mit Gangstern, Polizisten, angriffslustigen Mädchen und gerissenen Geschäftsleuten. Marlowe bleibt stets gelassen, läßt sich durch nichts verblüffen. Besonders mißtrauisch wird er, wenn Frauen Süßholz raspeln. Dann vermutet er — meist zurecht — falsches Spiel und pariert mit beißender Ironie.

Marlowe ist ein passabler Boxer und hart im Nehmen. Ohne Zaudern begibt er sich immer wieder in Gefahr, und wenn er dabei einmal Prügel bezieht, trägt er es ohne Gejammer. Gangster verachten ihn ebenso wie die großen Geschäftemacher, doch er schlägt beide durch seine Nicht-Korrumpierbarkeit, die sich schon in seinem lächerlichen Honorarsatz von zwanzig Dollar pro Tag plus Spesen ausdrückt. Marlowes Bild wird abgerundet durch seine Grundsätze, deren wichtigster lautet, niemals einen Auftraggeber preiszugeben. Gegen eine Regel: »Verlieb dich nie in eine Klientin« erlaubt er sich allerdings gelegentlich kleine Verstöße. Da alle Frauen in *The Big Sleep,* von der bebrillten Buchhändlerin über die Taxifahrerin bis zur versnobten Millionärstochter hinter ihm her sind, passiert es ihm schon mal, daß er schwach wird.

Auf die Frage, worauf sich der Titel *The Big Sleep* beziehe, antwortete Howard Hawks, vermutlich auf den Tod.

»Was zum Teufel macht ein Privatdetektiv eigentlich?« fragte Bogart. »Ich kannte einen, der sich immer die Nase rieb, wenn er etwas bezweifelte«, antwortete

V.: »What do you do when you are not working?«
M.: »Play the horses . . . fool around. «
V.: »Women too?«
M.: »I'm generally working on something most of the time. «
V.: »Could that be stated to include me?«
M.: »I like you, I've told you that before. «
V.: »I liked hearing you say it. But you didn't do much about it. «
M.: »Neither did you. «
V.: »So long, Marlowe. «

*Keiner traut keinem, und jeder bedroht jeden.*

*In einer düster-unheimlichen Atmosphäre scheinen sich die Helden durch Labyrinthe zu bewegen, geheimnisvolle Autos gleiten durch die Nacht, Menschen werden erpreßt, zusammengeschlagen, ermordet... Vivian und Marlowe in einer Szene, die in der deutschen Fassung dem Schnitt zum Opfer fiel.*

Hawks. Marlowe bezweifelt viel in diesem Film. Als die Szene in Geigers Buchladen gedreht wurde, fand sie Hawks zuerst langweilig. Bogart: »Versuchen wir es noch einmal, ich habe eine Idee.« Er bog seine Hutkrempe nach oben, setzte sich eine Sonnenbrille auf, die ihm auf die Nase rutschte, und sprach in femininem Tonfall. Hawks: »Okay, das ist es, ich werde dafür ein paar neue Dialoge schreiben.«

Der noch im Studio gedrehte *film noir*, zu dessen Höhepunkten *The Big Sleep* zählt, intendierte eine entromantisierte Wirklichkeit ohne psychologisierenden Hintergrund. Howard Hawks oberstes Prinzip dagegen lautete, unterhaltsam zu sein. Er war von der Story, die er angeblich nie verstanden hat, sofort begeistert. »Der Film erwies sich, vom Standpunkt des Publikums, als sehr gelungen, und er entwaffnete die Kritiker, weil sie genauso schlau sein wollten wie der Bursche im Film und am Ende kein bißchen schlauer waren als er« (Howard Hawks im Gespräch mit Peter Bogdanovich).

**The Big Sleep** (Tote schlafen fest)
USA 1946. Warner Bros.
*Regie* Howard Hawks    *Drehbuch* William Faulkner, Leigh Brackett und Jules Furthman, nach dem gleichnamigen Roman von Raymond Chandler    *Kamera* Sid Hickox    *Musik* Max Steiner
*Darsteller* Humphrey Bogart (Philip Marlowe), Lauren Bacall (Vivian Rutledge), John Ridgely (Eddie Mars), Martha Vickers (Carmen Sternwood), Dorothy Malone (Buchhändlerin), Peggy Knudsen (Mrs. Eddie Mars), Regis Toomey (Bernie Ohls), Charles Waldron (General Sternwood), Charles D. Brown (Norris), Bob Steele (Canino), Elisha Cook jr. (Harry Jones), Louis Jean Heydt (Joe Brody), Sonia Darrin (Agnes), James Flavin (Captain Cronjager), Thomas Jackson (District Attorney Wilde), Dan Wallace (Carol Lundgren), Theodore von Eltz (Arthur Gwynn Geiger), Joy Barlowe (Taxifahrer), Tom Fadden (Sidney), Ben Welden (Pete), Trevor Bardette (Art Huck), Joseph Crehan (Arzt)

Privatdetektiv Philip Marlowe wird von General Sternwood beauftragt, einen Erpresser aufzuspüren. Er findet nicht nur einen toten Ganoven, sondern auch Carmen, die rauschgiftsüchtige Tochter des Generals, die aus verschmähter Liebe Sternwoods Sekretär Regan getötet hat. Marlowe kann den Verdacht auf eine Verbrecherbande lenken. Er verliebt sich in Vivian, die ältere Tochter seines Auftraggebers, stellt aber fest, daß auch sie in kriminelle Aktivitäten verwickelt ist. Der hartgesottene Detektiv spielt die Mitglieder der Bande geschickt gegeneinander aus, was zu ihrer Dezimierung führt.

# Kiss Me Deadly

Der Detektivfilm als Horrortrip, als Atom-Tragödie.
In der Eingangssequenz hört man nichts als den keuchenden Atem einer jungen Frau, die nachts barfuß im Regenmantel eine Straße entlangrennt. Privatdetektiv Mike Hammer nimmt sie in seinem Sportwagen mit und schmuggelt sie durch eine Polizeiabsperrung, doch beide geraten in eine neue Falle.

Mike wird zusammengeschlagen. Als er zu sich kommt, hört er die Verzweiflungsschreie der Frau, die Christina heißt, und sieht aus den Augenwinkeln ihre nackten Beine durch die Luft strampeln. Man hat sie zu Tode gefoltert, weil sie ihr Geheimnis nicht preisgeben wollte. Mike Hammer will dieses Geheimnis ergründen. Er ist von seiner Mission als Rächer völlig besessen. Es geht um doppelte Dynamitladungen in einem Sportwagen, das Gedicht »Denk an mich« von Christina Rossetti und einen Schlüssel, den man bei der Toten gefunden hat. Mike findet auch Lily Carver, die ihn mit leerem Blick und einer Pistole in einer drittklassigen Absteige begrüßt. Einem kleinen Griechen, der vor Schreck kein Wort herausbringt, zertrümmert Hammer die wertvolle Caruso-Plattensammlung am Boden. Als Mike von seinem alten Freund Eddie eine Information kaufen will, sagt dieser, die Gegenseite habe ihm bereits ein unüberbietbares Angebot gemacht. Mike erhöht den Preis. Eddie: »Du kannst sie wirklich nicht überbieten. Sie wollen mich am Leben lassen.«

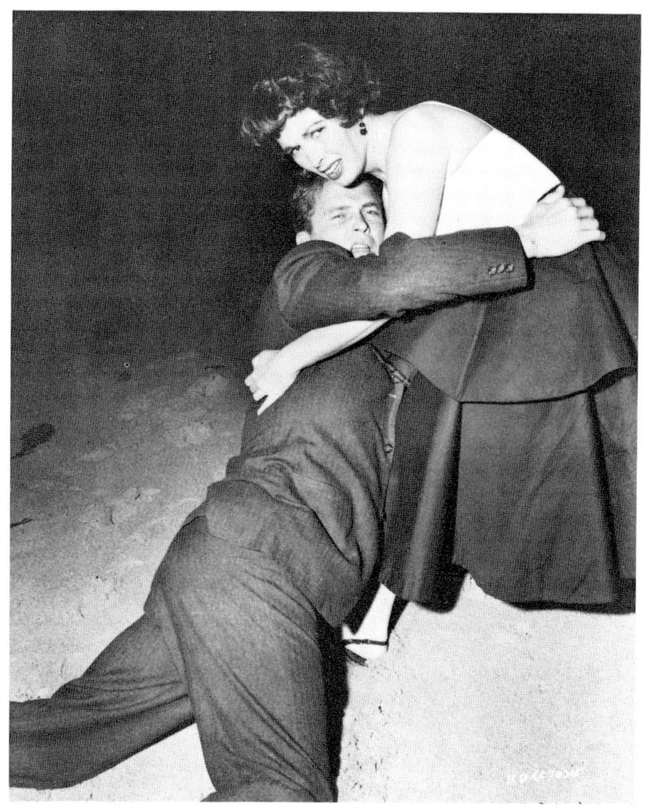

*Detektiv Mike Hammer und seine Sekretärin Velda im Angesicht der Atomkatastrophe.*

*Die tödliche Lady Lily Carver*

*Mike Hammer, besessen
von seiner Mission als Rächer*

Mike Hammer jagt hinter dem »großen Dingsda« her. Die Logik der Zusammenhänge scheint sich aufzulösen, wird überwuchert von etwas anderem: der Angst vor dem »großen Unbekannten«.

In einer frostig-steifen Atmosphäre sind die Charaktere entmenschlicht, ist die Kommunikation auf dem Nullpunkt. *Kiss Me Deadly* ist die Endstation des *film noir*, »... mit vollem Tempo ziehen Bilder des Todes, der Angst, der Liebe und des Schreckens vorüber. Und doch sind alle da: der Stardetektiv, die Atomgangster, die Polizisten, schicke Mädchen im Badeanzug und die wasserstoffblonde Mörderin ... Wer schämte sich nicht, sie wiederzuerkennen, demaskiert, abgetan, diese unheimlichen Freunde von früher« (Claude Chabrol, »Cahiers du Cinéma«).

Das »große Dingsda« ist eine Atombüchse, aus der es zischt und funkelt, als Mike den Deckel öffnet und sich die Hände verbrennt! Die Weltkatastrophe als Schundroman. Als die bösen Agenten der unbekannten ausländischen Macht die Büchse an sich bringen, kommen sie in der unausweichlichen Explosion in einem einsamen Haus am Meer um. Mike und seine Sekretärin Velda können sich in letzter Sekunde in Sicherheit bringen, sie waten engumschlungen durch die nächtlichen Meereswogen.

*Kiss Me Deadly* ist einer der sterilsten Unterleibsfilme. Die Rollen der Geschlechter sind vertauscht. Alle verwirrende Weiblichkeit prallt an Hammers Indifferenz und Frigidität ab. Die dunkelhaarige Velda ist leidenschaftlich in Mike verliebt, wird aber ständig von ihm frustriert und macht blindwütige Ballettübungen in ihrem Büro. Lily Carver und Christina Rossetti sind schlanke Blondinen mit einem vagen, leicht irren Ausdruck in den Augen. Allen Frauen gemeinsam ist »die maskuline Attitüde in ihrer Haltung und ihrer Aggressivität; ihre Sexualität ist kämpferisch, ständig gereizt ... Der Teufel ist eine Frau. Sie richtet ihre Waffe, ihre zerstörerische Virilität auf den Mann und bringt Atomge-

walten zur Entladung« (Raymond Durgnat).

Der Thriller als obszöner Alptraum. Eine banale Geschichte im formalistischen *film-noir*-Stil erzählt, in Schwarztönen und kaltem Grau fotografiert. Die Objekte, schattenlos, scharf umrissen, behaupten ihr Eigenleben, die Personen sind symbolistisch überhöht. Raymond Durgnat: »Eine Sexualität des Schreckens und der Brutalität (Keuchen, Rennen, Strampeln, Explosionen) ›taut‹ den gefrorenen Film auf. Eine labyrinthische Anwesenheit der Abwesenden: Christinas Radio, für immer fest eingestellt auf einen ausländischen Sender; Mikes Tonbandgerät im Telefon als Verteidigung gegen den gefährlichen Anruf des Mitmenschen. Die Alternative zur sanften, trügerischen Kultur ist die jungfräuliche Einsamkeit des Mike Hammer.«

*Kiss Me Deadly* ist aber auch, zeitlich versetzt, das heruntergekommene, verrottete, schäbige Ende eines Filmstils. »Hammer stellt die Unterwelt auf der Suche nach dem ›großen Unbekannten‹ auf den Kopf, und als er es schließlich findet, stellt es sich — Scherz aller Scherze — als explodierende Atombombe heraus« (Paul Schrader). Der letzte schwarze Film des kalten Krieges der fünfziger Jahre: ein mahnender Finger der Vernunft, eingekleidet als Gewalt-Epistel.

**Kiss Me Deadly** (Rattennest)
USA 1955. United Artists
*Regie* Robert Aldrich  *Drehbuch* A. I. Bezzerides, nach dem Roman von Mickey Spillane  *Kamera* Ernest Laszlo  *Musik* Frank Devol  *Song* »Rather Have the Blues« gesungen von Nat King Cole und Kitty White  *Darsteller* Ralph Meeker (Mike Hammer), Albert Dekker (Dr. Soberin), Paul Stewart (Carl Evello), Maxine Cooper (Velda), Wesley Addy (Pat Chambers), Juano Hernandez (Eddie Yeager), Marian Carr (Friday), Cloris Leachman (Christina), Jack Elam (Charlie Max), Nick Dennis (Nick), Jack Lambert (Sugar Smallhouse)

Eines Nachts nimmt Privatdetektiv Mike Hammer ein Mädchen mit, das aus einer Heilanstalt geflüchtet ist. Sie geraten in eine Autofalle, das Mädchen wird dabei ermordet.
Hammer versucht herauszufinden, wer hinter dem Anschlag steckt, für den es keines der üblichen Motive gibt. Er und seine Freunde geraten dabei mehrmals in tödliche Gefahr.

# North by Northwest

Ein harmloser Geschäftsmann, Roger O. Thornhill, wird aus einem Hotel in New York verschleppt als einer, der er gar nicht ist. Man bringt ihn in eine Villa auf Long Island zu dem dunkelhaarigen, eleganten, aber bedrohlichen Mr. Vandamm, der Mr. Kaplan um Zusammenarbeit bittet. Thornhill: »Wer ist Kaplan?« Vandamm: »Sie sind Kaplan.«

Man flößt ihm eine Flasche Whisky ein, um ihn zu betäuben, etwas später kann er trotzdem fliehen, die Polizei nimmt ihn wegen Trunkenheit am Steuer fest, glaubt ihm aber kein Wort seiner Geschichte. Niemand glaubt ihm. Etwas Beklemmendes bricht in sein Leben ein, als sei kurz die Tür zu einem Abgrund aufgerissen und wieder zugeschlagen worden.

Am andern Tag findet Thornhill mit seiner Mutter und einigen Polizisten die Villa wieder, aber natürlich gibt es gar keinen Mr. Vandamm, und die Dame des Hauses erklärt, ihr Mann halte gerade eine Rede vor der UNO. Im Gebäude der Vereinten Nationen stirbt dieser Mann in den Armen Thornhills, der so ungeschickt ist, ihm das Messer aus dem Rücken zu ziehen. Eine *double chase* beginnt. Die Polizei und die Agenten Vandamms jagen Thornhill, während dieser hinter dem unbekannten Mr. Kaplan her ist, für den die anderen ihn halten. Da Kaplan gar nicht existiert, kann ihn Roger O. Thornhill nur an einem Ort suchen, der auf keiner Karte verzeichnet ist: north by northwest. Das O zwischen Roger und Thornhill steht für Null, eine doppeldeutige Symbolik.

Die Kultformel aller Hitchcock-Filme gilt auch hier: Ein unschuldig Verdächtiger muß selbst den wirklichen Täter suchen, um seine Unschuld zu beweisen, was aber aussichtslos scheint, nachdem die Kommunikation mit seiner Umwelt unterbrochen ist.

Nicht einmal mit seiner Mutter kann Thornhill sich noch verständigen, und auch dies verweist auf ein Mosaik des Hitchcock-Inventars: die gestörte Mutterbindung des Helden. Thornhill fährt im Fahrstuhl mit seiner Mutter und anderen Leuten, unter denen sich auch zwei Killer Vandamms befinden. Die Mutter zu den beiden: »You gentlemen aren't really trying to kill my son, are you?« Alle lachen, nur Thornhill natürlich nicht.

Thornhill hat das Hotel gefunden, in dem Kaplan »offiziell« wohnt. Zimmermädchen: »Sie sind Herr Kaplan, denn das ist das Zimmer 796, also sind Sie der Herr von Zimmer 796.«

Der Thriller als Gehirntrip und als Horrortrip. Hitchcock bezieht den Zuschauer mit ein, indem er ihn mehr wissen läßt als seinen Akteur, und suggeriert ihm damit jene traumatische Ohnmacht, in der man Schreckgesichter nicht abzuwehren vermag. Aber auch der Thriller als politischer und psychologischer Reißer, mit satirischem Seitenhieb auf die Methoden des amerikanischen Geheimdienstes, der einen unbescholtenen Bürger eiskalt über dem Abgrund zappeln läßt, wenn es zufällig in seine Pläne paßt.

Hitchcocks Thriller sind nicht nur Filme mit Falltüren, ihr Spiegelkabinett wirft immer neue — verrückte — brüchiger werdende Bilder bürgerlicher Existenz zurück. Thornhills Identität ist ins Wanken geraten, doch auch seine kühl-blonde Gefährtin Eve Kendall bleibt von Anfang an undurchsichtig und überrascht durch ständig neue Identitäten. Auf der Fahrt nach Chicago ist sie hilfsbereit und versteckt ihn vor der Polizei, später wittert Thornhill alias Cary Grant in ihr eine Spionin, die sich gegen Ende als Doppelagentin entblättert, ehe sie von ihm in die obere Koje des Schlafwagenabteils gezogen wird und der Zug in den Tunnel fährt.

Was den Film aber zum Leckerbissen macht, ist Hitchcocks Mordvision in der öden Wüste. Die unheimliche

*Momentaufnahme der aberwitzigsten Verfolgungsjagd des Hitchcock-Kult-Kinos: Cary Grant rennt in einer öden Ebene nördlich von Chicago gegen einen Doppeldecker um sein Leben.*

*Auf wessen Seite steht die geheimnisvolle Blondine mit dem kühlen Lächeln? Links Cary Grant als Roger O. Thornhill, rechts James Mason als Philip Vandamm.*

*Cary Grant und Eva Marie Saint in den Felsklippen des Mount Rushmore*

Bedrohung setzt bereits ein, als Cary Grant aus dem Bus steigt und ein Bauer zu ihm sagt: »Dahinten kommt ein Insektenvernichtungsflugzeug, dabei gibt es hier doch gar keine Insekten zu vernichten.«
Hitchcocks Idee mit dem Doppeldecker entstand, weil er ein Krimiklischee auf den Kopf stellen wollte: daß Leute immer nachts in einer dunklen Gasse ermordet werden, wenn Regennässe auf dem Pflaster glänzt. »Ich habe mich gefragt, was das genaue Gegenteil einer solchen Szene wäre. Eine völlig verlassene Ebene im hellen Sonnenschein . . .« Damit entdeckte Hitchcock für sein Kino und seine Gemeinde den Schrecken der Agoraphobie, den er folgerichtig am Mount Rushmore weiterwirken läßt, wenn Cary Grant und Eva Marie Saint bei ihrer letzten Flucht in schwindelerregender Höhe an den Felsköpfen ihrer Präsidenten hängen.

**North by Northwest** (Der unsichtbare Dritte)
USA 1959. MGM
*Regie* Alfred Hitchcock  *Drehbuch* Ernest Lehman  *Kamera* Robert Burks  *Musik* Bernard Hermann  *Titeldesign* Saul Bass
*Darsteller* Cary Grant (Roger O. Thornhill), Eva Marie Saint (Eve Kendall), James Mason (Phillip Vandamm), Jessie Royce Landis (Clara Thornhill), Leo G. Carroll (Professor), Philip Ober (Lester Townsend), Josephine Hutchinson (Mrs. Townsend), Martin Landau (Leonard), Adam Williams (Valerian)

Der »Held« der Geschichte ist ein fiktiver, vom amerikanischen Geheimdienst erfundener Agent namens Kaplan, von dem es allerdings Hotelbuchungen und einen Schrank voller Anzüge gibt. Der New Yorker Werbefachmann Roger O. Thornhill wird von feindlichen Spionen für Kaplan gehalten und verfolgt. Der CIA will die Polizei zum Schutz Thornhills nicht einschalten, um die eigene Agentin nicht zu gefährden.

# Le Samourai

Alles bewegt sich, und trotzdem bleibt alles am Ort.
Ein spärlich möbliertes Zimmer, in nahezu monochromem Braun und Graugrün. Nackte Wände, ein Eisenbett, Tisch und Stuhl. Die aus einem Vogelkäfig kommenden Piepstöne eines Sittichs lassen das tiefe Schweigen um so lastender erscheinen.
Zigarettenqualm. Ein Mann erhebt sich vom Bett. Er wirft einen langen Blick in den Spiegel, zieht sorgfältig seinen Mantel an, steckt den Revolver in die Tasche und verläßt den Raum.
Jeff Costellos geheimnisvolle Reise in die Nacht beginnt.

Ein radikaler Entwurf, eine Geschichte von kalter Mechanik, in der sich mit unerbittlicher Logik Detail an Detail reiht und die alles Emotionelle unter der glatten Oberfläche der Dinge einzufrieren scheint.
Ein Film fast ohne Dialoge. Die Schweigsamkeit umhüllt den Helden wie ein gläserner Sarg, macht ihn einsam und unverwundbar.
Costello klaut einen Wagen, er probiert mit eiserner Ruhe den Schlüsselbund durch. In einem Haus außerhalb der Stadt läßt er die Nummernschilder austauschen.
Ein kurzer Blick, Geldscheine genügen. Er betritt unauffällig eine Bar, gelangt ins Hinterzimmer und erschießt den Besitzer. Costello hat seinen Auftrag ausgeführt. Gelassen wie er gekommen ist verläßt er die Bar wieder, aber es gibt zufällig eine Zeugin, die farbige Pianistin.
Jeff geht zu der blonden Frau, die ihn liebt: Sie gibt ihm ein Alibi, auf das er sich unbedingt verlassen kann, auch in äußerster Gefahr. Jeff benutzt sie, wie man ein Requisit benutzt, einen Wagen, eine Waffe. Er ist unbesiegbar. Nachts spielt er an einem geheimen Ort Poker. Verdacht fällt auf ihn, er wird verhaftet. Das Ritual der polizeilichen Gegenüberstellung: Doch kein Zeuge kann ihn identifizieren. Auch die Farbige scheint ihn nicht wiederzuerkennen. Außerdem hat er ein Alibi. Jeff muß wieder freigelassen werden. Die Polizei kann ihm nichts beweisen, er ist aber weiter verdächtig.
Eine griechische Schicksalstragödie als französischer Gangsterfilm mit japanischem Motto.
Jeff hat zwar seinen Auftrag perfekt ausgeführt, aber daß er in Verdacht geraten ist, macht ihn für die Gangster gefährlich. Auf einer Brücke soll er von einem Mittelsmann sein »Honorar« erhalten, Jeff trägt eine Schußverletzung davon. Der einsame Tiger im Dschungel ist verwundet. Er ist zwischen die Fronten geraten, in ein tödliches Räderwerk. Die Falle ist zugeschnappt. Das geschlossene Rechteck seines tristen Zimmers, die nächtlichen Straßen, die Metro, die Autos, die Bars werden zum Symbol der Ausweglosigkeit. Geld ist für Jeff unwichtig, aber er ist verraten worden. Er wird sich rächen.
So wie er für seine Auftraggeber zum Risiko geworden ist, bedeutet die Barpianistin Valérie ein Risiko für ihn. Auch wenn sie ihn nicht verraten hat — oder noch nicht. Zum erstenmal muß Jeff mit Staunen registrieren, daß er nicht töten kann. Er hat sich in Valérie verliebt. Die Macht des Samurai ist gebrochen.
Jeff Costello ist mehr als ein Einsamer, er ist ein einsamer Schizophrener. Als die Farbige in ihrem Wagen neben ihm auftaucht, gelingt ihm nicht einmal ein Lächeln. Er ist gespalten in helles Wachsein, das die Dinge wie abwesend betrachtet, und in melancholische Ferne. »Jeff Costello ist weder Gauner noch Gangster. Er ist ›rein‹ im Sinn eines Schizophrenen, der nicht weiß, daß er kriminell ist, obwohl er von seiner Logik und seinem Verstand her kriminell ist« (Melville). Dem Wirklichkeitsverlust, der Leere und Austauschbarkeit modernen Lebens setzt Costello sein Ritual der Tat entgegen. Damit stößt er in die Tiefe des Seins. Sein Leben wird intensiv spürbar, wenn er den Tod gibt und den Tod empfängt, wenn in seinen letzten rauschhaften Augenblicken sich seine ganze Existenz noch einmal wie in einem Brennspiegel verdichtet.
So wird sein Gangstertum zum Gleichnis tragischer Existenz und *Le Samourai* ein Film über den Kult der Tat, über die kalte Mystik vollkommenen Handelns.

*Jeff Costello: »Ich verliere nie — niemals wirklich.« Er provoziert sein Ende bewußt und gestaltet damit noch seinen Tod zu einem Triumph.*

**Le Samourai** (Der eiskalte Engel)
Frankreich/Italien 1967
*Regie* Jean-Pierre Melville   *Drehbuch* Jean-Pierre Melville, nach dem Roman »The Ronin« von Goan McLeod   *Kamera* Henri Decae   *Musik* François de Roubaix
*Darsteller* Alain Delon (Jeff), Nathalie Delon (Jane), Cathy Rosier (Valérie), François Périer (Kommissar), Jacques Leroy (Mann vom Viadukt), Jean-Pierre Rosier (Olivier Rey), Cathérine Jourdan (Garderobenmädchen), Michel Boisrond (Wiener)

Der Berufskiller Jeff Costello tötet den Besitzer eines Nachtklubs. Trotz seines perfekten Alibis wird er von der Polizei verdächtigt. Auch seine Auftraggeber versuchen nun, ihn zu beseitigen. Von beiden Seiten gehetzt, gelingt es Jeff, über die Mittelsmänner seinen Auftraggeber ausfindig zu machen, um sich zu rächen, was ihm auch gelingt.
Am Ende inszeniert er seine eigene Liquidierung.

Töten und getötet werden: das Ritual der Tat. »Jede Tat in der Schizophrenie ist ein Ritual. Das Ritual ist ein Teil der Verrücktheit des Menschen« (Jean-Pierre Melville).

# Abenteuer

Abenteuerfilme, Kostümfilme, Seeräuberfilme, Antikfilme und Historienfilme sowie Mantel-und-Degen-Filme sind Farbfilme. In ihren Farben steckt ihr Fieber. Eigentlich erzählt die Farbe ihre Geschichte. In Aquamarinblau, Purpur, Rubinrot, Blutrot vollzieht sich ihr Geschehen als lustvolle Reise. Aber nicht zwischen Geburt und Alter, sondern zwischen Sehnsucht und Bewährung, Herausforderung und Sieg, Nähe und Ferne, Spurensuche und ewigem Glück.

Abenteuerfilme erzählen im Bilderbuchstil. Das Genre, in dickleibigen Filmgeschichten nur am Rande erwähnt, zeigt die Fährten in die Wunderwelt der Verheißungen und Verlockungen, auf denen die Kultisten zurückreisen in die Landschaften der Kindheit. Diese Filme kommen der Abenteuersituation des Kultisten entgegen. Immer zieht der Abenteurer stellvertretend für ihn aus, zu ungewöhnlichen Orten, in das Land Nirgendwo. Jenseits der gewohnten Landschaften lockt und lauert die Gefahr, winkt reicher Lohn. Vollkommene Helden, glänzend, stärker als die Zeit, in der sie leben, überragende Charaktere, reisen, suchen, bewähren sich. In einer Welt voller Anfechtungen, Intrigen, Kampf, Siegeslohn oder Tod haben die Fahrpläne des Abenteuers immer existentiellen Zuschnitt, haben Bewegungen immer einen Zug nach vorn, sind Entscheidungen klar und endgültig.

Der Abenteurer ist optimistisch, lebensbejahend. Die Lage ist nie ernst, das Land der Verheißung bald in Sicht, die sieben glücklichen Jahre brechen an, das Tor zu den Schätzen ist schon halb geöffnet. In der Stunde der Bewährung stehen die Zeiger der Zeit und des Verfalls still. Deshalb bedeutet dem Abenteurer, im Gegensatz zum Alltagsmenschen, das besondere Heute nichts. Er ist immer im Heute, immer im Augenblick, immer in der Bewährung. Die Nähe von Gefahr und Tod überhöht noch die kleinste Aufgabe. Der Held wächst an dem Schurken, der ihm haßerfüllt entgegentritt. Er zückt den Degen, schwingt sich in die Takelage, erklimmt den höchsten Felsen, stemmt die starken Arme in die Seiten und lacht lauthals in die sprühende Gischt, den feindlichen Schiffen zum Trotz, die schon Lunte an die Kanonen legen.

So kompensiert der Abenteurer unsere Mängel. Er ist ein Doppelgänger, der tut, was wir nur erträumen. Wo wir aus zweiter Hand leben, bietet er Übermut und athletische Anmut, Verführungskraft und Schönheit, Verwegenheit, ein kräftiges Herz und eine strahlende Natur auf. Wo wir von Hundertstelsekunden, Hochrechnungen, Ratschlägen und Forderungen in einer einbetonierten Gesellschaft angeekelt werden, schreitet der Abenteurer durch eine natürliche Welt von Felsklippen und Meeresbrandungen, tiefen Wäldern, strahlenden Morgen und glühenden Sonnenuntergängen.

Seine Lust zu handeln ist unbezähmbar. Er sucht die Nähe zu allem, was lebt, stark und schön ist. Er ist ein Erotiker.

Der Abenteurer lebt in Wunschgeographien, in denen Geld nichts, die siegreiche Tat alles ist. Die phantasierten Welten spannen sich von der Wüste Gobi, von Südsee und Dschungel, asiatischen Sümpfen und Atlantis bis zum Tal der Könige und zu den Diamantenfeldern Salomons. Turnierplätze, Dreimaster, karibische Spelunken, Schlösser und Burgen, arabische Nächte sind seine freie Wildbahn. Abenteuerfilme sind deshalb ein Strich durch die Rechnung des Mittelmaßes.

Daß die Welt des Abenteuers schon immer faszinierte, zeigt das *aventiure* oder *adventure* aus dem Sagenkreis der Artusrunde. Es beflügelte die Phantasien des Mittelalters. Die Stoffe der Abenteuerliteratur des 18. und 19. Jahrhunderts, die ihren literarischen Ausgangspunkt in Defoes »Robinson Crusoe« haben, belebten schnell die Kinematographie. Reisen, Gefahr, Selbsterforschung und Ruhm waren seit Anbeginn die Lieblingsthemen des Kinos. Nach seiner Blüte in den zwanziger und dreißiger Jahren wurde das Genre um 1950 realistischer. Den übermütigen Kapriolen von Abenteurern wie Douglas Fairbanks und Tyrone Power folgten ernstere Bewährungen.

Die Helden traten ins Freie, und die Aufnahmeapparaturen folgten ihnen aus den Studiowelten heraus, in denen es geglüht, genebelt und gedampft hatte. Nur im Studio waren nämlich mit den buntbemalten Prospekten, mit üppiger Ausstattung und mit gleißendem Scheinwerferlicht die bunte Verwandlungskraft und auch die klaustrophobische Stimmung von Galeeren, Dschungeln und Nächten auf See traumhaft spürbar zu machen, war die Grenze zwischen wirklicher und eingebildeter Welt aufgehoben. Filme wie *The African Queen* oder *Moby Dick* bedeuteten dagegen tageshelle Abenteuer vor Ort. Die kindlichen Paradiese wurden erwachsener, das Abenteuer oft zur Arbeit.

Dafür blähte sich das Format der Filme auf. Überdimensionale Leinwände gigantisierten Dekor und Geschehen, besonders im antiken Historienfilm, wo die großen Männer der Geschichte noch größer wurden. Cinemascope, Panavision, Cinerama steigerten das Feuerwerk, die Chöre, Trommelwirbel und den titanischen Kampf. Die Filme wurden zu Opern.

Abenteuer- und Kostümfilme nehmen die Sehnsucht nach Erhabenheit, nach tiefen Gefühlen und Überwältigung auf. Nach dem Pseudohistorischen, das wie eine Wagner-Oper die Geschichte romantisiert, schiefe, unechte, falsche Blickwinkel einzieht und wo nicht verstehbar, so doch nachfühlbar macht. Die verstellten Buchstaben, Druckfehler, der fehlende Durchschuß im historischen Lesebuch faszinieren. Die Innenwelt der Großen am Morgen vor und am Abend nach der Tat. Ihre Schwächen, an denen sie tragisch scheitern: Geschichten statt Geschichte. Handlung und Dialoge sind zweitrangig. Die historische Logik ist eine des Make-ups der Dekors. In Bewegungen, Gesten und Gangarten, in der Perfektion des Details liegt der Kult. Alles muß stimmen, historisch genau sein, bis hin zur Gürtelschnalle.

Die Träume des Abenteuerfilms bleiben sich treu. Wenn die Magie des Märchens ihren Zauber ausgießt und ihre Regenbogenfarben anknipst, machen sich Ivanhoe, Robin Hood, des Königs Admiräle, Großwildjäger und Grabsucher, die drei Musketiere, Ali Baba, Sindbad der

*Seeräuberschiffe in voller Fahrt /* <u>*The Black Swan.*</u> *USA 1943. Regie: Henry King*

Seefahrer, Tarzan und Zorro auf. Der Schatz wird gehoben, die Frau gewonnen, der Feind besiegt. Die Ferne bleibt immer fern. Die Suche endet nie.

Die **Seeräuberfilme** sind der faszinierendste und bunteste Teil des Abenteuergenres. Zwei majestätische Segelschiffe in voller Fahrt. Das Hissen von Flagge und Totenkopfflagge. Das Beidrehen vor dem Kampf, Kanonenknall und Pulverdampf, berstende Aufbauten. Die einstürzenden Fockmasten mit dem Tauwerk: das Ende des hochfahrenden Stolzes. Ein Zweikampf zweier Schiffsindividualitäten, die sich wie wilde Tiere ineinander verbeißen. Entern und schweißtriefender Nahkampf, wilde Massenszenen, Schreie, Keuchen, Knarren von Leder, das Klirren von Eisen und Stahl. Krachende Musketen. Wunden und Blut. Schließlich wieder: freie Fahrt, die im Wind geblähte Leinwand der Bramsegel. Kultische Elemente, ohne die kein Seeräuberfilm auskommt.
Seeräuberfilme sind Zirkusfilme und Verkleidungskino. Holzbeine und Armhaken, ausgestochene Augen, verdeckt durch schwarze Klappen, Kopftücher, Gürtel, Schnallen und Kostüme in grellbunten Farben, auf Deck aufgehäuft, kostbarstes Inventar der freiesten aller Welten, der Welt der Ozeane, für den freiesten Mann, den Bezwinger der Natur und des spanischen Königs. Die Pirouette und der Salto bei Gefahr, fliegende Menschen, die ihre Muskeln anspannen. Das Schiff ist ein Zirkuszelt, in dem martialische Artisten das brüllende Raubtier in der Takelage bändigen.
Seeräuber sind frei. Sie haben hinter sich alle Brücken abgebrochen, geplündert und gemordet, auch ohne Notwendigkeit. Das schützt sie gegen die heimliche Versuchung, zurückkehren zu wollen. Sie haben keinen festen Boden mehr unter den Füßen. Erst in den Spelunken üppig reicher Hafenstädte finden sie ihn wieder, wo verlockendere Reichtümer warten, als bloßes Geld sie aufwiegen könnte. Diese Reichtümer tauchen den Piraten in die Gewißheit, der Unbändigste unter der Sonne zu sein. Tänze und Feuer, Rum, gebratene Bären und die wilden, ergebenen Huren der Karibik sind seine Rahmenbedingungen. Mit ihnen spürt er jedoch auch am deutlichsten die Abhängigkeit. Um frei zu bleiben, gibt es nur eins: zurück auf See.
Der Seeräuber hat alles, was er braucht, es fehlt ihm nur die eigene Frau. Bekommt er sie, ist der Film zu Ende. Was aber, wenn der Pirat selbst eine Frau ist? Dann ist das Happy-End bedroht. Denn ein härteres Schicksal

*Der Pirat: eine Frau / <u>Anne of the Indies.</u> USA 1961.*
*Regie: Jacques Tourneur. Mit Jean Peters*

wartet auf sie. So, wie auf die blutjunge, unbändig wilde, grausame und gefährlich schöne Anne in *Anne of the Indies*, die gegen ihre weibliche Natur verstieß und in den Meeresfluten versank, die »ihre Heimat und ihre einzige wahre Liebe« waren (Verleihtext).

Aber die Seeräuberin war die Ausnahme. Seeräuberfilme feiern eher die Männerfreundschaft, Treue, Not und Gefahr der Blutsbrüder-Gemeinschaft an Deck, den gemeinsamen Umtrunk der Kameraden mit dem Tod, den Sieg des verwegenen Haufens.

Piratenfilme sind darüber hinaus das spielerischste aller Genres, die bunteste und utopischste aller Kinowelten. Ihr Ton ist der Märchenton aus Tausendundeiner karibischen Sommernacht. Ihre handelnden Personen dementsprechend: reiche Kaufleute, leichtbekleidete Insulanerinnen, parfümierte Engländer und spanische Freibeuter, schwindelfreie Tauwerker, korrupte Gouverneure, pfirsichsüße Herzensdamen.

Historische Genauigkeit ist Zufall. Es herrscht die zeitliche und geographische Phantasiewelt der Operette vor. Die Häfen am Felsenufer mit ihren malerischen Häusern, mit Festungen und Kanonen tragen klangvolle Namen: Tortuga, Cartagena, Libertatia.

Die schillernde Intensität der Piratenwelt ließ sich nur im Studio herstellen. Nur Ausnahmen bestätigen diese

*Entern des feindlichen Schiffes / <u>The Sea Hawk.</u> USA 1940. Regie: Michael Curtiz*

*Die Historienfilme des Italieners Vittorio Cottafani waren die populärsten italienischen Filme der sechziger Jahre. Sie machten Steve Reeves zum Kultstar der Bizepsbewunderer. Hier bedient er das Ruder als mythologischer Held Herkules. /* <u>*Ercole e la Regina di Lidia.*</u> *Italien 1958. Regie: Pietro Francisci. Mit Steve Reeves*

Regel. *The Crimson Pirate*, 1952 auf der noch menschenleeren Insel Ischia unter italienischer Sonne mit dem zähnebleckenden Burt Lancaster und dem feixenden Nick Cravat gedreht, wurde einer der brillantesten Filme dieses reichen Genres. Die restlichen Knüller des Seeräuberfilms entstanden überwiegend zwischen Pappkulissen: *The Black Pirate* (1926), *The Sea Hawk* (1940), *The Black Swan* (1942), *Anne of the Indies* (1951), *Against all Flags* (1952).

Die Blütezeit des Seeräuberfilms, der seine literarischen Vorläufer in der »Odyssee«, in den Märchen von Sind-bad dem Seefahrer und dem Fliegenden Holländer und in den Seegeschichten von Joseph Conrad und Jack London hat, lag in den zwanziger und dreißiger Jahren und zwischen 1950 und 1954. Das gilt für den Abenteuerfilm insgesamt.

Heute, wo die See entmystifiziert ist und die Piraten in die Luft gegangen sind, um Flugzeuge zu kapern, ist das Genre ausgestorben. Die nüchterne Welt des Fernsehens hat den Seeräuberfilmen — nun selbst versunkene Schätze — endgültig den Wind aus den Segeln genommen.

# Kultfiguren

**Maria Montez.** Sie war die Königin des Technicolor. In sechs Filmen mit ihrem Partner John Hall, von *Arabian Nights* bis *Sudan*, war sie die Heldin von Filmen, die Aussteigersehnsüchte auf die Leinwand brachten. Je entschiedener die Flucht aus den düsteren Städten der vierziger Kriegsjahre in die Orient- und Südseeparadiese, desto phantastischer deren künstliches Klima und Dekor. Schon die Orte des Geschehens verrieten, daß es sich um verfilmte Märchen, Sagen und Trivialstoffe handelte: Tempelatolle, versunkene Dschungelstädte, Cobrainseln, geheimnisumwobene Höhlen, winzige, aber unberührte Gärten Eden. Dementsprechend waren die Gestalten, die diese Träume belebten: mongolische Tyrannen, rachsüchtige Hohepriester, teuflische Zwillingsschwestern, feinsinnige Kalifen, sudanesische Rebellenführer, finstere Eindringlinge und ausgekochte Meisterschurken.

Die Welt dieser Filme war elementar. Sie bestand aus Gut und Böse und war frei von verwirrenden Zwischentönen, aber bis zum Rand angefüllt mit genußreichen Schauwerten. Die Swimmingpools waren azurblau, bei den Verfolgungsjagden ging es mit Kutschen über Berggipfel. Verschwenderische Pracht der Ausstattung, aufreizende Tänze, Menschenopfer, Vulkanausbrüche und Blutsbrüderschaften wurden von romantischer Musik eingehüllt.

Maria Montez war keine Schauspielerin. Sie war mehr. Sie war die Tänzerin Scheherazade, die Prinzessin Tahia, eine Erbin von Königreichen. Sie beflügelte die Phantasien von der absoluten Frau, die es außerhalb des Kinos nicht gibt.

*Piratenfreundschaft / <u>The Crimson Pirate.</u> USA 1952. Regie: Robert Siodmak. Mit Burt Lancaster, Nick Cravat*

**Zorro.** Tagsüber ist er ein verweichlichter Taugenichts, gleichgültig gegenüber den Nöten seiner Umwelt. Außer Müßiggang interessiert ihn nicht viel. Höchstens, daß er noch mit einem Buch vor dem Kamin posiert. Doch nachts verwandelt er sich in Zorro, den erbarmungslosen und tollkühnen Geisterreiter, der das Unrecht sühnt und seinen Feinden mit Degen oder Peitsche ein »Z« aufbrennt. Der Freund der Armen und Unschuldigen ist ein Schemen. Alle fragen: Wer ist Zorro?

Die Maske verleiht ihm die geheimnisvolle Aura des Überindividuellen. Dient sie dem entindividualisierten Helden als Schutz bei der Begegnung mit unerhörten Gegnern, oder stellt er selbst das Unerhörte dar? Sicher ist: Wie einst bei den Kulten der Jägervölker oder Geheimbünde verhindert die Maske des Zorro die ersehnte Identifizierung mit der Person dahinter. Und deshalb taucht der schwarze Mann schon bald wieder als Alltagsgestalt auf, leistet sich Schwächen und macht sogar Fehler. So fliegt ihm, dem Geheimnisträger, die Zuneigung um so stärker zu.

Mehr als ein Dutzend Filmstars haben die Figur mit Maske und Peitsche verkörpert. Über hundert Zeichentrick-Zorros erblickten in den Disney-Studios das Licht der Welt. Nach dem Willen seines Erfinders, des amerikanischen Schriftstellers Johnston McCulley, hieß der Held im Alltag Don Diego Vegas und kehrte 1820 aus Madrid ins spanisch beherrschte Kalifornien heim. Dort stand er seinem Vater, einem gütigen Alkalden, zur Seite im Kampf gegen einen teuflischen Gouverneur, der die Macht an sich gerissen hatte.

Einige Zorro-Verfilmungen betonen das spanische Kolorit der literarischen Vorlage: zwischen Haziendas, Eichen, Herrenhäusern, weiten Landschaften und malerischem Dorfleben vollzieht sich das Geschick. Später wurde aus Don Diego ein James Vega. Unter den Einflüssen des uramerikanischen Heimatfilms verwandelte sich der Caballero mit Degen und Peitsche in einen Westerner, der einige Zeit später auch Flugzeuge fliegen und Lokomotiven zum Halten bringen konnte.

In die Filmgeschichte gingen die Zorros von Douglas Fairbanks und Tyrone Power ein. Sie waren der Erdenschwere enthoben. Blendend gebaut, umtänzelten sie ihre Opfer und die Frauen, die sie hofierten. Ihre Heiterkeit war ansteckend. Sie verbreiteten eine intensive romantische Stimmung. Fairbanks hatte sich eigens den Colonel Lawrence aus Arabien kommen lassen, um das Peitschenknallen stilgerecht beherrschen zu lernen. Fairbanks und Power waren die echtesten und männlichsten Zorros von allen.

Aber zu Kultfiguren wurden die billigen B-Zorros der Serials. In Pappdekors, mit dürftigen Dialogen, Kulissentricks, aber rasanten Stunts und immer wieder Action, Verfolgungsjagden zu Fuß und zu Pferd und mit Prügeleien verwirklichten sich diese schnell produzierten Schwarzweiß-Filme. Mit der Geburt der B-Filme um 1935 gab es diese noch schwärzeren Zorros, die direkt

*Maria Montez als Prinzessin Tahia / <u>White Savage.</u> USA 1943. Regie: Arthur Lubin. Mit Maria Montez*

*Tyrone Power als Zorro / <u>The Mark of Zorro.</u>*
*USA 1940. Regie: Rouben Mamoulian*

*Douglas Fairbanks als Zorro / <u>The Mark of Zorro.</u>*
*USA 1920. Regie: Fred Niblo*

und ohne Schnörkel den Traum von jedermann ernst nahmen, aus einem Alltagsbürger ein Actionheld zu werden.

In den Serials tritt Zorro wie frisch im Abenteuer-Store eingekleidet auf. Schwarze Kluft, schwarzer Hut, Handschuhe und Stulpenstiefel aus weichem Leder. Nur die Hutschnur und die Stickereien am Kragen sind weiß. Das ist sein Karnevalskostüm, aber er wirkt nicht lächerlich. Er ist Zorro. Zwei silberbeschlagene Colts hängen rechts und links an seiner Seite, die glänzenden Griffe ragen nach vorn. Beim Laufen schwingen sie abenteuerlich hin und her. Sein Pferd ist schwarz oder schwarzweiß. Er verschmilzt mit ihm zu einem fabelhaften Kunstwerk. Das Pferd ist darüber hinaus sein treuester Freund und Gehilfe. Es kann sich auf den Hinterbeinen aufbäumen und mit den Vorderhufen Banditen zu Boden schlagen. Wenn Zorro sein Pferd braucht, pfeift er es herbei, springt aus Fenstern, von Brücken und Dächern einfach in den Sattel oder von hinten auf wie ein Turnhallen-As. Er konnte sich auch so an die Seite seines Pferdes hängen, daß er für seine Feinde unsichtbar war. Dann verschwand er endgültig hinter einem Felsen.

Die Bösen waren besonders böse. Sie traten immer mit wilden Blicken und Gesten und mit einem schiefen Grinsen auf. Ihre Gefangenen banden sie in ihrem Schlupfwinkel, der eher einem Fort glich, an einen Pfahl. Ihnen

124

*John Carroll als Urenkel des alten Zorro / <u>Zorro Rides Again.</u> USA 1952. Regie: Fred C. Brannon. Mit John Carroll*

schoß Zorro die Colts aus der Hand, daß die Kugeln nur so zwitscherten. Oder er rief einfach: »Laßt die Eisen fallen!« Die bösen hießen El Lobo, der skrupellose Abenteurer, oder Marsden, der Drahtzieher. Marsden saß immer hinter einem Schreibtisch, rauchte und intrigierte per Telefon. Man erkannte ihn sofort.

Es ging immer um wichtige, geheime Papiere. Sie wurden von Marsden den Banditen durch Funksprechgeräte ebenso angekündigt wie alle anderen Schandtaten. Aber Zorro hörte mit. Er hatte in seiner unterirdischen Behausung ein eigenes Funkgerät. So vereitelte er alle schlimmen Pläne.

Zwar kam er immer in letzter Minute, schaffte es aber, den Lauf des Schicksals aufzuhalten. Die kleinen Ursachen seiner Rettungstaten zeigten sofort große Wirkung.

Um einen ganzen Landstrich vor der Überflutung zu bewahren, brauchte er nur an einem Rad zu drehen, und die Gefahr war gebannt.

Seine Stunts waren gekonnt: im vollen Galopp vom Pferd auf die Eisenbahn oder auf den Truck, aus Flugzeugen am Seil hinab. Er, der romantische Einzelgänger, war technisch unterlegen, aber das machte er wett durch eine fast trotzige Virtuosität und Geschicklichkeit. Er zeigte, daß der einzelne gewinnen kann.

Filme dieser Art, wie Republics *Zorro Rides Again* mit John Caroll, hatten eine primitive Dramaturgie und ein billiges Aussehen. Aber sie waren handwerklich sauber, sorgfältig und individuell gemacht. Ihre Genauigkeit in den Kleinigkeiten macht Wiedererkennungs-Abenteuer möglich.

**Tarzan.** Nackte Körper im Urwaldschatten. Raubgierige Tiere. Bestialische Schreie der von kannibalischen Wilden gemarterten Opfer. Unbarmherziger Urwald, von der untergehenden Sonne farbenreich beleuchtet. Der schräge Lichteinfall erhellt stimmungsvoll eine vorrationale Hölle — und ein Paradies. Noch läßt das Treibhaus des Dschungels mit den Geheimnissen alle Schrecken wuchern. Aber schon tritt Tarzan an, ein Körper, der sich erhebt, zwei starke Arme, die sich recken. Er ist der Polizist des Dschungels. In zerklüfteten Schluchten, unter dem goldenen afrikanischen Vollmond, in fiebrigen Tropennächten und an heißen Tagen unterstützt er die Selbstregulierungstendenz der Natur. Ein Aussteiger, der ins natürliche Chaos Sinn bringt.

Diese humane Aufgabe erfüllte Tarzan inbesondere auch gegen zivilisierte Kolonialherren, die ihm als Lords Extra mit Menjoubärtchen, Tropenhelm und blütenweißer Safari-Uniform elitär entgegentraten. Das Gewehr im Anschlag gegen die Natur, die sie selbstherrlich auszuplündern gedachten.

Der nackte Barbar war offensichtlich selbst ein Weißer. Aber man konnte in ihm auch einen Schwarzen sehen, dem die sinnlichen Phantasien einer zivilisationskranken Zeit entgegenflogen.

Auf jeden Fall war er ein »grüner« Held aus Rousseaus Zivilisationskritik. Sein beharrliches »Wozu?« reduzierte die Fortschrittsflausen weißer Eindringlinge auf eine Marotte verrückter Städter.

Als junger Lord Greystoke wird Tarzan — nach dem Willen seines Erfinders Edgar Rice Burroughs — am 22. 11. 1888, kurz nach Mitternacht, im Urwald von Gabun geboren. Seine Eltern aus altem englischen Adel sterben im Wrack ihres abgestürzten Flugzeugs. Das Kind wird von der Äffin Kala geraubt, die es aufzieht. Seinen Namen erhält es aus der Sprache der Mangani, eines aussterbenden Menschenaffenstammes: Tarzan, Weißhaut. Später kommt, wieder aus einem Flugzeugwrack, Jane zu ihm. Sie leben fortan in einer Welt zusammen, die El Dorado und Atlantis zugleich ist. Noch später kommt Boy. Er fällt aus einem dritten Flugzeug vom Himmel und wird ihr Adoptivsohn. Damit ist die unschuldige Kleinfamilie komplett. Ihr häusliches Leben in Baumhäusern hoch oben in den Urwaldwipfeln ließ die Aussteigersehnsüchte sehen. Gebackener Fisch in Palmenblättern, Seekaviar, in heißen Quellen gekochte Straußeneier, Büffellende und Kokosnußmilch waren ihre Nahrung. Sie lebten ohne Drogen und ohne Geld. Die Natur ernährte sie aus Überfülle.

Nach der zivilisationsmüden Jahrhundertwende, im Zuge einer Wiederentdeckung Jean-Jacques Rousseaus, wurde die Tarzan-Literatur durch den Film noch volkstümlicher, und sie ist es bis heute geblieben. Den Höhe-

*Die Kleinfamilie im Paradies / <u>Tarzan's New York Adventure</u>. USA 1942. Regie: Richard Thorpe. Mit Johnny Weissmuller, Maureen O'Sullivan, Johnny Sheffield und Cheetah*

punkt an Popularität erlebte Tarzan in den dreißiger Jahren, als die Weltwirtschaftskrise den Gedanken von einfachem Leben und eingeschränkter Wohlfahrt mit sich brachte. Zweifel an der Wohlstandsgesellschaft hatte der Naturapostel Tarzan schon immer angemeldet.

Die Figur des heidnischen und sinnlichen Wilden lockt bis heute. Russ Meyer wollte immer *Tarzana* drehen, nach der Kleinstadt Tarzana, Kalifornien, in der E. R. Burroughs lebte. John Waters sollte die Jane spielen. Bis hin zu Walter Bockmayer (*Jane bleibt Jane*) übt der barfüßige Held seine Faszination aus. Heute ist der König der Affen auf der Leinwand allerdings eher zum 007 eines schon gestutzten Urwalds heruntergekommen und heißt nur noch zufällig Tarzan.

**Johnny Weissmuller.** Er war nicht der erste und nicht der letzte Tarzan. Vor und nach ihm haben andere den Lendenschurz getragen, von Buster Crabbe über Hermann Brix und Lex Barker bis zu Ron Ely und Miles O'Keefe. Aber nur Johnny Weissmuller wurde mit der Figur des Dschungelgottes identisch.

Die Figur war scharf umrissen, ließ aber keine Entwicklung zu. Nach seinen elf Tarzan-Abenteuern trat er zwar noch in mehr als einem Dutzend Filmen als »Jungle Jim« auf, und 1946 spielte er seine einzige Rolle als Nicht-Tarzan in *Swamp Five*, aber in der Erinnerung seiner Fans bleibt er Tarzan, der mit den Tieren spricht.

Johnny Weissmuller hatte sich die Rolle erschwommen. 1922 durchbrach er als erster Mensch die Minuten-Schallmauer im 100-m-Kraulstil. 67mal brach er den Weltrekord, und er siegte bei den Olympiaden. Als erfolgreichster amerikanischer Schwimmer aller Zeiten konnte er erst 1982 entthront werden. Aber daß er der ideale Tarzan war, lag noch an anderen Gründen.

Man sah ihm an, daß er im Ausgleich mit der Natur leben und glücklich sein konnte. Er schien von Natur aus gut. Jeder glaubte ihm die militante Ablehnung der Feuerwaffen, die er in den Filmen vorlebte. Er verkörperte wie kein anderer Schönheit, Kraft und Stärke. Aber er war noch mehr: stark und rührend zugleich, gebieterisch und zärtlich, athletisch und treu. Mit seinem freundlichen, romantischen Gesichtsausdruck verkörperte er auf vollkommene Weise den Naiven.

Darüber hinaus verwandelte er auf der Leinwand die bei seinem Autor Burroughs noch aus hochgebildeten Kreisen der englischen Hauptstadt stammende Figur in einen redegehemmten, einsilbigen Tiermenschen. Daß dieser Spätentwickler bei den Affen gleichzeitig wie ein Pop-Star des Urwalds wirkte, lag an seinem unvergleichlichen Sex-Appeal. Er hatte allen männlichen Sexsymbolen seiner Zeit ohnehin schon dadurch etwas voraus, daß er fast nackt agierte. Aber seine Sinnlichkeit verband sich auf überwältigende Weise einerseits mit Sanftmut und andrerseits mit einer animalischen Aura. Fiel der erste Leinwand-Tarzan Elmo Lincoln seiner Jane noch schmachtend zu Füßen, um ergeben ihre Hand zu küssen, eher verklemmter Lüstling als Retter und Beschützer, so erwies sich Johnny Weissmuller gleich als instinktsicherer Liebespartner. Er nahm Jane in seine starken Arme, »drückte sie fest an seinen glänzenden, nackten

*Ein Sexsymbol seiner Zeit / Tarzan the Apeman. USA 1932. Regie: W. S. Van Dyke. Mit Johnny Weissmuller*

Körper und schloß ihren halbgeöffneten Mund mit einem heißen Kuß«. So wollte es sein Autor Burroughs. So tat Tarzan. Auf Bettwäsche aus Zebraleder gab und nahm der unschuldige, amoralische König des Urwalds. Er war der Wilde und Jane die Lady. So und nicht anders verwirklichte sich hier die Versöhnung zweier Kulturen.

Weissmullers Rede war kurz und geradeheraus. »Ich Tarzan, du Jane. Ich dich lieben, glucklich bin.« In höchster Gefahr verdichteten sich seine Worte jedoch zu einem irrlichternden Schrei. Wenn er schrie, verstummte der Urwald, nur die Elefanten erhoben ihren Rüssel und trompeteten Antwort.

Der Schrei von Weissmullers strapazierfähigen Stimmbändern war technisch gesehen auch zusammengesetzt aus Kamelblöken, Hyänen- und Hundegeheul und Geigenschrammen auf der G-Saite. Aus anthropologischer Sicht war er die elektronisch verfremdete Vorwegnahme jenes »Urschreis«, den der Psychotherapeut Arthur Janov heute den Zivilisationskranken als Hilfe zur Neugeburt empfiehlt. Es war der freie Urschrei der animalischen Psyche vor ihrer Verkrüppelung. Als Ruf des Urwalds war er auch die Botschaft vom siegreichen Orgasmus. Aus Weissmullers Mund erscholl er zum erstenmal.

# Tarzan and His Mate

Das war der beste von sechs Filmen mit Johnny Weissmuller und Maureen O'Sullivan und der beste aller Tarzan-Epen überhaupt. Er prägte alle Handlungselemente aus, die von den Nachfolgern kopiert wurden. Er zeigte die weiße Safari in den Busch, die tabuisierte Gebirgsbarriere, hinter der das unbekannte Afrika und damit Tarzans Reich beginnt, die blutrünstigen Schwarzen vom Stamm der Gaboni, und es geht um Rettung und Rache. Er zeigte verselbständigte Tierszenen, Burroughs' Tierleben von nie wieder erreichter Ursprünglichkeit, den Kampf der Tiere untereinander, die befremdlichen Geräusche des Dschungels. Der Reichtum an Tieren und Abenteuern ist einmalig; pausenlose Gefahren, ununterbrochene Aktion und effektvolle Romantizismen lösen sich ab.

Tarzan Johnny Weissmuller schwimmt wahrhaftig wie ein Weltmeister. Unnachahmlich steigt er danach aus dem Wasser. Seine Kämpfe mit Löwe, Nashorn und Krokodil, der Sprung vom steilen Felsen sind atemberaubende Stunts, die er selbst ausführte. Er ist triebhaft und verspielt zugleich. Er schüttelt seine Mähne, schlägt Purzelbäume und dreht bei seinen Lianenschwüngen Pirouetten. Ein knapper Schurz bedeckt aufreizend seine starken Lenden. Johnny Weissmuller ist hier als Tarzan so gut wie nie.

Die andere Kultfigur dieses Films ist Maureen O'Sullivan als Jane Parker. Sie kommt blendend zur Geltung. Ihre Bekleidung enthüllt fast alles. In späteren Filmen mußte sie wegen der Zensur ein züchtiges einteiliges Wildlederkostüm tragen. Hier nicht. Ihre spärliche Bekleidung spricht Bände. Sie sagt alles aus über Janes sexuelle Freiheiten. Trotz des Zuredens ihrer Verwandten, die sie zur Rückkehr nach London bewegen wollen, bleibt sie bei Tarzan.

Die hochkultivierte Lady liebt den Affenmenschen, der ihr nicht nur die Salons ersetzt. Er hat ihre Lüste geweckt, und sie zeigt, daß sie diese mit ihm auslebt. Die zierliche Jane und der muskulöse Tarzan allein in barbarischer Natur leben in »wilder Ehe«. Das stellte nicht nur die Hollywood-Moral der dreißiger Jahre auf den Kopf, sondern veränderte das erotische Ideal unzähliger Kinogänger danach.

Jane schläft und schwimmt nackt, und in einer Szene des Originals kann man ihren nackten Busen bewundern. Und mehr noch: Sie ist die erste Frau der Filmgeschichte, die ihre Scham enthüllt. Generationen von Kultisten gingen heimlich wegen dieses Fünf-Sekunden-Kitzels ins Dunkel des Kinos. Dank des Fortschritts der Video-Technik können sie heute ihr voyeuristisches Erlebnis steigern, den Blick unter den Lendenschurz der reizenden Maureen O'Sullivan endlos wiederholen. Auch der Zensor konnte oder wollte damals diese unerhörte Tabuverletzung nicht sehen. Lag es daran, daß in diesem Tarzan-Film Erotik ohnehin allgegenwärtig und nicht auf weibliche Reize beschränkt war? Zu beschneiden war sie jedenfalls nicht.

**Tarzan and His Mate** (Tarzans Vergeltung)
USA 1934. MGM
*Regie* Cedric Gibbons (und Jack Conway, nicht erwähnt) *Drehbuch* J. Kevin McGuinnes, Howard Emmett Rogers, Leon Gordon, nach Charakteren der Tarzan-Romane von Edgar Rice Burroughs *Kamera* Charles Clarke, Clyde de Vinna
*Darsteller* Johnny Weissmuller (Tarzan), Maureen O'Sullivan (Jane), Neil Hamilton (Henry Holt), Paul Cavanaugh (Martin Arlington), Forrester Harvey (Beamish), Nathan Curry (Saidi)

Martin Arlington und Harry Holt schließen sich zu einer Safari zusammen. Harry will seine Verlobte Jane Parker zurückgewinnen, die bei Tarzan im Urwald blieb. Martin will Elfenbein. Tarzan, der sich diesem Ansinnen entgegenstellt, wird von Martin Arlington angeschossen. Er überlebt. Die Tiere des Urwalds retten ihn. Tarzan eilt den weißen Eindringlingen, die Jane mitgenommen haben und von einem wilden Eingeborenenstamm bedroht werden, hinterher. Tarzan rettet Jane vor einem Rudel Löwen und den wilden Schwarzen. Die übrigen Safari-Teilnehmer kommen um.

*Tarzan und Jane in »wilder Ehe«*

# Samson and Delilah

Ein Farbkasten. Die epische Vorlage des Films ist als bekannt vorausgesetzt. Erst die Art und Weise, wie er in seinem Thema schwelgt, den alten Mythos verkitscht und verändert, das macht ihn zum Kultfilm.

Er übersteigt noch die Lackbilderwelt des großen Kinos. Große Treppen, Prunkgewänder und kolossale Aufbauten, doch die Details stimmen. Sie machen den Film auch zur historischen Modenschau. Nach ästhetischen Vorlagen des 19. Jahrhunderts gestaltet, ist der Inszenierungsstil des Films bestimmt von Idealen unterschiedlicher Zeiten, Richtungen, Werte. Pathos und stille, lyrische Passagen regieren ebenso nebeneinander wie der schwüle Kitsch alter Bilder der Heiligenmalerei. Spektakuläre Effekte arrangieren die Geschichte als Show. Aktion und Humor stehen zusammen. Dialoge von unglaublichem Pathos oder als blumige Allgemeinplätze beherrschen die Sprache, die aber von Gesten, Körperhaltungen und dekorativer Fülle in ihrer Bedeutung zurückgedrängt wird. Ritus, Tanz und Gesang versinnlichen dieses Bilderbuch.

**Samson and Delilah** (Samson und Delilah)
USA 1949. Paramount
*Regie* Cecil B. DeMille   *Drehbuch* Jesse L. Lasky jr., Frederic M. Frank, nach Harold Lambs Adaptation der Geschichte von Samson und Delilah in der Bibel, Richter 13—16, sowie der Novelle »Judge and Fool« von Vladimir Jabotinsky   *Kamera* George Barnes   *Art Direction* Sam Comer und Ray Mayer   *Kostüme* Edith Head, Gile Steele, Dorothy Jeakins   *Choreographie* Theodore Kosloff   *Farbverfahren* Technicolor   *Farbregie* Natalie Kalmus
*Darsteller* Victor Mature (Samson), Hedy Lamarr (Delilah), George Sanders (der Saran von Gaza), Angela Lansbury (Semadar), Henry Wilcoxon (Ahtur), Olive Deering (Miriam), Fay Holden (Hazelelponit), Julia Faye (Hisham), Russ Tamblyn (Saul)

Samson, Sohn eines Daniters, ist mit übermenschlichen Körperkräften ausgestattet. Sein Volk, das von den Philistern unterdrückt wird, erhofft von ihm die Befreiung. Samson liebt aber die Philister-Tochter Semadar. Bei ihrer Hochzeit kommt es zu einem Kampf mit den Philistern, bei dem die Braut und der König umkommen. Samson gilt als ihr Mörder, auch für Semadars Schwester Delilah, die ihn leidenschaftlich begehrte. Delilah lockt ihn in eine Falle und entreißt ihm das Geheimnis seiner Kraft. Im Schlaf schneidet sie sein Haar ab und liefert ihn seinen Feinden aus. Samson muß Sklavenarbeit verrichten.
Delilah bereut ihren Verrat zu spät. Als Samson öffentlich seinem Glauben abschwören soll, erlangt er seine alten Kräfte wieder und reißt den Tempel ein.

*Personen, die wie Arien eingesetzt sind, durchschreiten die Pracht der Kulissen:*

*Samson, der Held einer rigoros strahlenden Welt für das Kino*

*Delilah, göttinnengleich. Und auch ein Entwurf verwerflicher Leidenschaften und angedeuteter Lüste.*

So glühend wie die Liebe, so abgrundtief ist der Haß. Das Leben als große Oper, in der das Schicksal mit Donnerschlägen regiert. Delilah hat Samson besiegt.

Zwischen den historischen Fassaden nimmt die Liebe ihren Lauf. Als Gottesdienst des Schmerzes, als hochdramatischer Faltenwurf. Delilah bereut ihren Verrat am Geliebten. Zu spät.

Samson hat den sentimentalen Zauber des Geschehens durch eine gewaltige Anstrengung seiner wiedergewonnenen Kräfte gesprengt. Die historischen Monumentalgebäude stürzen ein. Die berühmteste Auflösung eines Massentableaus in der Filmgeschichte begräbt Feinde und Freunde unter sich.

# Rock & Pop

Rockfilme sind wie eine Droge. Lebensretter in einem öden und unmusikalischen Lebensalltag. Solange der Rockfilm läuft, merkt der Fan nicht, wie die Welt zerfällt. Rock ist Herzschlag-Musik. Mit Rockmusik im Kopf ist jeder ein Star. Rock will eine andere als diese Szene — eine sinnliche, zärtliche, abfahrende. Deshalb liegen Rock und Sex eng beieinander. Das »Rock Me All Night Long« ist anzüglich gemeint.

Rockstars haben das Feeling. Im Tourneealltag sind sie vielleicht ausgelaugt, auf der Leinwand sind sie high. Rockmusiker in Höchstform zu erleben bieten Rockfilme, sie ersparen dem Fan das Wahrnehmen der verebbenden Höhepunkte. Man ist den Musikern näher, und die Musik ist tontechnisch auch besser als in der Klangsuppe der Hochtontürme.

In Rockfilmen ist Musik auch zu sehen. Ein Erlebnis für Ohr *und* Auge. Besonderen Kultwert haben Rockfilme, die ohne störende Zwischenschnitte, überlappende Kommentare oder Kammeraakrobatik Musik als Handwerk zeigen. Sie machen deutlich, daß Gefühle die Grundlage von Musik sind, und zeigen die gesellschaftliche »Werkstatt«, aus der Klang und Ausdruck der Musik hervorgehen.

*Das größte Fest der Rockkultur in Woodstock / Woodstock. USA 1969. Regie: Michael Wadleigh*

Rockfilme sind Filme für Zielgruppen, für Gemeinden. Visualisierte Plattenalben. In der Golden-Oldies-Zeit, als man Slop, Stomp und Twist tanzte, nahmen die Fans Wecker und Hupen mit in die ersten Rock 'n Roll-Knaller wie *Rock Around the Clock* (1956) und *Don't Knock the Rock* (1956), um Bill Haley mit der Schmalzlocke, den unbeschwert kreischenden Little Richard oder die Rhythmus-Riege der Platters zu bewundern. Sie tanzten vor der Leinwand und gingen unsanft mit dem Mobiliar um. Mit dieser Spontaneität von Outsidern unterscheiden sie sich von der heutigen Insider-Szene, die in Filmen wie der *Rocky Horror Picture Show* ihre rituellen Feste feiert.

Später kamen Elvis mit entblößter Brust und schlingernder Hüfte, Joe Cocker im Charterflugzeug, Jimmy Cliff, schweißüberströmt im Kingston-Studio, und der aufreizend hüpfende Mick Jagger dazu. Für jede Gemeinde der passende Star.

Das Halten und Spielen der Gitarre, die seit den fünfziger Jahren Standardinstrument der *Electric Revolution* war, wurde zu einem Kultwert. Bo Diddley stemmte sein rechteckiges, mit Stahlsaiten bespanntes dröhnendes Ungetüm in *Keep on Rockin* gegen die Lederhose. Johnny Winter rammte eine dreieckige in seinen rechten Oberschenkel. Chuck Berry ließ sie unterhalb des Bauches hängen — die Sensation von *Jazz on a Summerday*, dem ersten dokumentarischen Musikfilm. Andere Rockstars hatten ihre Blues-Gitarre im Arm wie einen unartig brummenden Teddybären. Keith Richard zerrt an ihr herum wie an einem zickigen Teenager. Ted Nugent bringt sie wie ein MG in Anschlag.

Rockfilme zeigen noch mehr als elektrische Gitarren, die die Welt in Brand setzen: legendäre Discjockeys wie Alan Freed oder Wolfman Jack und grelle Musikboxen; die schrillen Schreie einer überwältigend jungen Jayne Mansfield im Tonstudio, Ravi Shankar, der den Blumenkindern sein Sitarspiel schenkte, gigantische Equipments als mythische Stars der Rockkultur, Lautsprecherboxen als sakrale Quader unter freiem Himmel. Rockmusiker wie Pink Floyd als Seher und Deuter moderner Orakel oder Rockirrenhäuser mit Türhütern des Multi-Media-Rock à la Frank Zappa.

Mit Rock- und Popfilmen kann man Abschiedsvorstellungen, Tourneeabläufen und den glamourösen Akten in der Arena des Grand Ole Opry in Nashville beiwohnen. Oder Familienzusammenkünften wie in *The Band — The Last Waltz* (1977), der Schlußakt einer glanzvollen Epoche der Rockkultur, die Bob Dylan mit »Forever Young« beschwört. Oder frechen Demontagen wie *Blues Brothers*, ein Film, der die populäre Countrymusic als Ideologie des weißen Mittelstandes bloßstellt.

Revival-Konzerte in London, Rock 'n Roll und kalifornische Sommernächte, Hot-Rods, Motorräder und Rock, Punker und Drogen, die geilen Tänze der Groupies und Reggae-Jamaika für die Ferien-Fans, die gerade in die karibische Kultur aussteigen — Rockfilme bieten das alles. Rock- und Popfilme geben auch die Vorpostenstimmung der unruhigen Jugend wieder, deren Selbstbestimmungsträume, den Haß auf die Eltern. Ihre phonstarken Feste artikulieren das Recht auf, wenigstens musikalischen, Widerstand.

Der Massenauflauf in Woodstock machte die Hintergründe des Aufbruchs sichtbar. Michael Wadleighs Film (*Woodstock*, 1969) gab die selbstbewußte Gettostimmung der Hippies, Yippies, Ostermarschierer, Freaks und Rocker wieder, die swingend das »High-Camp«-Gefühl auslebten, an die Energiequellen einer (sub)kulturellen Elite angeschlossen zu sein. Der Stoff ihrer Sehnsucht: eine Gemeinschaft zu bilden. Jugend-Macht gegen das Establishment.

Rockfilme wie dieser kehren das Gefühl des Ausgesetztseins der Kinder von Marx und Coca-Cola ins Gegenteil. Die Fans besiedeln das gelobte Land der elektrischen Rockkultur. Dieses Lebensrecht lassen sie sich durch Rockfilme immer aufs neue besiegeln.

# Kultfiguren

**Die Beatles.** Es ist bereits Legende: Im »Cavern-Club«, Mersey-Side in Liverpool, ihrer musikalische Wiege, prägten sie den Mersey-Sound, der ab 1962 den Rock 'n Roll europäisierte. Mit den glorreichen Vier aus der *working class* zerbarsten die abgestandenen Töne wie auch die »elterliche Gewalt«. Sie spielten auf ihren Instrumenten die Musik, die in den Köpfen einer ganzen Generation rumorte. Ihre musikalischen und sprachlichen Experimente, geboren aus schier unerschöpflicher Phantasie, liebten Fans und Intellektuelle gleichermaßen.

Die vier Sängerknaben wurden schnell zu originalen, aber massenhaft vervielfältigten Ausstellungsstücken der Pop-Art auf dem Höhepunkt der Pop-Art. In einer synthetischen Welt aus Medienschnipseln, die den Hintergrund unserer Alltagspsychologie bildet, entfalteten ihre Filme clownesken Charme. Sie verfütterten heilige Konsumgüter, und der Nonsens triumphierte über den Bier-Ernst des Bobby-Alltags.

Ihr letzter abendfüllender Film *Let It Be* zeigte die Gruppe bei der Arbeit im Twickenham-Studio. Am Schluß: ein Fest auf dem »Apple«-Dach in der Londoner Savile Road.

An diesem Januartag 1969 war die Trennung der Beatles schon beschlossen. Der Film mit vielen im Studio gespielten Songs ist Höhepunkt und Endpunkt ihrer Karriere, ein Dokument des Abschieds von einer legendären Ära, die am 4. Oktober 1962 mit der ersten Single »Love Me Do« begann.

Die Pilzköpfe waren auch siegreiche Devisenkämpfer für die englische Königin, Großbritanniens Exportartikel Nummer eins.

Musikalisch befruchteten sie die Szene nachhaltig. Kein Musikstar, der nicht einen ihrer Songs im Repertoire hat. Ihre Filme *waren* Kultfilme, weil sie, saufrech und verspielt, aus Erdenschwere bunte Seifenblasen formten und der Jugend Mut machten, der eigenen Phantasie zu trauen.

Sie sind es *heute*, weil sie die Gruppe zusammen zeigen. Sie nähren den Wunsch, die Zeit könnte zurückgedreht werden, und die Beatles seien wieder vereint.

*Die vier Musketiere des Rock-Zeitalters / <u>Let It Be</u>. England 1969. Regie: Michael Lindsay-Hogg*

*John Lennon*

**John Lennon.** Eine Zeile von seiner letzten LP »Double Fantasy«, die drei Wochen vor seinem Tod, am 9. Dezember 1980, erschien, lautet: »Leben ist, was dir geschieht, während du damit beschäftigt bist, andere Pläne zu machen.« Der Mörder Mark David Chapman kannte die Platte. Er hatte sie sich von John signieren lassen, kurz bevor er sein Idol mit fünf Schüssen tötete.
John Lennon war nach 1975 mit seiner Frau Yoko Ono, der Avantgarde- und Filmkünstlerin aus Tokio, ins Privatleben verschwunden. Er glaubte an die Macht des friedfertigen Individualismus, besang hartnäckig die »Minne« zu seiner Frau und versuchte mit dem Erfolg zu leben. Er duldete keine Avancen, lehnte Millionenangebote ab, mit denen er überhäuft wurde. Am Ende stand die Egozentrik, was seine Familie betraf: das eigene Heim als Mittelpunkt der Welt. Das Heim war ein unheimlicher Ort: Es war das Haus, in dem Roman Polanski *Rosemary's Baby* gedreht hatte. Vor diesem Haus in der 72. Straße in New York starb John Lennon.
Sein Tod besiegelte eine ganze Epoche voller Hoffnungen. »Der Arbeiterdandy, der sprachgewandte, freche, von keinen kleinbürgerlichen Ängsten mehr gebremste Aggressor« (K. H. Bohrer) war ein Stück Lebenstraum jedes Fans. Viele haben nach seinem Tod ihr eigenes Altern gespürt und dementsprechend getrauert. »Die Todesschüsse trafen eine ganze Generation verwelkender Blumenkinder« (Wolf Wondratschek).
Kultstar John Lennon: der romantische Intellektuelle, der mit skurrilem Witz die Melodien der Veränderung sang. Die Beatles sind ohne ihn undenkbar. Sein »All You Need Is Love« wurde zur pazifistisch-sensualistischen Welthymne. Seine öffentlichen Friedenssitzungen und Love-ins mit Yoko Ono Ende der sechziger Jahre haben den Glauben an die Kraft des sanften Beispiels geweckt.
Sein ständig wechselndes äußeres Erscheinungsbild wurde zum jeweiligen Saison-Vorbild der Jugendkultur. Er war der Vertraute der Jugend. Und er teilte seinen Fans seine Erkenntnisse, wie in einem fortlaufenden musikalischen Tagebuch, mit. Am Ende, mit Vierzig, war er, einer von ihnen, fast ein weiser Mann.

»Vor Elvis hat mich alles kaltgelassen.«
JOHN LENNON

**Elvis Presley.** Er wurde »Heulboje« genannt von Leuten, die an ihren Gefühlen erstickten. Sein Schluchzen, Stöhnen, sein schriller rhythmischer Schrei waren eine Erlösung. Das war die Stimme, auf der die Sehnsüchte

136

*Elvis the Pelvis / <u>Loving You.</u> USA 1957. Regie: Hal Kanter*

der Jugend emporflogen. Zuckungen, Grätsche, Hüftschwung, Schlenkern der Arme und die verzögerte Rhythmik — sein Körper war ideales Gehäuse dieser Botschaften aus Text und Musik. Er überführte die Musik der schwarzen Subkultur in das junge weiße Amerika. Am Anfang war er als »wirbelnder Derwisch des Sex« verschrien, der auf »obszöne Weise suggestiv« wirkte. Das Ende: aufgedunsen, zermürbt von Verfolgungswahn. Er sah alle Fernsehprogramme und las Comics, ernährte sich von Pudding, Erdnußbutter, Cola, Tabletten und Erinnerungen. Ein Verfall, der seine Zuschauer mitaltern ließ. Abblende eines amerikanischen Traums.

In der Ed Sullivan Show, in der er mit seiner 12,95-Dollar-Gitarre erstmals auftrat, durfte er nur von der Taille an aufwärts gezeigt werden. Sein Manager »Colonel« Tom Parker verkaufte den Jungen an RCA und trimmte ihn auf Erfolgskurs. Filmproduzent Hal B. Wallis holte den 21jährigen nach Hollywood. Elvis drehte mit *Love Me Tender* den ersten seiner 33 Filme, von denen die »New York Times« später befand: »Sie gehören zu den dümmsten und billigsten Filmen der Geschichte.«

Es waren Schnulzen, aber Elvis rockte darin, und so machten sie Kasse. Zu seinem zweiten Film *Loving You*

erschien schon — erstmals in der Geschichte des Rockfilms — der LP-Soundtrack zur Premiere. Zum Kultfilm wurde besonders *Jailhouse Rock*, in dem das Rebellische seiner Figur den Fans gefiel. Er besitzt die Vitalität eines Sexsymbols, den gierige Manager noch nicht erledigt haben. Seinen zweiten Kultfilm drehte er danach: 14 seiner besten Songs in *King Creole*.

Sein erstes Comeback feierte Elvis 1969 in Las Vegas. Nach 13 Jahren Bühnenabstinenz tritt er, als Rocker par excellence in schwarzes Leder gekleidet und mit der alten Ducktail-Tolle, im »Show-Room International« auf. Er zitiert sein Image und geht gleichzeitig darin auf. Die Show fängt der erste von drei abendfüllenden Dokumentarfilmen über ihn ein: *Elvis — That's the Way It Is*, er zeigt das Ritual seiner Auftritte, die lakonischen Bemerkungen und Gesten, die erotische Körpersprache, die den Kult begründeten. Sein zweites Comeback war die größte TV-Rock-Show aller Zeiten, *Aloha from Hawaii*, die ein Milliardenpublikum über Satellit live in aller Welt sah.

Ein drittes Comeback gab es nicht. In den letzten Jahren hatte Elvis nur noch Spaß an seiner Waffensammlung und an Karategefechten mit Leibwächtern. Er schoß auf die unzähligen TV-Empfänger in »Graceland«, seiner

Villa am Rande von Memphis/Tennessee. Der menschenscheue Einzelgänger mietete sich das »Memphis Theatre« für Privatvorstellungen. Das Kino, der Traum, die Einsamkeit, das waren seine Refugien.

Im Juni 1977 lieferte er in Rapid City seinen letzten, zerfahrenen Auftritt ab. Er wog 230 Pfund. Zwei Monate später starb er an Tablettenvergiftung. 70 000 Fans aus 17 Ländern der Erde waren innerhalb von 24 Stunden zur Stelle und beerdigten ihn. Sein Grab wurde zur meistbesuchten Kultstätte der Welt, vergleichbar nur mit Mohammeds Gruft in Medina. Auch Elvis war ein Prophet, nicht allein der Rockmusik. Fans sprangen aus dem 18. Stock: »Elvis, ich folge dir.« Fort von hier.

Elvis war »a true American hero«. Er bestätigte die amerikanische Legende von Charlie, der zum Citizen Kane aufsteigt. Nach zwei Dekaden im Showgeschäft hatte man den hüfteschwingenden Rebellen aber auch auf den netten Jungen von nebenan heruntergebracht. Also war seine Karriere außerdem ein Exempel für gerissenes Management.

Aber siebzig Goldene Schallplatten zu Lebzeiten und 250 Millionen verkaufte LP's sind nur so zu erklären, daß er — obwohl kein einziger Song von ihm stammt — ein Urbild der amerikanischen Rockkultur war mit ihrer Mischung aus echter Volksmusik und erotischem Entertainment. Der Kult nach seinem Tod gilt dem Fall eines in der zweiten Lebenshälfte von Fettsucht, Gedankenlosigkeit und Einsamkeit tragisch überwältigten Lieblings der Götter.

**Bob Dylan.** Er verfeinerte die Bedeutung des Textes in der Rockkultur, der in den Anfängen des Rock 'n Roll als eine Art Geheimcode aus Nonsens und Insiderjargon die Funktion hatte, die Erwachsenen auszuschließen. Little Richards Botschaft: »A Wop Bob A Loo Bob A Loop — Bam Boom!«, in dem Hit »Tutti Frutti«, verstand keiner über Dreißig. Seit den frühen sechziger Jahren bekam die Rocklyrik durch Dylan eigenständiges Niveau. Seine Lieder provozierten Standpunkte. Er machte den Rock klüger, ohne ihn zu entsinnlichen.

Seinen legendenhaften Zuschnitt als rebellischer Vagabund mit Gitarre und Mundharmonika, der durch das weite amerikanische Land zog, fing schon Donn Alan Pennebakers *Don't Look Back* ein. Seitdem kopierten ganze Generationen von Profis und Gelegenheitsmusikern seinen Stil. Seine Lieder füllten die Songbücher der Jugendbewegung. Kein Ostermarsch ohne »Blowin' in the Wind«.

Zehn Jahre nach dem ersten Film schritt Bob Dylan selbst zur Tat und schrieb die Legende in *Renaldo and Clara* mit Bildern weiter. Der Kultfilm benutzte die Rolling-Thunder-Tournee zugunsten des Boxers »Hurricane« Carter und der Tuscalora-Indianer als Hintergrund für eine phantasievolle Collage, die für Dylans Gemeinde gedreht war und nur von Eingeweihten zu verstehen ist. »Der Film handelt davon, daß ein Mensch und sein Innerstes einander entfremdet werden, und wie er, um zu Befreiung und Wiedergeburt zu gelangen, aus sich heraustreten muß« (Bob Dylan). Eine ganze Epoche Rockkultur, die in Dylan ihren Shakespeare verehrt, passiert Revue, und sein Charisma als musikalischer Pionier, jungenhafter Guru und Lebenskünstler ist darin so lebendig wie schon in Sam Peckinpahs Western *Pat Garrett and Billy the Kid*, in dem der Regisseur den Rockstar mit verklärtem Blick auf dessen Mythos ins Bild setzte.

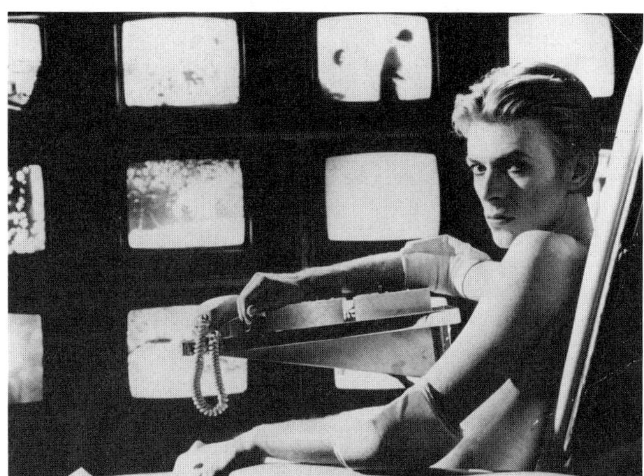

*David Bowie, Narziß der Pop-Kultur / <u>The Man Who Fell to Earth.</u> England 1975. Regie: Nicolas Roeg. Mit David Bowie*

**David Bowie.** Sein Nimbus erhob ihn in den siebziger Jahren zum Inbegriff der sinnlich schillernden Rockkultur. Bowies androgyne Züge machen ihn durchlässig für jede erotische Projektion seiner Fangemeinde. Er besitzt die Geltung eines Weltschöpfers der Rockgefühle, der seine Geschöpfe weise bedient. »Sweet« David Bowie, dessen Intelligenz und Verwandlungskraft seine Selbstdarstellungen zu Botschaften werden lassen, besitzt heute den Status einer absoluten Kultfigur.

Mit jedem Plattenalbum verwandelt sich der einfallsreichste Star von Lightshows und Equipments in eine neue Rollengestalt. Er ist die legendäre Muse der Szene und arrangiert ihre Vibrationen. Nicolas Roeg nutzte Bowies unirdisch überhöhte Züge für den Science-fiction-Film *The Man Who Fell to Earth*, der nur wegen Bowies Auftreten zu einem Kultfilm wurde, ebenso wie Ulrich Edel in *Christiane F. — Wir Kinder vom Bahnhof Zoo*. David Bowie verkörperte hier den glamourösen

*Bob Dylan, der sensible Rebell / <u>The Last Waltz.</u> USA 1978. Regie: Martin Scorsese*

*Mick Jagger / Rocks Off — The Rolling Stones US-Tour '81.*
*USA 1981. Regie: Hal Ashby*

*Keith Richard / Rocks Off — The Rolling Stones US-Tour '81.*
*USA 1981. Regie: Hal Ashby*

und verführerischen Gegenentwurf zu einer Alltagswelt aus Mittelmaß und Langeweile. Um Songs und Aura des Glam-Rock-Superstars kreiste das Lebensgefühl der sehnsüchtigen Rockfans.

Eine Zeile aus Bowies Song »Heroes« lautet: »Niemand gibt uns eine Chance. Doch können wir siegen, für immer und immer. Dann sind wir Helden, für einen Tag.« Diese Botschaft spricht das Minderwertigkeitsgefühl seiner Fans und ihre Ausbruchshoffnungen direkt aus. Sie hat die Wirkung eines Dopings. Für die Drogenszene, die dieser Film beschreibt, ist David Bowie deshalb der beste Trip.

**Rolling Stones.** Am 28. April 1963 unterschrieben sie im Londoner »Crawdaddy-Club« ihren ersten Vertrag mit Andrew L. Oldham. Von da an kultivierten sie ihr Image als musikalische Landfriedensbrecher, die, im Gegensatz zu den geistreichen Jungs aus Liverpool, »bad boys« sein wollten. Sie machten alle Trends mit und überstanden alle. Gegen das sterile Square-Establishment schwammen sie vorübergehend sogar auf der psychedelischen Flower-Power-Welle an (»She's a Rainbow«), nahmen aber den harten Kurs des elektrisch geladenen Rhythm-Blues schnell wieder auf.

Das Open-Air-Festival 1969 im Hyde-Park zum Gedächtnis ihres ertrunkenen Gitarristen Brian Jones, ein Free-Concert vor 500 000 Zuhörern, wurde ein epochemachendes Requiem voller Emotionen. Mick Jagger sang, tanzte und rezitierte Shelley-Gedichte. Der Film *Stones in the Park* verband dieses Ereignis mit einer gewaltigen Anti-Vietnamkriegs-Demonstration. Die Jugendkultur war vorn. Als bei einem anderen Free-Concert der Stones in Altamont/Kalifornien 1969 vor aller Augen ein Achtzehnjähriger von Hell's-Angels-Ordnern erstochen wurde und drei weitere Fans im Chaos umkamen, erlebte die Rockkultur eine Krise — und die Rolling Stones waren ihre Repräsentanten.

Lebensgefühl und Gemeinschaft der Rockgruppe fing am intensivsten Jean-Luc Godard in *One Plus One* (1968) ein. Er schnitt Sequenzen über Black Power und Kulturrevolution zusammen mit dem Entstehungsablauf des Songs »Sympathie for the Devil« in den Olympic Sound Studios. Diese Musikaufnahmen besaßen für die Jugendbewegung Manifest-Charakter in einem Meer nichtssagender Geräusche der Ton-Kultur. Der Film wurde zum Kultfilm.

Heute steigen in den Stones-Konzerten die Fans der sechziger Jahre und ihre Kinder gleichermaßen auf die Stühle. Erotisch und aggressiv, bietet die Rockgruppe auch musikalisch noch den vitalen Rockschrei der Generation von 1968. Gekleidet in Prolo-Look, springen die Stones, längst Väter, Ehemänner und Millionäre, quicklebendig ins bonbonfarbene Rampenlicht und baden im Aufruhr des Verstärkergetöses. Die Grenzgänger zurück in die Aufbruchstage des Rock verkörpern heute einen identifikationsträchtigen Rollenquerschnitt: Mick Jagger (38), Popper und Sexidol, androgyn und sexistisch zugleich; Charlie Watts (41), stoischer Trommler mit einem Hauch von geordneten Verhältnissen; Bill Wyman (45), der sanft versteinerte Angestellte am monotonen Baß; Ronnie Wood (34) mit der abgerissenen Punker-Allüre; Keith Richard (38), triebhaftes Gitarrenwesen und Ex-Junkie, der sein Blut alljährlich in Schweizer Sanatorien austauschen ließ. Für jeden Fan mindestens ein Idol.

Auf der Bühne verkörpert das Rockkommando zur Befreiung angestauter Sehnsüchte einen Trupp musikalischer Gottheiten aus allen Dekaden der Rockkultur. Der Film *Rocks Off* (1981), der die USA-Tour dieses Steinschlags nach sechsjähriger Tourneeabstinenz als größte Schau der Welt einfängt, zeigt, daß die »Stones« noch immer Vorsänger der Rockkultur sind. Sie sind zu ewiger Jugendlichkeit erstarrt. Sie allein sind die omnipotenten Überlebenden der rockigen sechziger Jahre und bieten noch immer die Sex-und-Anarcho-Schau. Time is on their side.

**John Travolta.** Er spielte in Musicals am Broadway und war ein TV-Serien-Star. Ein Star der Lackbilder aus dem siebten Disco-Himmel wurde Travolta mit *Saturday Night Fever*. Der smarte Eintänzer mit weißen Anzügen, gezirkelten Tanzposen und pomadisiertem Haar machte Furore: Mit einem Touch des Tango-Valentino wurde er zur Kultfigur der Trendwende im Freizeitverhalten westlicher Jugend der späten siebziger Jahre.

Mit Lust am Schwung der Körperlinie ist Travolta in *Saturday Night Fever* ein Tempeltänzer, dessen Figuren die trivialen Götter anrufen. Seine narzißtische Gymnastik im Maßanzug unter der bonbonfarbenen Laserlightshow beutet die alte Erregung des Rock 'n Roll aus. Aber er will kein Rebell sein. Als Virtuose einer Ein-Mann-Tanzschau dreht er sich in disziplinierter Selbstverges-

*John Travolta — die Originalkopie / <u>Saturday Night Fever.</u> USA 1977. Regie: John Badham*

senheit im Kreis. So verkörpert er das Abreagieren der
Fünf-Tage-Woche am Samstagabend durch Posen, die
seine Fans nachtanzen. Jeder ist Samstag nachts ein
Disco-Star. Der Tanzpalast wird zum Ort eines Auf-
stiegs, der eine Nacht währt, um eine ganze Woche lang
zusammenzustürzen.

In *Grease* schrumpfte die einstige Rock-Generation
gänzlich zur Popcorn-Jugend, die am Leben nur den Jux
liebt. Der nostalgische Aufguß der Rock-Ära zeigte die
gesellschaftliche Position der Discophilen: ausklinken in
den Disco-Katakomben, angepaßt in den oberen Etagen.
John Travolta mit Entenschwanzfrisur zeigt sich als Kultstar einer Generation, die mit dem getanzten Selbstge-
nuß alle Konflikte des Rock 'n Roll-Zeitalters unter die
Schnallenschuhe nimmt.

Als Tanzwende der Restauration, mit der Sehnsucht
nach Brillantine und Bügelfalten, nach Heimkehr und
Habilitation behämmert »Disco« seit 1976 die Sinne.
Discomusik, bei der die Tanzenden auf der Stelle treten,
ist Freude am bewegten Körper, der aber durch Plastik-
einkleidung der Berührung entzogen ist. Erotik ist auf
Koketterie abgesunken, auf ein kalkuliertes Zurschau-
stellen der Tanzenden, die an Waren in Supermärkten
erinnern.

Disco ist Ausdruck des »kurzgeschlossenen, mastur-
batorischen Vibrator-Sex« (US-Musikkritiker Albert
Goldman) unserer Zeit, der am Ende frustriert. So
konnte auch John Travolta die Lust nicht lange auf sich
vereinigen. Als Kultfigur einer hektischen und künstlichen Szene wurde er neurotisch geliebt und realistisch
fallengelassen. Als reeller Schauspieler schaffte er danach ein Comeback.

**Ken Russell.** Er hat eine Vorliebe für das 19. Jahrhun-
dert. Aber die trunkene Melancholie der Romantik wirft
der Neuromantiker Russell höhnisch lachend auf den
Abfallhaufen. Böse verunglimpft er auch den Schund des
Wahren, Guten, Schönen: Er bestreicht ihn mit der
Tunke des Kitschs.

Als frenetischer Gegner des Kultur-Films alter Schule ist
Russell heute ein anerkannter Film-Choreograph
moderner Massenhysterien und Komponist ihrer Entla-
dungen. Er hat einen eigenen Stil aus Monstrositäten und
barocken Bildern entwickelt. Wie kein anderer verwandelt er damit das tragikomische, respektlose Lebensgefühl der Pop-Generation, in einem Trödelmarkt aus
Geschichte, Kultur und politischer Gegenwart zu leben,
in ästhetischen Ausdruck. Als »britischer Orson Welles«
(New York Times) ist er das Enfant terrible des Films.
Mit *Tommy* erklomm er den Berg der Erleuchtung und
wurde zum Kultregisseur.

Russell will schockieren und überschreitet alle ungeschriebenen Gesetze des cineastischen Selbstverständ-
nisses. Er verachtet die historische und künstlerische
Wahrheit der Vorlagen über Tschaikowsky (*Music
Lovers*), Mahler (*Mahler*) oder Franz Liszt und Richard
Wagner (*Lisztomania*). Der Ästhet Ken Russell ist der
endgültige Biograph. Er zeigt das Leben von Künstlerge-
stalten, diesen »Rohstoff« für die Kunst, als Hefe, die
aufgeht im Horror wahnwitziger Zeiten. Zynismus, Wer-

*Ken Russell und Ann-Margret bei den Dreharbeiten zu*
*Tommy*

temüll, Kolportagen, Vexier- und Wahnbilder: Zwischen
melodramatischen Obsessionen und zynischer Tagespo-
litik entsteht die Lebensgeschichte der Kunst-Idole bei
Russell als Cartoon schockierender Geschmacklosigkeiten.

Russell entmythologisiert, um neue Mythen zu schaffen:
aus Sex, Genie und Größenwahn. Er ist ein hysterischer
Schiffer auf dem Strom der modernen Trivialkultur und
ihrer enervierenden Bilder, schreienden Farben, rauschhaften Töne, jenseits von Kultur-Gut und Bildungs-
Böse.

Aber er sagt: »Kommunikation ist das Wichtigste.«
Durch Kommunikation des Publikums mit Kunst und
Kitsch will das grelle Werk des Katholiken die babylo-
nische Sprachverwirrung exorzieren.

Die seriöse Kritik, an den klassischen Kunstprodukten
orientiert, winkt da ab. Aber die Fans fangen an, die
Kunst als Gemisch aus Gewalt, Niederlagen, Angst und
erotischer Wunscherfüllung ernst zu nehmen. Russell
macht für sie Filme, die in einer Endlosschlaufe neben
dem Alltag herlaufen könnten. Seine Filme provozieren
andere Vorführbedingungen. Damit ist er der zeitgemä-
ßeste Filmemacher. Seine Filme verlangen eigentlich, auf
die Stadtlandschaften der Metropolen projiziert zu
werden.

# Tommy

Seit 1969 gibt es die Rockoper »Tommy« von *The Who* auf Platten. Sie wurde zum Kultobjekt, weil sie die Rockmusik seriös machte. Den Film, die dritte Sound-Version der Oper, die vom Original abweicht, hält Regisseur Ken Russell für »das größte Kunstwerk des Jahrhunderts«.

*The Who*, heute eine der drei großen überlebenden alten Rockgruppen neben *Rolling Stones* und *Kinks*, waren seit ihren ersten Hits »I Can't Explain« und »My Generation« ab 1964 erfolgreich dabei. Sänger Roger Daltrey wird verehrt als »blonder Rockengel« der Pop-Kultur. Pete Townshend, musikalischer Kopf der Gruppe, sagt: »Rock war für mich immer eine Art Religion.«

Der Film *Tommy*, der den Kultcharakter der Rockoper aufnimmt und eigenständig weiterführt, feiert und ironisiert die Pop-Kultur als neue Religion. Die hysterische und hektische Erweckungsgeschichte ohne Dialoge, deren Musik den Rhythmus der Sequenzen dirigiert, löst sich in geräuschvolle Aktion auf. Die verhemente Erzählung von wertlosen Göttern und dem Ramsch des Warenkonsums ist grellbunt arrangiert. Die Vorbilder der Trivialkultur toben über die Leinwand. Die Darstellung giftigen Glanzes und des Pomps hysterischer Gefühle der Pop-Kultur gelingt mit deren eigenen Mitteln. Das macht den Kultwert des Films aus.

Mit dieser gefilmten Rockoper spiegelte die Pop-Generation sich selbst. Die Rockmusik ist zum Medium ihrer Selbstvergewisserung geworden. Russells Filmversion preist und entlarvt die veräußerlichte Zerstreutheit des Individuums der Konsumgesellschaft, seiner Kulte mit dem zum Konsumgut verflachten Irrationalen. Tommy (in der Darstellung Roger Daltreys) ist die ideale Figur des reinen Toren, der unschuldig an einer pervertierten Welt leidet. Anbetungswürdig in einer entzauberten Zeit. Der Star als Ausdruck der Sehnsüchte seiner Fans, ihrer Begierde nach erfülltem Leben. Das — austauschbare — Modell für Massenträume mit dem Größenwahn seiner Generation: »I'm a sensation!«

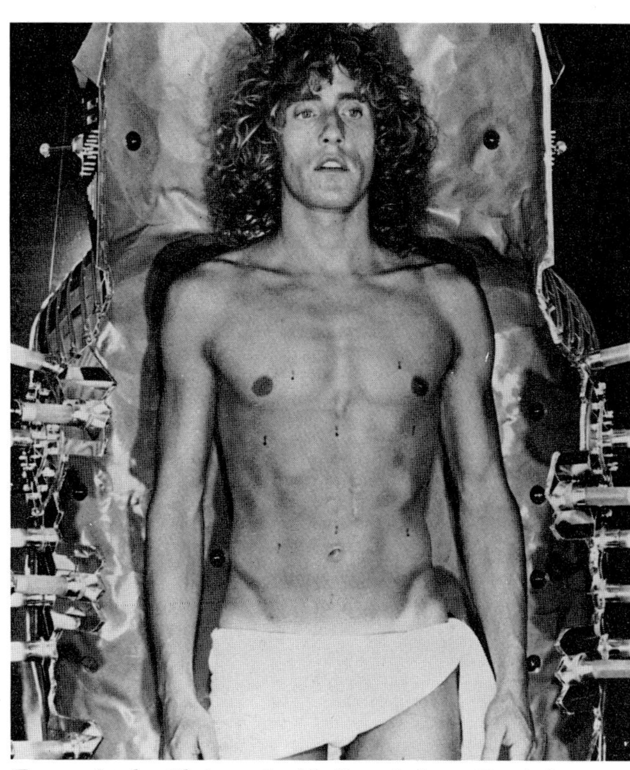

*Tommy ist der Christus des Medienzeitalters. Er wird von seinen Fans an den Flipper genagelt wie Christus ans Kreuz. Wie der Gottessohn leidet er, stellvertretend, für die verderbte Nachtklub-Zivilisation. Das Flipperspiel törnt seine Sensoren an, er ist ein Kind der Pop-Kultur.*

*Elton John als Pinbal Wizard tritt gegen Tommy zu einem Flippermatch an. Er versucht, seinen Gegner durch extravagante Maskerade, Gesang und Klavierspiel aus dem Gleichgewicht zu bringen.*

*In einer Heilungs-Session mit Eric Clapton als Priester und Vorsänger, Pete Townshend und einer Marilyn-Reliquie werden den Versehrten der Warengesellschaft die Mythen der Trivialkultur verabreicht.*

**Tommy** (Tommy)
England 1975
*Regie* Ken Russell  *Drehbuch* Ken Russell, nach der Rockoper von Pete Townshend  *Kamera* Dick Bush  *Kostüme* Shirley Russell  *Choreographie* Gillian Gregory  *Musik und musikalische Leitung* Pete Townshend  *Komponisten* Pete Townshend, John Entwistle, Keith Moon
*Darsteller* Roger Daltrey (Tommy), Oliver Reed (Frank Hobbs), Ann-Margret (Nora Walker), Elton John (Pinball Wizard), Eric Clapton (Preacher), Keith Moon (Uncle Ernie), Jack Nicholson (Spezialist), Tina Turner (Acid Queen) und »The Who«: Pete Townshend, Roger Daltrey, Keith Moon, John Entwistle

Als Kind wird Tommy Zeuge der Ermordung seines Vaters, der Frau und Liebhaber im Bett überrascht. Auf diese Tat und die Beschwörungen der Täter »Du hast nichts gehört, nichts gesehen, du wirst nie darüber sprechen!« reagiert Tommy traumatisch. Er ist fortan blind, stumm und taub. An seinem Autismus prallen alle Therapien ab, die seine Mutter Nora und ihr Liebhaber Frank ihm verordnen. Überraschende Talente lassen Tommy zum Flipperkönig aufsteigen. Als seine hysterische Mutter ihn in sein Spiegelbild stößt, ist er geheilt. Seine Leidensgeschichte wird zur Heilslehre vermarktet, er richtet Camps für seine jugendlichen Anhänger ein und wird reich. Als seine Fans ihn wieder vom Thron stürzen, kann sich Tommy von seiner kommerziellen Gier lösen und findet zu sich selbst.

# The Rocky Horror Picture Show

Rockmusikwünsche, Phantasie, Nonsensewünsche, Farbenräusche, Aggressionswünsche und Ramba-Zamba sind angesagt. So viel Wunscherfüllung ist außerhalb der *Rocky Horror Picture Show*, zwischen den einbetonierten A- und B-Ebenen der tristen Großstädte, nicht zu haben. Für jeden ist etwas dabei, und keiner muß nach Tiefsinn graben. Der Film ist wie ein Fest im tiefsten Alltag, das Kino die Kneipe, zwei Stunden nächtlicher Karneval in einem orgiastischen Raumschiff aus der Galaxis Transsilvanien.

Die wüste Anmache, schon in der Eingangssequenz des Films von blutroten Überlippen versprochen, erfüllt sich. Was danach als Bilderflut über die Zuschauer hereinbricht, ist unmoralisch, originell, vulgär, kitschig, klatschbunt. In einem Kompendium der Trivialmythen werden Bruchstücke aus dem Horror-Gewerbe, Rock 'n Roll-Verrücktheiten, Action, Sex, Grand Guignol und Nachtklub-Attraktionen aufgeblättert. Vorbilder werden respektlos beraubt. Lauter phantastische Seifenblasen schillern auf der Leinwand.

An dem rauschenden Fest in dem rockigen Spukschloß des Films, bevor es am Ende in Richtung Universum abhebt, nehmen die Kultisten im Kino wie geladene Gäste feuchtfröhlich teil. Kino, sonst gemeinschaftliche Einsamkeit, wird zur Kollektivparty. Das Mitmachen in Wort und Tat ist Teil des Films, ist ein zweites Szenarium im Saal. Aus dem Platzmangel der New Yorker Premierenbühne geboren, die einen Teil der Handlung des Theaterstücks in den Zuschauerraum verlegen mußte, ist das Mitmachen längst Teil des Kultes eines Volksfest-Kinos geworden.

Verwegen kostümiert und geschminkt wie ihre Ebenbilder auf der Leinwand werfen die Zuschauer Reiskörner, wenn das Hochzeitspaar erscheint; Wunderkerzen flammen auf, sobald Brad und Janet das Licht im Schloß besingen; das Diner wird aus vollen Flaschen mitgefeiert; regnet's auf das Spukschloß, dann auch, aus Spritzpistolen, im Parkett. Und wenn die Standardkommentare aus dem Publikum die Leinwandhelden in überraschende Dialoge verwickeln, sitzen die Fans mitten im transsilvanischen Kongreß.

Der »Transsilvanische Jahreskongreß« dieses Kultfilms ist die Subkultur, wie sie sich selbst sieht und sein möchte. Das hygienische Paar Brad und Janet mit seinem Mittelmaß-Sex, das sind die Fans — vor dem Eintritt in die ausschweifenden inneren Kreise der freiheitlichen »Szene«. Zeremonienmeister Frank N. Furter und seine Kreaturen besingen das Lebensgefühl, in einem Getto anarchistisch die Moral zu untergraben: Alles ist erlaubt, wenn es nur scharf macht. Fans der *Rocky Horror Picture Show* nehmen nichts ernst, auch die großen Gefühle nicht. Wer den Spaß ernst nimmt, mißversteht die durchgedrehten Hüter dieses neuen Kapitels Kinogeschichte. Er kennt das Rocky-Horror-Zeitalter nicht. Und nicht das Kino als modernes Kleintheater der Rituale, das in der Tradition von Kirchenmesse und Geheimbund-Zeremoniell den Wunsch befriedigt, irgendwo dazuzugehören.

*Frank N. Furter tritt zur Begrüßung auf die Bühne und entblößt sich wie ein schönes Tier mit wölfischer Lust am Schockeffekt. Während sein Glitzerumhang von ihm abfällt, ahnt man schon die Verführungsgabe dieses knalligen Korsett- und Strapsfetischisten.*

*Der süße Transvestit vom Planeten »Transsexual« aus der Galaxis Transsilvanien ist Aggressor und Liebesobjekt zugleich. Ein für Wollust beidseitig durchlässiger Androgyner, der sich, garniert von Dienstboten, in den gelungensten Posen gefällt.*

*Frank N. Furter hat die puritanische Maske seiner Dracula-Vorväter fallen lassen und macht seine Liebesobjekte ungeniert an. Der moderne Vampir ist eine glamouröse Ausgeburt der Music-Hall.*

**The Rocky Horror Picture Show** (The Rocky Horror Picture Show)
England 1974. 20th Century Fox
*Regie* Jim Sharman   *Drehbuch* Jim Sharman und Richard O'Brian, nach dem Stück »The Rocky Horror Show« von Richard O'Brian
*Kamera* Peter Suschitzky   *Masken* Peter Robb King   *Musik* Richard O'Brien   *Musikalische Leitung und Arrangements* Richard Hartley
*Darsteller* Tim Curry (Dr. Frank N. Furter), Susan Saradon (Janet Weiss), Barry Bostwick (Brad Majors), Richard O'Brien (Riff Raff), Patricia Quinn (Magenta), Little Nell (Columbia), Jonathan Adams (Dr. Everett V. Scott), Peter Hinwood (Rocky Horror), Meatloaf (Eddie)

Janet und Brad, ein harmloses junges Paar, geraten nach einer Autopanne in den »Transsilvanischen Jahreskongreß«, den in einem unheilvollen Schloß bizarre Wesen unter Anleitung des Transvestiten Frank N. Furter feiern. Als Gäste akzeptiert, erleben sie die Geburt des künstlichen Sexualobjekts Rocky Horror, einige Liebesabenteuer und die Palastrevolution eines Domestiken, in der Frank N. Furter den Tod findet.

*Das Kino wird zur feuchtfröhlichen Kollektivparty und zum rituellen Kleintheater.
(Foto: STERN / Müller-Schneck)*

354-28

# Road Movies

In den Vorläufern der Road Pictures, den Western, bewegte sich das reisende Volk in Postkutschen und Planwagen-Trecks oder auf dem Rücken ausdauernder Pferde voran. »Auf nach Westen« war die historische Losung Nordamerikas, das sich in die Freiheit durchschlug. Das Donnern der Pferdehufe wich nach und nach dem Dröhnen der Pferdestärken unter der Motorhaube. Die Cowboys von heute sitzen auf Feuerstühlen oder hinter dem Armaturenbrett. Doch immer noch ist der Ausbruch aus der Abhängigkeit in die Freiheit ein amerikanischer Mythos. Der letzte Spielraum einer durchorganisierten Gesellschaft: das silberne Band der Highways. Road Movies als Western des Jet-Zeitalters transportieren die alten Mythen wie eine kostbare Fracht: Pioniermut, individuelle Stärke, Optimismus, Skepsis gegenüber dem Fortschritt — und Angst vor Frauen. Die Mythen geben Einblick ins Land und seine Helden.

Im Gegensatz zum alten Western fehlt den Auto- und Straßenfilmen zwar die historische Bedeutung der Pioniervergangenheit, aber sie bewahren die Stimmung eines kultischen Zustands: Unterwegssein. Rausch der Geschwindigkeit, der freie Highway, Landschaft, Drogen, Rockmusik — Unterwegssein ist physisches Dasein, Inbegriff des Kinos. Und es ermöglicht Lernen, Veränderung.

Die Amerikaner sind ein Volk auf zwei oder vier Rädern. Sie haben Benzin im Blut. Seit im Jahre 1948 eine Rokkerbande ins kalifornische Städtchen Hollister einfiel und *The Wild One* mit Marlon Brando fünf Jahre später das hunnenhafte Treiben auf der Leinwand wiederholte, waren Motorräder als Freiheitsvehikel und Instrumente des Hasses bekannt. Jugendbanden durchquerten auf ihnen schnell und mit zornbebendem Motorengebrüll die verabscheuungswürdigen Alltags- und Filmlandschaften, um dort anzukommen, wo ihresgleichen auf sie wartete.

Die zentralen Vehikel der Road Movies von heute sind Autos. Dazu zählen frisierte Fluchtautos in großstädtischen Straßenschluchten und Tiefgaragen, wie in dem Nacht-und-Neon-Western *Driver*; frisierte Gebrauchtwagen, die Hot-Rods, wie in *American Graffiti*, von Stoikern des laufenden Motors gesteuerte »Raumkapseln«, die mit Rockmusik ausgefüttert durchs feindliche Land gleiten, oder gleichermaßen Rallye-Geschosse für illegale »Cannonball«-Rennen von der Ost- zur Westküste. Heiße Schlitten sind eine kleine, eigene Welt, völlig zu überblicken und zu beherrschen, glänzende Übernatur des Fahrers zugleich, seine Außenhaut aus Chrom und Kraft. Autos garantieren die freie Wahl der Bewegungsrichtung. Autos sind wie Prometheus, der sich in Blech und Chrom verwandelte. Sie verdonnern die Mängel ihrer Fahrer zum Schweigen.

Wo aus Fortbewegungslust Sport wurde, fahren auch Road Movies mit Renn-Helden auf Rundkursen mit. Filme wie *Red Line 7000* und *Le Mans* verkündeten die Segnungen der aggressiven Motorkultur, die Blech, Farbenrausch und Krach mit den Individuen konterkarierte. In diesen Filmen wurden Verfolgungsjagden, die sonst nur virtuoses Versatzstück gewesen waren, zu sportlichen Ritualen.

Die mit dem Auto assoziierte Freiheit kennt allerdings auf der Straße und auf der Leinwand längst auch ihre Beschränkung. Die Mobilität alter Zeit wird im Wirrwarr der Autobahnen zum Stau abgebremst. Die Autobahn wird zur betonierten Wildnis, die dem Fahrer die natürliche Wildnis ersetzt. Technik als Flucht vor der Technik schlägt zurück.

Den alten Traum von der Freiheit auf Rädern halten die Truck-Driver wach, moderne Cowboys der Highways. Die 500-PS-Einsamkeit der Trucker, fern der überquellenden Metropolen, wird zur Legende, nicht nur an den Biertischen der *drug-stops*. Die Trucker-Kultur ist eine Subkultur. Bemalung und Ausstattung der Trucks, die Trucker-Songs, der Slang der Funksprache kreieren eine eigenständige Welt unabhängiger Einzelgänger. Die Legende muß nicht Wahrheit bedeuten, sie kann aber sprechender sein als diese.

Das Leben der Trucker ist in erster Linie harte Arbeit. Gespräche mit den anderen Fahrern, mit »Spider Mike«, »Pig Pen«, »Widow Women«, finden nur über CB-Funk aus dem Radiolautsprecher statt. Nörgelnde Ordnungshüter machen den Truckern das Leben zusätzlich schwer. Von den unausweichlichen Reibereien erzählen Filme wie *Convoy*, in dem der legendäre Outlaw »Rubber Duck« seinen Kampf gewinnt. Der Widerstand gilt auch Großunternehmen, die unabhängige Fahrer einschüchtern. Die Ideale Amerikas sind bedroht, finden aber ihre entschlossenen Verteidiger, wie den Motorradhelden »Cowboy« (Peter Fonda), der in *Trucker* einem Driver beisteht.

In einem der ersten Road Pictures, *California Straight Ahead* (1937), stieg John Wayne, der Held des Pferdesattels, auf den Sattelschlepper um und führte einen Trucker-Konvoi zum Sieg in einer Wettfahrt gegen einen Güterzug. Der Truck war glamourös, glitzerte in der tiefstehenden Sonne vor Kraft, Männlichkeit und tugendhafter Freiheit. Aus diesen Träumen sind Alpträume geworden. Die Freiheitsvehikel werden zur Waffe. In *Duel* entpuppt sich der Laster als Mordwerkzeug. Die rachsüchtige Maschine hat sich verselbständigt und versucht auf dem einsamen Highway einen harmlosen Handelsreisenden zu zermalmen. Wie ein gefräßiges Monster tobt und schnaubt das Blechungetüm dem Showdown entgegen.

Die Straße wird zum Schlachtfeld, auf dem sich, wie auch in *Mad Max*, hochtourige Aggressionen in Spezialautos entladen, Aggressionen, die im normalen Straßenverkehr gemaßregelt werden. Im Katz-und-Maus-Spiel mit Feinden oder der Obrigkeit entwickeln sich Kinokämpfe, deren lustvolles Kaputtmachen in Slapstick-Manier die unwahrscheinlichsten Lösungen in den Road Movies möglich machen. Erwachsene werden so vor der Leinwand wieder zu Jugendlichen, die sich im Autoskooter austoben.

Ein Wendepunkt der alten Ideale war auch *Easy Rider*, eine durch Drogen und Musik beschleunigte Reise. Die Silberstreifen am amerikanischen Horizont waren gerade noch sichtbar. Die Fahrt wurde zur Passion. Danach schien die Tour aus Erlebnislust nicht mehr darstellbar, sondern nur noch die Tour als Flucht. Flucht vor der eigenen Mittelmäßigkeit oder vor der Entscheidung.

Marlon Brando / *The Wild One.* USA 1953. Regie: Laslo Benedek

Oder vor dem kleinlichen Alltag, seiner Gewalt und anonymen Ordnung, wie in *Steelyard Blues,* in die individuelle Bastelfreude und in ein Land ohne Gefängnisse.

Im weißen Dodge »Challenger« zwischen Denver und San Francisco kann aus dem Autofahren eine frenetische Flucht vor der Polizei werden wie in *Vanishing Point* oder zu einer Odyssee wie in *Sugarland Express.* Die pure Bewegung unter einem weiten Himmel kann als Verachtung aller Traditionen gefeiert werden wie in *Five Easy Pieces,* oder sie verkommt zur Zerstörungslust wie in *Gone in 16 Seconds* des kalifornischen Gebrauchtwagenhändlers H. B. Halicki, der in einer 45minütigen Verfolgungsjagd 93 Autos zu Bruch fahren ließ.

Aufbrechen und ankommen oder einfach aufbrechen — darum geht es in Road Movies. Sich den Anforderungen des Bewegtseins und Bewegtwerdens zu unterwerfen. Das kann in die *Badlands* führen, jenes Grenzgebiet zwischen Dakota und Montana, in dem jedoch auch kein Freiheitsbaum mehr wächst. Aber wie sich in diesem Film der jugendliche Held hinter der Maske James Deans versteckt, so schiebt das Fahren über die Landstraßen alle Verbindlichkeiten erst einmal vor sich her. Man gibt Gas und läßt es laufen.

# Kultfiguren

**Marlon Brando.** In dieser Haltung, voller Verachtung, ganz *The Wild One,* verkörperte Marlon Brando eine Jugend, die endlich aufbegehrte, die den ausgebrannten Gefühlen der Alten neue Sehnsüchte entgegenhielt. Eine Jugend, die in Bewegung war, wenn auch richtungslos.

Er wurde zur Kultfigur narzißtischer Männergemeinschaften, die mit anarchischem Lebensgefühl lustvoll alles an Emblematik und Ausdruck versammelten, was der guten Gesellschaft mit ihren allamerikanischen Idealen verhaßt war. Idol des absoluten Gegenentwurfes, von Gesellschaften im kleinen, deren radikale Verneinung und rituelle Verhaltensweisen die Restgesellschaft ausschließen.

Messianische Erwartung und homoerotisches Begehren vereinte Brandos Charisma in Kenneth Angers Film *Scorpio Rising*, in dem die Posen des Filmhelden den Hintergrund bildeten, während er seine restlichen Götter anruft: nackte Haut, Leder, Ketten, Chrom und die Kraft der Maschine, die das Potenzgefühl anstachelt.

Kulte, die den mittelmäßigen Alltag magisch beleuchten, führen ihn als Heiligen. Kulte des Irrationalen, verliebt in das Inhumane, weil es den äußersten Gegensatz bildet zum verlogenen Humanismus der Profitgesellschaft. Kulte der Schwulenbewegung, die ihr hartes Idol mit verführerischer Verehrung liebkost.

**Peter Fonda.** Er war in den sechziger Jahren ein Freifahrer der Highways. »Die Straße ist noch schön, aber sie wird schmutziger und gefährlicher«, sagte der James Dean des Hippie-Zeitalters. Er hat sie in allen Richtungen befahren und das Ende des amerikanischen Traums notiert. Amerika hat versagt.

**Wim Wenders.** Er macht Reisefilme, die den Zuschauer abholen, um ihn in deutschen Landschaften sehen und hören zu lehren. Reisen: suchen, wie man leben soll. An den Ankunftsorten bleibt die Frage zwar immer offen, aber die körperliche Erfahrung des Unterwegsseins, von Bewegung und Bewegtsein hat seine Personen verändert, wenn sie am Ziel ankommen. Seine Reisefilme sind deshalb auch filmische Bildungsromane, die neues Verhalten ausprobieren und altes über Bord werfen.

Landschaften ziehen vorbei, sie bedeuten nie mehr als sich selbst. Ihr sinnlicher Eindruck bleibt. Sie werden gesehen von Männern, die in ihrer Zeit Zuschauer sind. Die Zeit ist nicht für sie gemacht, sie wissen aber auch nicht, für wen sonst. In melancholischer und vitalitätsarmer Grundstimmung verharren diese Dreißigjährigen, die zum Alleinsein tendieren — das sie nicht glücklich macht —, in gestörten Beziehungen. Ihre Ideale sind an ihrer Jugend orientiert, die sie wiederfinden wollen. Deshalb gehen sie auf Reisen.

Wenders' Neugier für den Zustand der Alltagswelt, die

*Peter Fonda / Easy Rider. USA 1969. Regie: Dennis Hopper*

*Wim Wenders bei Dreharbeiten zu <u>Nicks Film. Lightning over Water</u>*

er mit ihren eigenen Bildern sprechen läßt, zeigt Landschaften und Städte als »Wohnung« der Menschen, die darin leben, und führt mit deren Zerstörungen auch die Deformationen ihrer Bewohner vor.

Dieser Poet des Road Pictures ist ein Philosoph der Landstraße und der Großstädte. In seinen Filmen erfaßt er die Gegenden mit der Präzision eines Landvermessers. Das geschieht mit der ruhigen Sinnlichkeit besten Hollywood-Kinos. Wenders läßt sich ungeheuer zärtlich und genau auf seine Gegenstände ein.

Er ist seinen Helden verwandt. Mißtraut den Konventionen, den Rollen. Dem Reden. Den Medien. Er zeigt »naive« Bilder vor den Sündenfällen der Sprache und Interpretationen.

Schon seit dem ersten von mehreren »sensibilistischen« Avantgardefilmen, *Same Player Shoots Again* (1967), ein Verkünder sanfter Resignation, zeigte er auch mit den folgenden Filmen *Silver City* (1968), *Alabama — 2000 Light Years* (1969) und *Summer in the City* (1970), daß er Reisen und Fortbewegung für die einzige Antwort auf erstarrte Lebensverhältnisse hält. Er taufte seine Filmproduktionsfirma »Road Movie«.

Reisen mit Wenders heißt deutsche Zonen neu sehen: die Münchener Vorstädte im Winter (*Alabama*), das Ruhrgebiet (*Alice in den Städten*), die Strecke von Glückstadt bis zur Zugspitze über ein geisterhaftes Frankfurt und Umgebung (*Falsche Bewegung*) und von Lüneburg entlang der DDR-Grenze bis Hof (*Im Lauf der Zeit*), ein eisklares Hamburg und die Nordsee (*Der amerikanische Freund*). Er zeigt die Reisevehikel, Schiffe, Autos, Züge, die Seil- und Schwebebahnen, das Beiwagen-Motorrad, das Wohnmobil; er benutzt ihre Fahrtgeräusche. Mit dem Originalton wird das Reisen körperlich zum Erlebnis.

Seine Filme zeigen aber auch das Leben an einem festen Ort. Das läßt unvermeidlich den Gedanken an den Tod aufkommen. In *Nicks Film. Lightning over Water* (1980/81) führt die Bewegung an ein Ende. Wenders kommt im Morgengrauen in der New Yorker Loft-Wohnung von Nicholas Ray an und bleibt bei dem Sterbenden.

Das ist die schmerzhafte Grenzerfahrung des Reisens. Sie verstärkt den Wunsch, unverzüglich wieder aufzubrechen.

151

# The Wild One

Ausdauernd kopiert wurde nicht nur Marlon Brandos berühmte Mütze mit dem schwarzen Schirm, auch die typischen schwarzen Lederjacken, die Jeans mit Aufschlägen, die Stiefel und die herausfordernde Haltung der Hell's Angels wurden zum Signal der nicht angepaßten Jugend der frühen fünfziger Jahre.

Dieser Halbstarken-Habitus bestätigte die Jugendlichen zur Zeit des kalten Krieges in ihrer Auflehnung gegen eine konformistische Erwachsenenwelt. In ihm manifestierte sich die noch ziellose Revolte, die später zu einer politisch klar definierten Bewegung führte.

Nicht zufällig ist auch heute wieder für die »No-future«-Generation der Marlon Brando der fünfziger Jahre zum Idol geworden. In der jugendlichen Subkultur, bei den Rockabilly-Fans und anderen New-Wave-Gruppen, trägt man wieder seine Jacke und seine Haltung.

Das Auftreten der Motorrad-Rockerbanden am Ende des Zweiten Weltkriegs hatte im wesentlichen zwei Ursachen: den starken Autoritätsverlust der Väter und die rasch zunehmende Orientierungslosigkeit der Jugend im System der Eltern. Die Industrie, die die Jugend als neue Käuferschicht über Nacht entdeckt hatte, reagierte prompt.

Begleitet wurde die aufrührerische Rocker-Bewegung vom Rock 'n Roll. So gesehen war *The Wild One* nicht der letzte Schrei, denn man spielt darin noch Bebop-Jazz. Aber mit seinem emotionalen Trend lag er richtig. Er setzte das Aufbruchssignal für eine Jugend, die raus wollte, irgendwohin fahren, Spaß haben, ein Faß aufmachen. »You gotta put something down, you gotta make some jive« (Johnny).

Als Road Movie zählt *The Wild One* zu den frühen richtungweisenden Filmen dieses Genres, das immer mehr Bedeutung gewann für das Ausleben von Ausbruchsphantasien nicht nur junger Aussteiger.

Obwohl der Film in seinem rebellischen Potential aus heutiger Sicht gemäßigt wirkt, stieß er bei den Konservativen von einst auf erbitterten Widerstand. In England war seine Vorführung bis 1968 untersagt. Hedda Hopper, die Hollywood-Klatschkolumnistin, ging so weit, Brando und alle am Film Beteiligten für das Aufkommen der Hell's Angels verantwortlich zu machen.

*Das aggressive Erscheinungsbild der Rocker täuscht über Unsicherheit und Desorientierung im Blick des einzelnen nicht hinweg. Sicherheit vermittelt nur die Gruppe.*

Brando hatte vor Drehbeginn auf seinem Feuerstuhl Studien vor Ort betrieben. Seine Hoffnung war, mit diesem Film etwas über den ehrlichen Zustand der Jugend und die Ursachen ihrer Gewalttätigkeit herauszufinden. Aber er distanzierte sich nach seiner Fertigstellung von dem Film, der für ihn nur »ein müdes Abziehbild der Wirklichkeit« darstellte, »ohne jeden Versuch gesellschaftlicher Relevanz«.

Für die Rocker selbst wurde Brando zum Leitbild. Preetam Bobo, ein Motorcyclist: »Wir gingen ins Fox-Kino oben in der Market Street . . . Wir waren ungefähr fünfzig Mann, mit Weinflaschen und Lederjacken . . . Wir hockten auf dem Balkon, rauchten Zigaretten, tranken Wein und tobten wie die Teufel. Wir konnten uns alle auf der Leinwand wiedererkennen. Wir alle waren Marlon Brando.«

**The Wild One** (Der Wilde)
USA 1953. Columbia
*Regie* Laslo Benedek   *Drehbuch* John Paxton, nach einer Story von Frank Rooney   *Kamera* Hal Mohr   *Musik* Leith Stevens
*Darsteller* Marlon Brando (Johnny), Mary Murphy (Kathie), Robert Keith (Harry Bleeker), Lee Marvin (Chino), Jay C. Flippen (Sheriff Singer), Peggy Maley (Mildred), Hugh Sanders (Charlie Thomas), Ray Teal (Frank Bleeker), John Brown (Bill Hannegan), Will Wright (Art Kleiner), Robert Osterloh (Ben), Robert Bice (Wilson), William Vedder (Jimmy), Yvonne Doughty (Britches)

In der ersten Sequenz donnern die Hell's Angels auf ihren Feuerstühlen minutenlang über die Landstraßen, an ihrer Spitze Johnny. Sie fallen schließlich in einen Ort ein und provozieren die Einwohner. Es kommt zu einer Konfrontation mit einer zweiten Rockerbande, die in der Schlägerei zwischen ihren Anführern gipfelt. Johnny besiegt den besoffenen Chino. Johnny fühlt sich angezogen von der Serviererin Kathie. Sie ist die Tochter des Sheriffs, der im Ort jede Autorität verloren hat. Die Einwohner des Städtchens sind schockiert vom Treiben der Hell's Angels; als ein alter Mann zu Tode kommt, wird Johnny fälschlicherweise beschuldigt und beinahe gelyncht.

*Die Rituale der Rocker werden zelebriert. Sie übertragen die gesellschaftliche Hackordnung in die Subkultur.*

*Imponiergehabe. Hahnenkampf. Als Beute: die Rockerbraut. Stellvertretend für die verfeindeten Gangs prügeln sich die Bandenführer. Die Kulisse bilden Bürger und Lederjacken.*

# Hell's Angels

Auf ihren Hochlenkermotorrädern, Maschinen der Anarchie, chromblitzenden Vehikeln der Verachtung, donnern sie über die Landstraßen, brechen in Kleinstädte ein, schockieren die Bürger. Ihr Abzeichen: ein Totenkopf auf dem Rücken ihrer ärmellosen Jeans- und Lederjacken. Auf der Brust die Erfolgsrunen für Mutproben und Ordnungswidrigkeiten. Gürtel aus Motorradketten, die als Waffe zu gebrauchen sind. Eiserne Kreuze und Hakenkreuze. Im Ohr ein einzelner Ohrring. Hell's Angels meistern nicht ihr Leben, aber ihre Maschinen, Harley-Davidson-Stühle, ihr Statussymbol, ihr glamouröser Leib aus Chrom, Stahl und Energie. Die Feuerstühle der Motorradreiter sind kühl, unbestechlich und blitzblank, sie funkeln in der untergehenden Sonne. Ihre Fahrer gehen liebevoll mit ihnen um. Mit sich selbst weniger.

Moderne Hunnen der Highways, leben sie in der Bande, die als Familienersatz herhält. »Die Straßenratten«, »Die Nachtreiter«, »Satans Sklaven«, »Die Comanchies«, »Die Sargkandidaten« — »Hell's Angels«. Sie boten Johnson an, in Vietnam Ordnung zu schaffen, sie schafften Ordnung in Altamont. In ihrer aggressiven Haltung gegen die bürgerliche Gesellschaft lehnten sie die Friedensbewegung ab, verhöhnten sie die Hippie-Kultur.

Die Stille der Eisenhower-Zeit verschluckte schließlich das Dröhnen der Motorrad-Botschaft, die als Rebellion gegen die Erwachsenenwelt gedacht war. In der Kennedy-Ära wurden viele Banden wiedergeboren. In dem Rockerfilm *Hell's Angels 70* vertraten sie sogar die gesellschaftliche Ordnung, waren gnadenlos, aber gegen Ganoven. Aus den Engeln der Hölle wurden in der kalifornischen Realität der siebziger Jahre Motorrad-Hippies mit Bärten und langen Mähnen, die der Fahrtwind in die Bürgeraugen wehte. Das Motorrad blieb das Rad der Freiheit. Hell's Angels fahren einfach davon, ohne ankommen zu wollen.

# The Wild Angels

Das Ritual einer Rocker-Beerdigung, das zur Selbstdarstellung von Fahrern und Maschinen wird. Die Trauer über den toten Wilden Engel »Loser« verbindet sich mit der Liebe zu den Motoren, die geradezu angebetet werden. Die Rocker gehen würdevoll mit ihren Toten, aber liebevoll mit ihren Maschinen um, mit denen sie verwachsen sind. »Ich bin mein Motor . . . Mein Motor ist mein eigentliches Selbst« (Pier Paolo Pasolini).

Roger Cormans in drei Wochen mit kleinem Budget und Handkameras abgedrehter Film wurde auf den Straßen Kaliforniens improvisiert. Das »Milieu« erkennt genau, wenn die Filme, die sich mit ihm befassen, nicht authentisch sind. Einen anderen Rockerfilm mit der Authentität von *The Wild Angels*, ohne den *Easy Rider* nicht denkbar wäre, gibt es bis heute nicht. Das lag auch daran, daß die Hell's Angels aus Venice die Hauptrollen spielten. Und daß die anderen Darsteller sich »dem Milieu« nahtlos anpaßten.

*Die wilden Engel: Ritual einer Rocker-Beerdigung*

**The Wild Angels** (Die wilden Engel)
USA 1966. American International
*Regie* Roger Corman  *Drehbuch* Charles B. Griffith  *Kamera* Richard Moore  *Musik* Michael Curb
*Darsteller* Peter Fonda (Heavenly Blues), Nancy Sinatra (Mike), Bruce Dern (Loser), Diane Ladd (Gaysh), Lou Procopio (Joint), Coby Denton (Bull Puckey), Marc Cavell (Frankenstein) sowie Mitglieder der »Hell's Angels«, Venice, Kalifornien

Dem Rocker Loser wird von einer konkurrierenden Motorradbande die Maschine gestohlen. Bei dem Versuch, sie zurückzubekommen, entsteht eine Schlägerei. Polizei vertreibt die »Wilden Engel«, wobei Loser von einer Polizistenkugel schwer verletzt wird. Blues, ihr Anführer, beschließt, Loser aus dem Krankenhaus zu befreien. Diese Rettungstat überlebt Loser nicht. Nach einer Orgie zu Ehren des Toten soll die Beerdigung stattfinden. Die Rocker werden jedoch durch die aufgebrachten Bewohner des Ortes daran gehindert.

Als die Polizeisirenen aufheulen und die Rocker erneut fliehen, bleibt Blues. Ruhig schaufelt er das Grab seines Freundes zu.

# Easy Rider

Billy und Wyatt rollen auf ihren monströsen Glitzermaschinen dahin wie Außerirdische. Die Kamera erfaßt sie oft von oben in der Totalen. Die beiden fahren durch ein feindseliges Land, das völlig fremd aussieht. Sie ziehen Furcht und Haß auf sich wie Eindringlinge von einem fremden Stern. Alle Waffen richten sich auf sie. *Easy Rider* ist ein Science-fiction-Film.

Der Kontinent vom fahrenden Motorrad aus. Unter Drogen über Land: Billy mit weicher, brauner Trapperbekleidung, Sonnenbrille und einer Kette aus Bärenzähnen, Wyatt in glänzendem schwarzem Leder und Stars-and-Stripes-Aufdruck — Captain America. Die Szenerie wird im Lauf der Zeit immer düsterer. Weideland, Wüsten und Gebirge, glänzende Brücken und ausgetrocknete Flüsse, Bruchbuden und Paläste, eine Kommune wie im Exil, ausgefranste Städte, stockwerkhohe Reklame, das Monument Valley. Verträumte Blumenkinder und stiernackige Provinzler. Trance und Amoklauf.

Die Bilder verdichten sich zum Abenteuer auf Betonpisten. Odysseus hat es nach Nordamerika verschlagen, er sucht den Traum der Väter vom freien Land und findet nur deren Alpträume. Das Aufdonnern der Maschinen am Anfang und am Ende ihr donnerndes Explodieren: zwei Prophetien sind der Rahmen, in den der Film eingespannt ist. Er bezeichnet den Weg, den Nordamerika zurückgelegt hat. Aufbruch und Nachruf lagen noch nie so eng beieinander.

Die freie Fahrt für die Helden der Landstraße, den amerikanischen Mythos, träumte dieser Film zu Ende. Danach war der filmische Entwicklungsroman im klassischen Stil nicht mehr möglich. Die Helden kommen weder an, noch sind sie andere geworden. Sie sind tot. Es gibt in Gottes eigenem Land keine Chance mehr »auszureifen«.

*Easy Rider* war ein Produkt des Drogen- und Rock-Enthusiasmus. Der Film wirkt improvisiert und verspielt. Dank seines 300 000-Dollar-Budgets, finanziert von Peter Fondas Gage aus *Wild Angels*, fehlte ihm der dramaturgische »Ernst« gewohnter teurer Hollywood-

*Die Fahrt von Los Angeles nach New Orleans ist eine Fahrt in Gegenrichtung zur alten Pionierstraße Richtung Westen. Peter Fonda als Wyatt, Dennis Hopper als Billy und Jack Nicholson als Hanson wissen hier noch nicht, daß der Traum vom legendären Land der Freiheit ausgeträumt ist.*

Ware. Um so größer das Erschrecken, wenn die beiden Freifahrer sich am Ende plötzlich in ihrem Blut wälzen. Man erwacht aus dem Kinotraum, als sei man mitgefahren.

Das bewirkt auch die Musik, Fondas Lieblingsstücke, die den Film nicht nur illustrieren, sondern ihn mitziehen. Erst wenn Steppenwolfs »Born to Be Wild« zu hören ist, wird aus dem Motorradfahren wirklich ein Aufbruch. Erst wenn die Byrds »I Wasn't Born to Follow« singen, wird die Reise auch zur Rebellion.

Musik als die andere Sprache der Verständigung hatte die Woodstock-Generation schon für sich entdeckt. *Easy Rider* wurde ihr Kultfilm. Es war der erste Film, der ohne Vorbehalt mit der langhaarigen, zivilisationsmüden Jugend von 1968 gemeinsame Sache machte. Sich in ihrer eigenen Sprache und Musik ausdrückte. Ein Kultfilm der Leute bis Dreißig, die auch die Freiheit mit Musik, Motorrad und Marihuana suchten und die psychedelische Alternative zur alten Gesellschaft lebten. Als die Hippie-Generation fort, das Drogenzeitalter auf eine Episode geschrumpft und die unpolitische Blumenkinder-Utopie desillusioniert waren, wurde *Easy Rider* zum archäologischen Kulturfilm, der die Überreste der Hippie-Überlieferung bewahrt.

Er blieb bis heute auch der Science-fiction-Film, der die alten Rituale mit einer neuen Kultur konfrontierte, die wie von einem anderen Stern kam. Marihuana gegen Alkohol, cooles Kauderwelsch gegen Hetzreden, Rock gegen Country-Seligkeit, Billy the Kid und Wyatt Earp noch einmal gegen Gewaltamerika, lange Haare gegen die ordentliche Wohlstandsgesellschaft, natürliches Leben gegen Glasbeton, großer Friede gegen die kleinen schmutzigen Kriege. Die liebende und kiffende kleine Einheit gegen eine Übermacht.

**Easy Rider** (Easy Rider)
USA 1969. Columbia
*Regie* Dennis Hopper   *Drehbuch* Peter Fonda, Dennis Hopper, Terry Southern   *Kamera* Laszlo Kovacs
*Darsteller* Peter Fonda (Wyatt), Dennis Hopper (Billy), Jack Nicholson (Hanson), Luke Askew (Stranger), Karen Black (Karen), Tony Basil (Mary), Sabrina Scharf (Sarah), Warren Finnerty (Farmer), Luana Anders (Lisa)

Zwei Motorrad-Freaks, Billy und Wyatt, durchqueren nach einem gelungenen Deal in Los Angeles den Kontinent in Richtung Süden. Sie haben ein Bündel Dollar im Tank und wollen zum »Mardi Gras« nach New Orleans. Unterwegs sehen sie sich an, was vom amerikanischen Traum übriggeblieben ist, von dem die Väter schwärmten. Sie passieren die Zonen des freien Amerika ebenso wie die Provinzen mit ihren bigotten Bewohnern. Nachdem schon ein Zufallsreisegefährte, der alkoholisierte Bürgerrechtsanwalt George, von faschistoiden Bürgern erschlagen worden ist, werden sie in Louisiana auf der Landstraße von einem Obstbauern völlig grundlos abgeknallt.

# Two-Lane Blacktop

In diesem Film sind Autos wichtiger als Frauen, Blickwechsel und Gesten wichtiger als Worte, Partnerschaft wichtiger als Liebe, Unterwegssein das Wichtigste. *Two-Lane Blacktop* ist ein moderner Western, der den weiten Ritt auf die Betonbänder verlegt, die sich durch die mittelamerikanische Provinz ziehen.

Im Gegensatz zu den Westernern sind seine Protagonisten aber nicht frei. Sie sind eingeschlossen in ihre Autos wie in ihre ganze Lebenssituation. Sie werden beherrscht von der gewalttätigen Maschine, vom Krach der Motoren. Sie sind unterwegs, aber nur im Auto. Nicht im Kopf.

Namen haben sie ebensowenig wie eine Geschichte. Sie geben nichts preis. Eingeschlossen in eine hermetische Umlaufbahn, kreisen sie um ein Zentrum, das nicht sichtbar wird. Ihren Handlungen fehlt das Gefühl, so werden sie zu einem Ritual, das man nicht versteht. Auf pure Bewegung und Zerstreuung reduziert, wirken »Der Fahrer« und »Der Mechaniker« wie mythische Helden aus ferner Vergangenheit. Oder auch aus der Zukunft.

Fahrer und Mechaniker schweigen. Ihr Austausch ist allein das Fahren in 100-bis-300-Dollar-Rennen. Nach außen hin sind sie eine verschworene Einheit. Aber wenn sie sich einander zuwenden, erzeugt die Sprachlosigkeit zwischen ihnen weite Räume, die sie nur mit hochtouriger Raserei auf den Landstraßen zu überwinden glauben. Ihr Schweigen steigert sich jedoch im Dröhnen der Motoren.

Durch »Das Mädchen« im Fond fahren zwar auch alle Sehnsüchte mit, aber die Augen der ausgebrannten Gestalten vorn im Chevrolet beginnen erst zärtlich zu leuchten, wenn ihre Blicke über das Armaturenbrett streifen. Wenn der Motor aufheult, ist die Verbindung der Männer zu sich selbst geglückt.

Die letzte Einstellung dieses Films verschmort als Ende. Die Helden kommen an kein Ziel. Ihr Unterwegssein ist endgültig. Diese Zuspitzung von Ausbruchsphantasien, die das Road Movie bis an die Grenze seiner Möglichkeiten führt, birgt einen Kultwert von *Two-Lane Blacktop*. Ein anderer liegt in der Kraft, mit der die vibrierenden,

*Der 70 Pontiac GTO, auf dem »Der Fahrer« (James Taylor), »Der Mechaniker« (Dennis Wilson), »Das Mädchen« (Laurie Bird) hier bereits sitzen, ist der Siegeslohn für das Rennen nach Washington D.C., das »GTO« (Warren Oates) provozierte. Dieser, großsprecherisch und geschwätzig, ist allein, will es nicht sein, tut aber alles dafür. Er möchte die Zuneigung der schweigsamen, arrogant-teilnahmslosen Jungen, des richtungslos-abgewandten Mädchens gewinnen, deren Blickwechsel und Gesten ihn aber ausschließen.*

hautnahen, geradezu physischen Bilder sprechen. Es gibt keinen anderen Straßenfilm, der Autos und Körper, Bewegung und Geräusch so intensiv nahebringt.
Und nicht zuletzt wurde der Film wegen *James Taylor* (»Der Fahrer«) zum Kultfilm. Der ehemalige Junkie war als melancholischer Messias der sanften Rockmusik schon eine Kultfigur. Seine Gemeinde lauschte seinen Botschaften vom Verlust des Lebenssinns, vom Freitod seiner Freundin, von seinen eigenen Selbstmordversuchen, von den Drogen. In diesem existentialistischen Road Movie spielte er, was er zu sagen hatte, ohne Worte.

**Two-Lane Blacktop** (Asphaltrennen)
USA 1971. Universal
*Regie* Monte Hellman   *Drehbuch* Rudolph Wurlitzer, Will Corry, nach einer Story von Will Corry   *Kamera* Jack Deerson   *Schnitt* Monte Hellman   *Musik* Billy James
*Darsteller* James Taylor (Der Fahrer), Warren Oates (GTO), Laurie Bird (Das Mädchen), Dennis Wilson (Der Mechaniker), David Drake, Richard Ruth, Rudolph Wurlitzer, Jaclyn Hellman, Bill Keller, H. D. Stanton

»Der Fahrer« und »Der Mechaniker« fahren mit einem hochfrisierten Chevrolet von Rennen zu Rennen. Von den Siegesprämien dieser illegalen Beschäftigung leben sie. Eines Tages schließt sich ihnen »Das Mädchen« an.
Von einem großsprecherischen Autonarr in einem Pontiac *GTO* aufgefordert, beginnen sie schließlich eine Wettfahrt quer über den Kontinent nach Washington D.C.

# Im Lauf der Zeit

Zwei sehr deutsche Träumer stochern gründlich in ihrem Leben herum.

Brunos Sehnsüchte stecken im Kino. Von Menschen außerhalb des Kinos erwartet der Kinotechniker nichts. Er handelt für sich allein und setzt alles auf gelassene Gesten. Er versucht, ganz in der Gegenwart zu leben, aber das gelingt ihm nicht. Schließlich gesteht er: »Ich sehe mich zum erstenmal als einer, der eine Zeit hinter sich gebracht hat, und daß diese Zeit meine Geschichte ist.« Er stellt sich seiner Geschichte. Er bringt etwas ins Rollen.

Robert flieht mit einem leeren Koffer vor der Unfähigkeit, mit seiner Frau zu leben. Er hat sein Leben zergrübelt. Etwas später wirft er wieder die Arme in die Luft, spontane Gebärden, über die der Sprachwissenschaftler und Kinderpsychologe langsam zum Sprechen zurückfindet.

Beide schleppen ihre Innerlichkeit mit sich herum wie schweres Gepäck. Beide sind festgefahren, also gehen sie auf Reisen.

Die Hoffnung von Bruno, dem »King of the Road«, und Robert, dem »Kamikaze«, ist, daß örtliche Veränderung auch persönliche Veränderung bedeutet. Daß Unterwegssein Ausnahmestimmungen schafft. Fortbewegung und innere Bewegtheit: *motion* und *emotion* zusammen. Wim Wenders, der amerikanischste aller deutschen Regisseure, machte den deutschesten Film: einen Film über Männer, die in der sterilen Adenauer-Ära aufgewachsen sind. Ihr erstes Taschengeld ging für Single-Platten drauf, die sie in Mignon-Plattenspieler aus Plastik schoben. Als Halbwüchsige standen sie abends um die Musikbox herum und auf Rummelplätzen am Autoskooter. Sahen sehnsüchtig den Mädchen nach, die von Jungs mit spitzen Schuhen und Entenschwanzfrisur abgeschleppt wurden. Sie selbst waren nicht dran. Jetzt sind sie dreißig. Die Zeit ist schnell vergangen, und sie sind noch immer ziemlich unbehaust. Sie fahren wie Bruno mit einem Laster durch die Gegend, in dem die Erinnerungen der kurzen Jugend gehortet sind: Singles, Musikbox, Kinogeräte, Handwerkszeug, Comics, Schmöker. Das Immer-weiter-Fahren aus Angst, irgendwo hängenzubleiben, einen endgültigen Platz zu finden. Plötzlich erwachsen zu sein, ohne richtig gelebt zu haben . . .

*Im Lauf der Zeit* ist der *Easy Rider* des deutschen Films. Die Harley-Davidson ist gegen einen Möbelwagen getauscht. Und der fährt durch ein Deutschland, das einem ausrangierten Tante-Emma-Laden gleicht.

In deutschen Randbezirken gibt es altmodische Kiesrutschen und verfallende Basaltfabriken, Autowracks als Bratwurstbuden, Einmannpostämter, leere Tankstellen, verlassene Häuser auf Rheininseln, überwachsene Bahnanlagen. Es beherrschen Medien die Szene, als seien die fünfziger Jahre angesagt: vom Lkw über gußeiserne Setzmaschinen in niedrigen Redaktionsstuben bis zu ausfleddernden Piccolo-Streifenheften in Männerhänden. Fernsehen gibt es nicht. Auf Straßen, Schienen, Flüssen und über Telefonleitungen werden ständig Dinge und Meinungen von hier nach dort bewegt, aber die große Industrie ist noch ein Alptraum der Zukunft.

Und doch ist die Gegenwart Filmthema: Flucht durch heutige Landschaften am Rande der Zerstörung, Identitätskrisen der siebziger Jahre, Männerfreundschaften und Sehnsüchte nach den abwesenden Frauen.

Die formalen Mittel verstärken diesen Eindruck wie auch das Gefühl des Zuschauers, im Laster unterwegs zu sein. Die präzise gesehenen deutschen Landschaften präsentieren sich im Kunstlicht wattfressender Scheinwerfer: das reale Deutschland zwischen Lüneburg und Hof und ein Kinodeutschland gleichermaßen. Eine Art fiktiver Dokumentarstil läßt die äußeren und die »inneren« Landschaften der Helden in Beziehung treten. Landschaft und Gefühlslage stimmen darin überein, kaputt zu sein.

Künstliches Licht auch tagsüber, neue Optiken mit einer »teuflischen Tiefenschärfe« (Wenders), Kamerafahrten und -schwenks und Originalton machen jede Einstellung dieses Films zu einem Environment, das die Wahrnehmung von Landschaften außerhalb des Kinos ersetzen kann. Gestaltete Alltagswelt als künstlicher Raum mit passenden Objekten. Originalton macht die Bilder komplett. Motoren- und Reifengeräusche, Zugrattern und Schiffstuckern, die diffuse Geräuschkulisse von Provinz-Kleinstädten, scheppernde Musik aus Lautsprechertechniken der letzten dreißig Jahre, muffelnde Dialekte, bellendes Rufen, Singen, Keuchen, Weinen — ohne diese Tondetails wäre *Im Lauf der Zeit* als Road Picture kein Kultfilm geworden.

Da Wenders auch einen Film über das Sterben des Kinos gemacht hat, stellt er hier die Forderung: genaues Hören und vor allem genaues Sehen im Kino und außerhalb des Kinos als Vorstufe des Erkennens. Ein Anspruch, der die Augen seiner cinephilen Fans aufleuchten läßt.

**Im Lauf der Zeit**
BRD 1976
*Regie* Wim Wenders  *Drehbuch* Wim Wenders  *Kamera* Robby Müller, Martin Schäfer  *Musik* Axel Linstädt (Improved Sound Limited) *Darsteller* Rüdiger Vogler (Bruno Winter), Hanns Zischler (Robert Lander), Lisa Kreuzer (Pauline), Rudolf Schündler (Roberts Vater), Marquard Bohm (Mann), Dieter Traier (Paul), Franziska Stömmer (Kinobesitzerin), Peter Kaiser (Filmvorführer), Patrick Kreuzer (Junge), Michael Wiedemann (Lehrer)

Der Kinotechniker Bruno fährt im Lkw, seinem Wohnsitz auf Rädern, über Land, um die Apparaturen in Provinzkinos zu warten. Eines Tages trifft er den Kinderpsychologen und Sprachwissenschaftler Robert, der seine Frau verlassen hat und mit seinem VW in der Elbe landet. Sie machen die Tour zwischen Lüneburg und Hof, entlang der Grenze zur DDR, zu zweit weiter.

*»Hermes«, der antike Gott des Verkehrs, hier als Kultobjekt. Ein M.A.N.-Laster mit geschlossenem Kastenaufbau für Möbeltransporte. Polizeiliches Kennzeichen: M - UV 2270. Dieselmotor mit einem Hubraum von 5850 cm$^3$ und 115 PS. Höchstgeschwindigkeit 85 km/h. Nutzlast 2900 kg. Länge 9,30 m, Breite 2,40 m, Höhe 3,60 m. Tag der ersten Zulassung: 4. 7. 1966.*

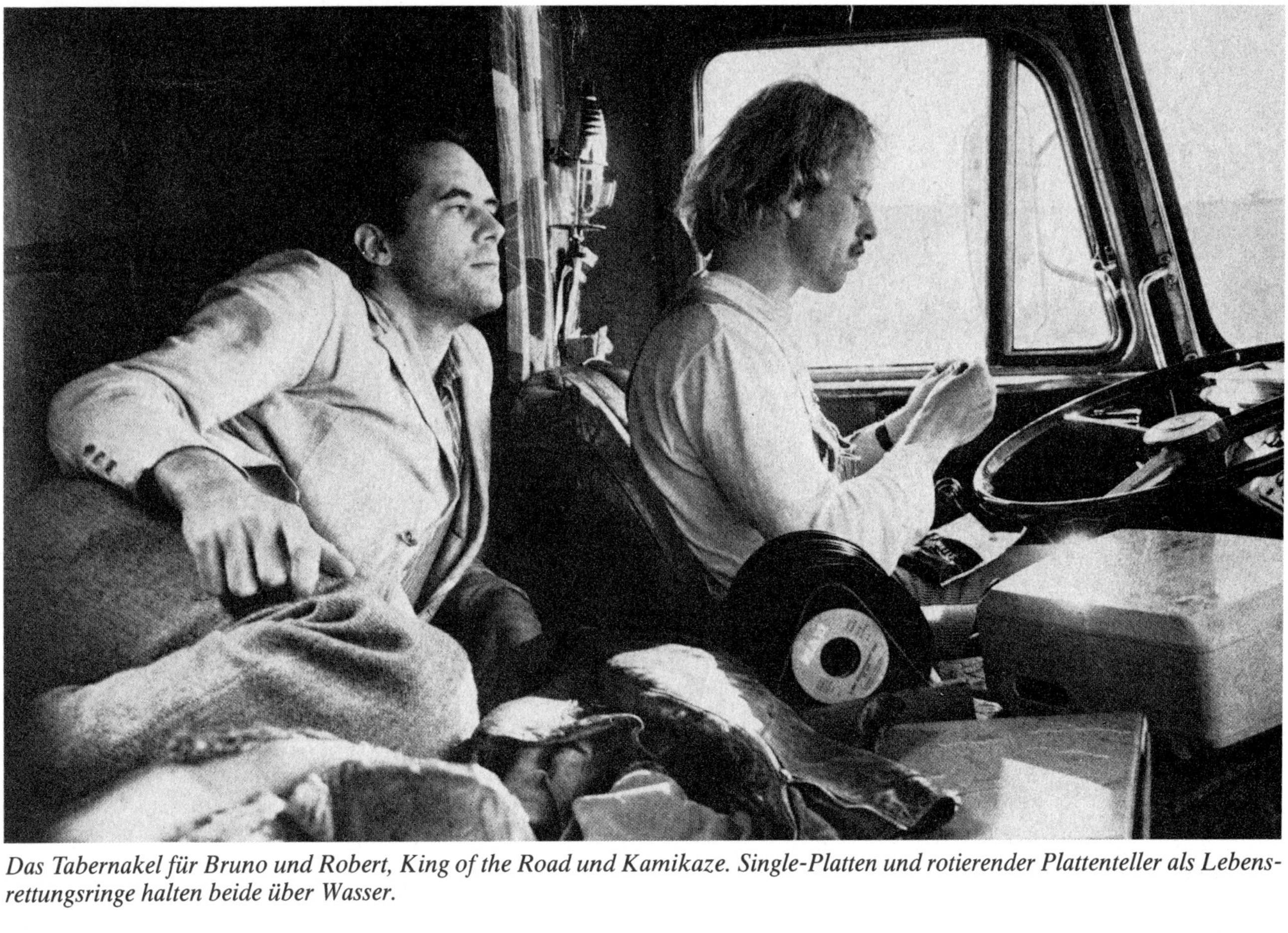

*Das Tabernakel für Bruno und Robert, King of the Road und Kamikaze. Single-Platten und rotierender Plattenteller als Lebensrettungsringe halten beide über Wasser.*

# Western

Männer mit breitkrempigen Hüten betreten den Saloon. Im großen Spiegel hinter der Theke sieht man ihre Colts an den Hüften baumeln. »Könnten Sie wohl etwas Whisky entbehren?«

Die Spannung löst sich erst, als der Barkeeper die Flasche aus dem Regal nimmt und die gefüllten Gläser über die blitzblanke Theke auf die Empfänger zuschießen läßt.

Eine Szene aus dem Western *Yellow Sky*: eines der vielen Rituale, von denen der Western lebt.

Neben dem Trinkritual, bei dem der Whisky durch die rauhen Kehlen fließt, gibt es andere Rituale wie das Schießen, Pokern, Reiten, das Ankommen und Verschwinden von Helden. Flucht und Verfolgung. Schlägereien, das Ächzen und der dumpfe Aufprall der Fäuste. Ritualisiert ist auch die typische Art, wie der Westerner vom Pferd steigt, wie er einer Frau begegnet.

Die sparsamen Dialoge, vor allem davon abgeleitete Männer-Sprüche (»*Ein Mann muß* sterben, wie er gelebt hat«), die im Alltag weitererzählt werden. »Wie soll ich einem Mann trauen, der nicht einmal seinen eigenen Hosen traut?« fragt Henry Fonda in *Spiel mir das Lied vom Tod*.

Am Abend vor dem aussichtslosen Duell in *Warlock* besucht Richard Widmark eine Frau, birgt seinen Kopf in ihrem Schoß. »Was willst du, Johnny, das ganze Leben in einer Nacht?«

Das Schießritual besteht nicht nur aus dem Showdown, es beginnt mit einer Kette von Verrichtungen, Vorübungen, eigenen Ritualen. Dem Wirbeln der Colts um die Finger des Gunfighters, den Schießübungen auf hochgeworfene Blechbüchsen, dem Ausschießen einer Kerzenflamme. »So wie Sie wahrscheinlich Fingerübungen am Klavier machen, Ma'am, so mache ich täglich Fingerübungen mit dem Colt«, erklärt der Marshall einer Lady in *Warlock*.

Die Waffe wird zum eigenen Kultgegenstand. Die Kamera zeigt sie in einem kurzen Zwischenschnitt in Großaufnahme, kultisch sind die typische Art, wie einer sein Schießinstrument trägt, und das Waffenputzen . . . In einem Film wie *Winchester 73* wird die Waffe selbst zum Thema.

Ehe Rituale zu Stereotypen verkommen, werden sie vom Regisseur noch verändert und variiert. Der Spaß für den Zuschauer besteht dann nicht in der Wiedererkennungslust, sondern im Registrieren der Abweichungen: So wenn James Stewart in *Destry Rides Again* als Hilfssheriff im Ort mit einem Vogelbauer ankommt und ihm der Böse den Colt nicht abnehmen kann, weil er unter der Jacke gar keinen trägt. Oder wenn Regisseur Budd Boetticher am Beispiel seines Films *Seven Men from Now* erläutert, wie er die Variation eines Showdown inszeniert: »In diesem Film sah man Scott nie seinen Colt ziehen. Lee Marvin ist der schnellste Schütze, den ich kenne. Das einzige, was man tun konnte, war, von Scotts Standpunkt aus zu zeigen, wie Marvin zieht. Dann folgte eine Einstellung von Scott; man hörte den Schuß, aber man sah keinen Rauch: Scott hatte gar nicht gezogen, sondern hielt den Revolver bereits in der Hand.«

Kulte funktionieren über geheime Zeichen, Chiffren, die nur Eingeweihte »verstehen«. Charakteristische Details verraten mehr über eine Figur als ihr Verhalten: das heruntergezogene Augenlid Jack Elams, der staksige Gang Gary Coopers, das rosarote Hemd und der Gürtel von John Wayne, das Zähnefletschen Burt Lancasters, die gehässige Lache Dan Dyreas oder das wiehernde Lachen Richard Widmarks vor dem tödlichen Schußwechsel. Der stets unrasierte Walter Brennan, der Zigarillo im Mundwinkel Clint Eastwoods, Joel McCrea, der immer auf einem zu kleinen Pferd reitet.

Neben personenbezogenen Details setzen immer wiederkehrende Handlungsmuster und atmosphärische Bilder wichtige Akzente:

wenn der Barbier den Helden gerade einseift und in diesem Moment schon feststeht, daß er ihn nicht zu Ende rasieren wird,

wenn der Klavierspieler im Saloon schlagartig sein Geklimper unterbricht,

wenn die Menge zurückweicht und sich zwischen den Kontrahenten eine Gasse bildet.

»Was, du willst nicht mit mir trinken?« Machtmechanismen werden ausprobiert, die große Auseinandersetzung eingeübt oder gleich entschieden.

Lichteffekte und Geräusche schaffen intensive Stimmung:

das gleißende Strahlen der Sonne, wenn sich die Helden durch die große Salzwüste schleppen,

das auch tagsüber diffuse Licht, das die Prärie erhellt,

das Zischen der Flamme, wenn der Held sein Streichholz anreißt,

Grillenzirpen, Hundegebell,

das Klicken des Revolverhahns, das Drehen der Colttrommel,

das Sirren der Querschläger, die sporenklirrenden Stiefel,

die Symphonie aus Geräuschen, wenn Spiegel zerspringen, Flaschen zerbrechen, das Mobiliar zertrümmert wird.

Rituale gibt es auch in unserer Gesellschaft, im Western verweisen sie immer auf den autarken Helden, der sich in einer Inselsituation befindet, der keine Erklärung nötig hat. Er braucht keine Kompromisse einzugehen, muß keine Steuererklärungen abgeben oder Strafzettel bezahlen — der Westerner verwirklicht sich restlos in seinen Handlungen.

Neben den Ritualen, die sich im Verlauf der Filmgeschichte herausgebildet haben und die mit dem historischen Western nur noch wenig zu tun haben, enthält schon der Stoff, aus dem Western gemacht sind, kultische Elemente. Denn das Thema des Western ist die Geschichte der Besiedlung Amerikas, die er in einer Trivialfassung zeigt: als Volksstück, Moritat, Entertainment.

Wurde bei der Eroberung des *far west* ein Traum zur Realität, so ist diese Realität durch die ständige Reproduktion längst wieder zum Traum geworden.

Geblieben sind die einzelnen immer wiederkehrenden Motive: Rache, Rancher, Cowboys und Viehherden, Goldrausch, Indianerschlachten, Eisenbahnbau und die Desperados, die als Antihelden den Sheriff provozieren!

In welchem Umfang amerikanische Mythen den Westernkult beeinflußt haben, hat Leslie A. Fiedler untersucht. Im 17. Jahrhundert bildete sich der »Mythos von der Liebe in den Wäldern« (Fiedler) nach der Liebesaffäre zwischen der Indianerprinzessin Pocahontas und Kapitän John Smith, der 1607 mit drei Schiffen in Virginia landete.

Die Liebe des weißen Mannes zur dunkelhäutigen Frau bedeutete das Ausleben erotischer Wunschvorstellungen. Der Mythos steht als Symbol für die Flucht des Mannes vor der puritanischen weißen Frau, die er aus der alten Welt mitgebracht hatte. Neben dem exotischen Reiz besaß die Liebe zwischen Trapper und Squaw praktische Vorteile. Man konnte das Mädchen für ein paar Gewehre kaufen und ohne Skrupel wieder verlassen.

Westernregisseure haben dieses Thema immer wieder aufgegriffen und variiert, Howard Hawks in *The Big Sky*, einem lyrischen Prärie-Western über die Erforschung des Missouri durch eine Handvoll Trapper und Jäger, die eine schöne Indianerin mit sich führen, oder King Vidor in *Duel in the Sun*, der die Haßliebe zwischen einem weißen Amerikaner und einem Halbblutmädchen schildert. »Im Western kann man leicht die Leidenschaft und die Gewalttätigkeit darstellen, und das sind Dinge, die mich interessieren.« Das sagte Anthony Mann, einer der neueren kultverdächtigen Regisseure des Genres, von dem Jean-Luc Godard behauptete, er habe den Western neu erfunden.

Der Western stellt seinen Helden in menschliche Ursituationen. In einem »natürlichen« Szenarium wird er konfrontiert mit Hunger, Haß, Rache, Durst, Gewalt, Leidenschaft und Hysterie. Der Grausamkeit und Zerstörungskraft sind im äußersten Fall nur die Grenzen des Rituals gesetzt.

Wie kein anderes Genre erlaubt der Western dem Zuschauer im Dunkel des Kinos das ungehinderte Ausleben von im Alltag tabuisierten Rachegelüsten.

Western sind auch Verkleidungsspiele. Über den Film wurden Moden in den Alltag übernommen: breitkrempige Hüte, Cowboystiefel, Mokassins, Fransenhemden, Westernwesten und Blue jeans — die Kleidung der Indianer und Westerner wird besonders im Karneval imitiert. Westernszenen als kultische Versatzstücke werden außerhalb des Films mit Vorliebe von der Konsumwerbung eingesetzt.

Der Westernkult ist grenzenlos. Alle Schichten und Klassen sind für ihn anfällig. Besonders Intellektuelle: Für Menschen mit einem Mangel an physischer Kraft und radikalem Denken scheint er eine ideale Kompensationsmöglichkeit.

Weil der Western tot ist, verklärt der Kult die alten Helden und Filme. Wie in keinem anderen Genre hat im Western die Legende die Wirklichkeit überwuchert. Schließlich ist die Legende zur Wirklichkeit geworden. Nach dem Tod von Ford und Hawks schien auch der Western tot. Doch die Leichenfledderer sind am Werk. Aus den Leichenteilen setzen sie Dirty Western zusammen, die für eine neue Zombie-Kinogeneration wieder zum Kult werden.

Vor dem Hintergrund der Tatsache, daß die verworrene und blutige Aufbruchsphase Amerikas weniger glorreich war als im Kino beschrieben, erweist sich der Mythos des Westens als einer, der den Widerspruch zwischen Wunschtraum und Realität aufzuheben versucht.

# Kultfiguren

**John Ford** hat den amerikanischen Traum mit erschaffen. Sein Werk stellt ein Reise in die Vergangenheit dar, in ein Universum, in dem Mensch, Tier, Natur und Gesellschaft noch eine harmonische Einheit bilden. Eine Welt zwar voller Konflikte, Leiden, menschlicher Tragödien, die aber im Prinzip in Ordnung ist.

Ford war katholischer Ire und Moralist, er liebte Amerika, seine Menschen, seine Landschaft und seine alten Ideale, die mehr oder weniger unbeschädigt in seinen Filmen weiterleben.

Sein Thema ist die Bewährung des einzelnen in der Gemeinschaft. Ford versuchte, den Western in die Zivilisation zu retten, ein Traum, über den die historische Entwicklung hinwegging, der aber so schön war, daß ihn Millionen weiterträumten.

Ford nahm für sich in Anspruch, den Westen so zu zeigen, wie er war, in Wirklichkeit hat er ihn aber als Filmlegende neu erstehen lassen. Seine historische Treue erstreckte sich allenfalls auf Kostüme und Dekorationen,

*John Ford (rechts) / John Ford mit Hoot Gibson. Dreharbeiten zu* <u>The Horse Soldiers.</u> *USA 1959*

schon bei den Ereignissen nahm er sich dichterische Freiheiten heraus, noch mehr aber bei der Darstellung der geschichtlichen Figuren — angefangen von Ringo und Wyatt Earp über General Custer bis zu Abraham Lincoln.

Ford schöpfte seine Kraft aus der Legende, sie wurde bestimmend für Stil und Inhalt seiner Werke. »When the legend becomes fact, print the legend« lautete sein Motto.

Seine Helden stehen in dem Konflikt zwischen Gemeinschaft und Gesellschaft, wobei Gemeinschaft Familie, Dorf, Heimat, die Geborgenheit des 19. Jahrhunderts meint. Musik, Tanz, geselliges Beisammensein, der Fluß der alltäglichen Ereignisse im Guten wie im Bösen sind entscheidende Rituale in seinen Filmen.

Gesellschaft bedeutet das, was danach kommt, Zerfall der Großfamilie, der persönlichen Beziehungen. Industrialisierung, Großstadtleben — das Amerika des 20. Jahrhunderts existiert bei ihm nicht.

Die behutsame Zeichnung der Charaktere läßt vergessen, daß Ford seine Personen bewußt in einen größeren gesellschaftlichen Zusammenhang gestellt hat. Es sind Menschen mit kleinen Schwächen und Ticks, keine Überhelden.

Fords Werk ist ein Glaubensbekenntnis für den Menschen, der bei ihm dominiert, auch wenn nur jene überleben, die sich den allgemeinen Interessen unterordnen, in den höheren Zielen der Gemeinschaft Fähigkeiten entfalten wie Tatkraft, Freundschaft, Opferbereitschaft.

Zugleich verehrt Ford alles Militärische: Soldaten, Kavallerie, Generale. Der Schutz durch das Militär bedeutete im Pionierleben der Siedler Sicherheit und war wesentlicher Bestandteil der Gemeinschaft.

John Ford ging nie psychologisierend an seine Themen heran. Trotzdem sind seine »einfachen« Geschichten mit Motiven, Konflikten und Symbolen überladen. In seiner Welt gibt es noch Gut und Böse, oben und unten, Hierarchien und Ordnungen.

Ford hat mit **Howard Hawks** eines gemeinsam: die Einfachheit der Stilmittel. Figuren, Handlung, Motive sind klar definiert, alles ordnet sich dem Fluß der Erzählung unter.

Hawks, der Ford persönlich kannte, hielt dessen Filme für großartigen Kitsch, er mochte sie aber trotzdem.

HAWKS: »Du mit deinem verdammt sentimentalen Zeug.«

FORD: »Ich weiß, aber ich kann einfach nicht so bösartig sein wie du.«

Die Gegensätze zwischen beiden sind grundsätzlicher

*Ein besonderer Wiedererkennungswert wird in Fords Filmen erzielt durch seinen festen Schauspielerstamm, die »Ford-Familie«. Er setzt seine Darsteller immer wieder in ähnlichen Rollen ein. Was anderen zum Klischee gerät, formt er zu Charakteren mit individuellen Zügen. / Rio Grande. USA 1950. Regie: John Ford*

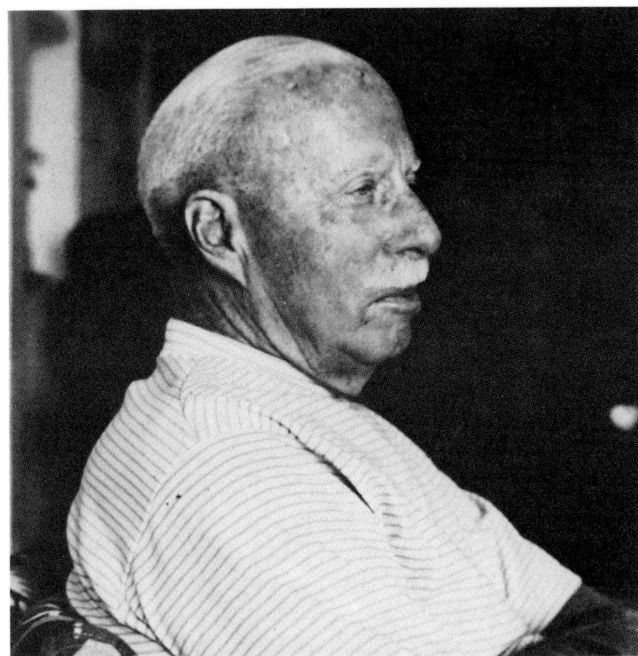

*Howard Hawks*

zu haben, macht es für ihn noch wichtiger, seine Pläne zu verwirklichen« (Howard Hawks in »Cahiers du Cinéma«).

Obwohl Hawks' Kino eine reine Männerwelt abbildet, spielen Frauen durchaus keine untergeordnete Rolle darin. Frauen haben gewisse maskuline Züge angenommen, Männer werden dagegen feminisiert. Manchmal scheinen die Frauen daher zu dominieren.

»Feathers (in *Rio Bravo*) verkörpert am klarsten die weibliche Überlegenheit in Hawks' Actionfilmen: Sie besitzt all die Hawksschen ›männlichen‹ Tugenden (Entschlossenheit, Mut, Professionalität und Stil) plus der ›weiblichen‹ (Wärme, Witz, Offenheit)« (Naomi Wise). Howard Hawks stimmte mit dieser Interpretation nicht ganz überein: »Meine Frauen sind nicht stärker als die Männer. Das sieht vielleicht so aus, weil meistens sonst in den Filmen schwache Frauen mit romantischen Neigungen vorkommen.«

Hawks mochte keine zickigen Frauen, mit »Löckchen, in Babyrosa und Blau. Ich mag ehrliche Mädchen, die geradeheraus sind . . . In meinen Western mag ich Herbstfarben, grün und braun. Alles, nur kein leuchtendes Rot und Blau. Das sind keine Western-Farben.«

Hawks war ein Sportsmann und Pokerspieler, ein Mystifikateur, der die Überraschung über alles liebte. In seiner Welt herrschten die ungeschriebenen Regeln des männlichen Ehrenkodex, es ging ihm um eine aristokratisch-demokratische Utopie, um individualistische Tugenden wie Aufrichtigkeit, Mut, Freundschaft, Zivilcourage. Bei ihm schienen Kino und Leben identisch.

**Budd Boetticher** verdiente sich seinen Lebensunterhalt als Matador in Mexiko, ehe er Filme machte. 1940 assistierte er Rouben Mamoulian bei dem Valentino-Remake »*Blood and Sand*«, einer Stierkämpfer-Ballade mit Tyrone Power.

Budd Boetticher drehte in den fünfziger Jahren eine Reihe von B-Western, die alle zu Kultfilmen wurden. Das Thema dieser Filme ist immer gleich: Ein Mann nimmt Rache. Boetticher: »Im Western gibt es keine Botschaft.«

Art. Ford ist Optimist, Hawks Pessimist, Ford feiert die Gemeinschaft, Hawks geht die individuelle Freiheit über alles.

Howard Hawks ist ein professioneller Entertainer, dem keine Philosophie wichtig genug wäre, um sie nicht einer spannenden Story zu opfern. Was nicht heißen soll, daß er nichts zu sagen hätte: »To me a western is gunplay and horses.« Wie bei Ford zeichnen sich auch bei Hawks die Figuren durch ihre unverwechselbare, nur ihnen eigene Haltung aus.

Hawks' Kino erzählt von Männerfreundschaften, aber auch von gewitzten, energischen Frauen. Es ist Action-Kino. Hawks: ». . . wenn einem wirklich Aktion gelingt, dann haben Sie auch sofort Gefahr.«

Hawks' Ideale entspringen einer amerikanischen Grundhaltung, die er schnörkellos auf sein Erzählkino überträgt. Große Worte bedeuten ihm nichts, Taten alles. Er war von jener kompromißlosen Männlichkeit, wie sie Hemingway in seinen Romanen beschrieben hat. Hawks könnte eine dieser Figuren gewesen sein.

John Wayne als Tom Dunson in *Red River* bleiben Niederschläge nicht erspart, doch er gibt nie auf; hart gegen sich selbst und seine Männer geht er seinen Weg unerbittlich zu Ende, auch auf die Gefahr hin, sich geirrt zu haben. Dieser Gefahr setzte sich auch Hawks immer wieder aus. Auch als es Gary Cooper abgelehnt hatte, die Rolle des Tom Dunson zu übernehmen, weigerte sich Hawks, die unsympathischen Züge der Figur zu mildern — so bekam Wayne seine Chance.

Im Gegensatz zu Ford interessiert sich Hawks für die psychologischen Motive seiner Helden: »Dunson ist der Mann, der einen schweren Fehler gemacht hat und die Frau, die er wirklich liebte, durch seinen Ehrgeiz und seinen alles dominierenden Drang nach Landbesitz verloren hatte. Das Bewußtsein, einen Fehler begangen

*Budd Boettichers Dokumentarfilm über den mexikanischen Torero Carlos Arruza. USA/Mexiko 1959/1968*

Boetticher liebte die ganz einfachen Landschaften, die Wüste, die Felsen. In seinen Filmen bevorzugt er die Totale, Großaufnahmen gibt es selten.

Es sind Filme von optischer Kühle, die das Genre auf seine archaischen Grundstrukturen zurückführen. Als pure Handlungswestern scheinen sie auf jede psychologische oder symbolische Überhöhung zu verzichten. In ihnen kündigt sich das Ende des ethischen Western an — Django und die Kopfgeldjäger sind nicht mehr fern.

Ein einsamer Reiter ist unterwegs auf der Suche nach den Mördern seiner Frau durch labyrinthische Felsformationen, über endlose Steppen. Seine Züge sind von der kantigen Strenge des Einzelgängers, der keine Bindung eingeht. Es ist Randolph Scott. Es beginnt ein Spiel mit verteilten Karten, bei dem Scott seine Gegner möglichst lange über seine Absichten im unklaren läßt.

Nach dem letzten Showdown reitet er in die Tiefe des Bildes einem fernen Horizont entgegen.

Es sind Filme, die etwas von der absurden Situation ahnen lassen, in der sich der Westernheld befindet. Sie handeln von individueller Freiheit, doch fehlt ihnen eine aufgesetzte Moral.

Der Held beweist seine Identität im Spiel mit dem Tod.

Die Männer des Western wurden gewalttätig, müde, gingen auf Krücken oder fielen in den Dreck — aber die Totgesagten ritten weiter.

Der letzte Schuß fiel in Italien. »Wenn jemand bei Ford aus einem Fenster schaut, blickt er in eine friedliche Landschaft. Bei mir bekommt er eine Kugel zwischen die Augen« (**Sergio Leone**).

Leone stilisierte den Western zu einem opernhaft kultischen Ritual. **Sergio Corbucci** erfand *Django*.

Der Held mit dem Sarg wurde von der 68er Jugend angenommen, weil seine Gestalt dem anarchistischen Klima entsprach. Der alte Western war tot, Ehre ein verstaubter Begriff, es ging um die Macht der Konzerne, um knallharte kapitalistische Interessen. Django, schlammverschmiert, einen Sarg hinter sich herschleifend, schloß sich keiner der Parteien (Konzerne) an. Es ging nicht mehr um Gut oder Böse, sondern nur noch um die Moneten und ums nackte Überleben.

Django siegt am Ende nicht, weil er tapferer, sondern listiger, einfallsreicher ist: In seinem Sarg hat er ein Maschinengewehr versteckt.

Weniger durch schnelles Ziehen als durch Bauernschläue erobert der Held die Gunst des Publikums. Nicht der bessere Mann gewinnt, sondern der mit den moderneren Waffen.

Keine verlogene Moral belastet diese Filme, sie schlagen das System mit den eigenen Methoden — daher kommt ihre befreiende Wirkung.

In *Il Grande Silenzio* (1968) geht Corbucci noch einen Schritt weiter. Silenzio, der Stumme, killt für Geld die Kopfgeldjäger. Ein »sauberes« Geschäft, das erst dann nicht mehr aufgeht, als er sich einen idealistischen Rückfall erlaubt. Das böse Ende dieses Films ist zynisch, aber eindeutig motiviert. Eiskaltes Töten wird durch juristische Klimmzüge legalisiert, wer sich nur den Hauch von Humanität erlaubt, geht kaputt.

Der Edelwestern bestach durch seine ungebrochenen Helden und seine geschlossene Form, aus dem klassischen Western war der Spätwestern hervorgegangen, aus dem Edelwestern der Dirty Western: »Verlorene Sachen werden auf der Gasse ausgerufen.«

Typisch für den Spätwestern ist die offene Form, sein gebrochenes Heldentum, sein aufkommender Hang zur Gewalt. Man spürt Herbst, Melancholie. Er spiegelt den Verfall einer Gattung, zeigt einen Frontier-Western, der an die Grenzen des Western selbst stößt. Nicht zuletzt, daß er Naivität durch Intellektualität ersetzt, sichert dem Spätwestern **Sam Peckinpahs** seine Kultgemeinde.

John Ford hatte den Mythos vom Western einst liebevoll und mit Akribie errichtet. Nun ging Peckinpah daran, diese Legende radikal zu demontieren, indem er aufzeigte, wie gesellschaftliche und technische Veränderungen den Westen in etwas anderes zu verwandeln begannen.

Den Einbruch der Zivilisation in den Westen machen

*Sam Peckinpah*

*Randolph Scott / <u>Riding Shotgun.</u> USA 1954. Regie: André de Toth*

bereits in seinem frühen Spätwestern *Ride the High Country* (1962) die Details deutlich. Drei Helden brechen im Herbst zu einer letzten Reise auf. Der ehemalige Westernheld Randolph Scott verkleidet sich als Schießbudenbesitzer, man sieht Autos und Fahrräder in den Straßen, der alternde Joel McCrea schlägt zwar noch eine passable Rechte, hat aber Mühe, aufs Pferd zu kommen. Ein Pferd — Symbol des Westens schlechthin — verliert bei einer Volksbelustigung ein Rennen gegen ein Kamel.

Nichts mehr ist im Western so, wie es einst war.

In den späteren Arbeiten Peckinpahs werden Gewalt und Sterben seine zentralen Themen. Anstatt aufzugeben, rennen die Männer in *The Wild Bunch* brüllend in den Tod. »Was ist die Motivation eines Mannes, der Berufssoldat oder Outlaw wird? Ich glaube, es war immer schon sein Hang zur Gewalt, eine tiefe Liebe, die mehr zählt als alle Verlockungen durch Geld, Frauen oder andere Leidenschaften« (Sam Peckinpah).

Billy the Kid endet wie ein Gekreuzigter. Tod als Auflehnung, Selbstaufgabe oder letzte Selbstfindung.

Sam Peckinpah hält sich selbst für den letzten Outlaw.

*Audy Murphy /* The Kid from Texas. *USA 1949.*
*Regie: Kurt Neumann*

**Randolph Scott** ist eine Gestalt der Ruhe und Gelassenheit. Er wirkt wie einer, der Schweres durchgemacht hat, den das Schicksal hart getroffen und hart gemacht hat. Scott ist der »einsame Fremde«, ein Geisterreiter von fast unmenschlicher Ausstrahlung, weil von seiner privaten Existenz kaum etwas zu spüren ist. Ein Einzelgänger, dessen Wunsch nach Isolation sich sogar in seiner sozialen Rolle als Sheriff zeigt, wenn er sich selbst in die Gefängniszelle einschließt, um Ruhe zu haben.

Er ist aber zugleich der Rastlose, ein geheimnisvoller Reiter, der von irgendwoher kommt und irgendwohin verschwindet.

»Der Mann auf der Flucht unser aller Leitbild: Modell all der antiheroischen Helden, die den Westen immer weiter in den Westen verlegten, weil sie weder zu Revolutionären geboren waren noch sich anpaßten, da sie weder das väterliche Erbe antraten und sich als Siedler niederließen noch ihre Väter umbrachten und die Macht des Staates herausforderten, sondern lieber in den Westen zogen, und das heißt von zu Hause fortrennen. Westwärts ziehen bedeutet in Amerika, den Umkreis der Frau zu verlassen . . .« (Leslie A. Fiedler).

**Audie Murphy** spielte erstmals 1950 in einem Western: *The Kid from Texas.* Als »Billy the Kid« war er wegen seines knabenhaften Wuchses beispielhaft besetzt.

Murphy war als Amerikas meistdekorierter Offizier aus dem Zweiten Weltkrieg heimgekehrt, ehe er seine Karriere als Westerner begann. Innerhalb weniger Jahre stieg er zum gefeiertsten Kultstar des B-Western auf. Hinter seiner kindlich-jungenhaften Erscheinung verbarg sich ein eiskalter Killertyp, vergleichbar dem Babyface-Killer im Gangsterfilm. Nur, daß Audie Murphy ein positiver Held war.

Murphy überrumpelte seine Filmgegner durch grenzenlose Todesverachtung und Virilität. Sein Erfolgsgeheimnis: Er war festgelegt als Kontrastfigur zu im Lauf der Zeit gereiften Westernhelden wie »Duke« John Wayne oder Gary Cooper.

**Fuzzy.** Der komische Kauz mit dem Kaugummigesicht zählte zu den Antitypen des Western. Struppig, verkniffen, mit quäkender Stimme und urigen Faxen trickste er die Gegner aus: Sie schlugen sich meist gegenseitig k. o., und Fuzzy war der lachende Dritte. Eine Slapstick-Figur, erheiterte er seine Fans mit Blödeleien und dummen Sprüchen. Ob zu Pferd, zu Fuß oder selbst auf dem Fahrrad — noch im Fallen stellte er den Schurken ein Bein, ließ er sie listig in die Falle stolpern. Zwar war der verwitterte Alte im Reiten nicht der Schnellste und blieb auch mal mit seinem verwilderten Bart in einem Baum hängen, trotzdem rettete er die aufrechten Helden mit Hinterlist und Wendigkeit aus manchem Hinterhalt.

Al »Fuzzy« St. John, ursprünglich eine Nebenfigur in Western-Serials der vierziger Jahre, jagte gemeinsam mit den Sheriffs oder mit Billy the Kid (!) Viehdiebe, Postkutschenräuber und böse Banditen. Seine wachsende Popularität ließ ihn bald zum eigentlichen Helden dieser Serien werden.

*Fuzzy (Al St. John)*

# Stagecoach

John Ford und Drehbuchautor Dudley Nichols über diesen Film:

*N: »Wir lieben diesen Stoff besonders, weil er gegen alle Vorschriften der Zensur verstößt.«*

*F: »Es gibt keine einzige anständige Figur in dem Film. Der Held tötet drei Kerle.«*

*N: »Die Heldin ist eine Prostituierte.«*

*F: »Nicht zu vergessen der Bankier, der seine eigene Bank ausräumt.«*

*Die Inselsituation: Eine kleine Gruppe von unterschiedlichen Individuen wächst auf einer Reise im Augenblick der Gefahr zu einer Gemeinschaft zusammen. Persönliche Motive müssen zurücktreten vor dem kollektiven Wunsch, sich zu bewähren und zu überleben. Die Personen von links: Sheriff Curly, Hatfield, Peacock, Mrs. Mallory, Dallas, Ringo.*

*Stagecoach* ist eine Reiseerzählung aus dem »wilden« Westen. Stagecoach ist auch ein Gesang auf den Geist der Gemeinschaft.

Eine Kutsche kommt auf der staubigen Dorfstraße von Tonto an, Koffer werden abgeladen, die Pferde gewechselt. Nacheinander stellt der Film die einzelnen Reisenden vor: die blasierte Mrs. Mallory, hochschwanger unterwegs zu ihrem Gemahl; den betrügerischen Bankier Gatewood mit 50 000 unterschlagenen Dollars im Köfferchen; den hemdsärmeligen, ewig besoffenen Doc Boone, der in klassischen Zitaten redet; den eleganten Spieler Hatfield; Dallas, die Hure mit Herz, von den spießigen Vogelscheuchen der Frauenliga aus Tonto vertrieben; den ängstlichen Whiskyvertreter Peacock; Sheriff Wilcox auf der Jagd nach einem flüchtigen Verbrecher, ein Mann, der das »Auge des Gesetzes« auch einmal zudrückt. Unterwegs steigt der vom Sheriff gesuchte Ringo zu, in dem man den jugendlich schmalgesichtigen John Wayne erkennt, der noch nichts von den martialischen Zügen und der massigen Gestalt des späteren Western-Giganten ahnen läßt.

*Stagecoach* enthält mehrere Motive und sich überschneidende Handlungsebenen — Rache, Showdown, Gefahr von außen, und die inneren Konflikte der Reisegesellschaft, den Überfall der Apachen, die Verfolgungsjagd, die Liebesgeschichte.

Ford verläßt sich auf die klassisch einfache Bildsprache des Films — die Kamera am Boden, über die die Kutsche hinwegsaust, das weite Land in der Totale und sehr sparsame Überblendungen.

Im Verlauf der Reise entfalten die einzelnen Personen Eigenleben, werden die Besonderheiten ihres Charakters deutlich. Das Ziel von Fords innengeleiteten Figuren heißt Selbstverwirklichung. In der Gefahrensituation wachsen sie über sich hinaus oder entpuppen sich als Schwächlinge. Alle Figuren haben ihre Fehler und Makken, es gibt keine eindeutig »Guten« und »Bösen«, doch wird deutlich, wie Ford seine Sympathien verteilt hat. Er hält es mehr mit den Unterpriviligierten und Außenseitern, weniger mit der bürgerlichen Seite, bei der solidarisches Verhalten nur schwach ausgeprägt ist.

Fords Figuren können ihre Herkunft vom Trivialroman nicht leugnen, sind aber so detailreich und liebevoll gezeichnet, daß sie zu frischen und sehr lebendigen Menschen werden, die Spannung und Farbe in seine Schwarzweiß-Filme bringen.

Nebenfiguren werden zu Hauptfiguren. Ford selbst könnte eine Nebenfigur in seinen Filmen sein. Da er mit einem festen Stab von Schauspielern arbeitete, bekamen neben den Hauptstars John Wayne und Henry Fonda besonders immer wieder auftretende Nebenfiguren wie John Carradine, Ward Bond oder Victor McLaglen für den Zuschauer einen hohen Identifikationswert.

**Stagecoach** (Höllenfahrt nach Santa Fé/später: Ringo)
USA 1939. United Artists
*Regie* John Ford   *Drehbuch* Dudley Nichols, nach der Story »Stage to Lordsburg« von Ernest Haycox   *Kamera* Bert Glennon   *Musik* Richard Hageman, W. Franke Harling, John Leipold, Leo Shuken, Louis Gruenberg, nach 17 amerikanischen Volksliedern aus der Zeit um 1880
*Second-Unit-Director* Yakima Canutt
*Darsteller* John Wayne (Ringo Kid), Claire Trevor (Dallas), John Carradine (Hatfield), Thomas Mitchell (Dr. Josiah Boone), Andy Devine (Buck Rickabaugh), Donald Meek ( Samuel Peacock), Louise Platt ( Lucy Mallory), George Bancroft (Sheriff Curly Wilcox), Tim Holt (Lt. Blanchard), Berton Churchill (Henry Gatewood), Tom Tyler (Hank Plummer), Chris Pin Martin (Chris), Elvira Rios (Yakima), Francis Ford (Billy Pickett), Narga Daighton (Mrs. Pickett), Kent Odell (Billy Pickett jr.), Yakima Canutt (Kavallerie-Scout), Chief Big Tree (Geronimo)

Sheriff Wilcox begleitet eine Reisegesellschaft, die mit der Postkutsche von Tonto nach Lordsburg fährt. Gefahr droht von Geronimo und seinen Apachen. Unterwegs steigt der Bandit Ringo zu und wird vom Sheriff festgenommen. Die Reise der bunt zusammengewürfelten Gruppe führt durch die Prärie und das Monument Valley.

In Apache Wells kommt eine der beiden Mitreisenden nieder. Ringo verliebt sich in Dallas, ein Mädchen, das wie er keinen guten Ruf hat. Schließlich erfolgt der Angriff der Apachen, und es kommt zu einer wilden Verfolgungsjagd. Die Rettung bringt die im letzten Augenblick eintreffende Kavallerie.

Ringo begleicht in Lordsburg eine alte Rechnung und fährt mit seinem Mädchen auf einem Zweispänner in eine bessere Zukunft.

*Der Feind von außen: Die Apachen erwarten in Angriffsstellung die Kutsche der Reisenden. Erst in einem seiner letzten Filme, <u>Cheyenne Autumn</u>, hat sich Ford differenziert mit den Indianern — ihrem Leiden, ihrer Unterdrückung — auseinandergesetzt. In <u>Stagecoach</u> spielen sie die Bösen, dienen sie wie in fast allen Western als folkloristische Staffage, die »guten« Weißen in um so helleres Licht setzend.*

*Der Hintergrund gibt Fords Filmen emotionale Kraft und Tiefe. Das Monument Valley, einst ein Meeresboden, ist mit seinen rötlichen Felsformationen eine unvergleichliche Landschaft. Seine kahlen Berge ragen wie Urweltknochen empor, erinnnern an mythische Ferne, Männlichkeit, Heldendenkmäler. Sie symbolisieren die Themen von Fords Spätwerk: Vorbild, Pflicht, Tod. Der Weg der Kutsche und der Reiter gräbt sich wie eine Wunde in die nackte Landschaft.*

# Duel in the Sun

Der Western als Melodram, ohne lakonisch-siegreichen Gunfighter und ohne Happy-End.

Ein Mann und eine Frau schleppen sich in karstig-öder Gebirgslandschaft aufeinander zu, legen an und erschießen sich gegenseitig. So finden sich die Liebenden in einer letzten Umarmung im Tod vereint.

Produzent Selznick wollte *Gone With the Wind* als Western in Szene setzen. Seine Frau Jennifer Jones, als Heilige mit *The Song of Bernadette* bekannt geworden, sollte die glutäugige Überraschung werden. Herausgekommen ist die Legende vom wilden Leben und der tödlichen Leidenschaft. Das klassische Szenario des Western bleibt erhalten, doch die Figuren sind romantisch verkitscht. Whisky fließt in Strömen, es wird geritten und geschossen.

Gregory Peck als der abgrundtiefe Finsterling sprengt Züge in die Luft, jagt jedem eine Ladung Blei zwischen die Rippen, der sich ihm in den Weg stellt, und nimmt sich das schöne Mädchen, weil »es ihm gehört«.

Als der Böse ist Peck so gut, daß die Identifikation mit ihm stattfindet und nicht mit dem sanften Joseph Cotten. Peck verkörpert den Traum vom hemmungslos ausgelebten Leben. Gregory Peck: »Ich war ein sehr schlechter Junge. Ich mußte den Zug in die Luft sprengen, alles aus einiger Entfernung beobachten und dann davonreiten, wobei ich laut zu singen hatte ›I've been working on the railroad‹.«

Da der krampfhafte Versuch, den Erfolg von *Gone With the Wind* zu wiederholen, scheitern muß, wirkt der ganze Film wie doppelt belichtet. Diese Irritation hat zu seinem Kultwert wesentlich beigetragen.

Tödliche Ladys wie Pearl Chavez kannte Hollywood nur in seiner *Schwarzen Serie, Duel in the Sun* adaptierte diese Figur aus einem anderen Genre und erschütterte damit die festgefügten Vorstellungen von den Beziehungen der Geschlechter im Western. Eine farbige Frau von exzessiver Wildheit, die ihren Geliebten sogar zum Mörder werden ließ, warf einen dramatischen Schatten auf das bisherige Frauenbild im Western.

Das Thema des Films wurzelt tief in der Geschichte Amerikas (Fiedler: »Mythos von der Liebe in den Wäldern«). Der Amerikaner weißer Hautfarbe sieht zwar auf die dunkelhäutige Frau herab, begehrt sie jedoch heimlich, verfällt ihrer exotischen Sinnlichkeit — denn sie verspricht über die sexuelle Erfüllung hinaus Befreiung von den Zwängen christlicher Moral.

**Duel in the Sun** (Duell in der Sonne)
USA 1946. Selznick
*Regie* King Vidor  *Drehbuch* David O. Selznick  *Adaptation* Oliver H. P. Garrett, nach der Novelle von Niven Busch  *Kamera* Lee Garmes, Hal Rossen und Ray Rennahan  *Musik* Dimitri Tiomkin
*Darsteller* Jennifer Jones (Pearl Chavez), Gregory Peck (Lewt MacCanles), Joseph Cotten (Jesse MacCanles), Lionel Barrymore (Senator MacCanles) Lillian Gish (Mrs. MacCanles), Herbert Marshall (Scott Chavez), Tilly Losch (Mrs. Chavez), Walter Huston (Prediger), Charles Bickford (Sam Pierce)

Das Halbblutmädchen Pearl Chavez, eine Waise, lebt bei seiner Tante Laura Belle, der Frau des Großgrundbesitzers MacCanles. Die beiden Söhne des Ranchers Lewt und Jesse kämpfen um Pearl. Jesse will sie heiraten, aber Pearl ist dem grausam herrischen Lewt verfallen.
Als Pearl sich mit einem Cowboy verlobt, schießt Lewt diesen nieder. Lewt muß fliehen und haust nun in den Bergen, trifft sich nachts aber immer wieder mit Pearl.
Nach dem Tode Laura Belles nimmt Jesse Pearl mit sich in die Stadt. Lewt verfolgt ihn und verwundet den Bruder bei einem Schußwechsel. Dann trifft Pearl Lewt ein letztes Mal in den Bergen.

*»Eine Legende, wild und rauh wie die Landschaft, in der sie spielte, aber zugleich wie aus Traum und Phantasie geboren . . . Die Leidenschaft, die sie zusammenführt, treibt beide in einen sinnlichen Paroxysmus . . . ihr Liebhaber wird ihretwegen zum Mörder . . . Das ewig populäre Thema der Liebenden, die nicht zusammenfinden können, fand in diesem Film eine grausame und wilde Variante. Romeo und Julia, Tristan und Isolde nahmen sich dagegen wie schüchterne Anfänger aus . . .« (Jean-Louis Rieupeyrout).*

*Lewt und das Halbblut Pearl verbindet eine Haßliebe, die die Konventionen des Western in den vierziger Jahren sprengte. Er sprach von Liebe immer nur als Abenteuer, übernahm die menschenverachtenden Vokabeln seines Vaters, der für Leute anderer Hautfarbe Abscheu empfand. Sie scheint dem Helden aus diesem Grund zwar unterlegen, doch der Schein trügt.*

# Johnny Guitar

Eine flammende Erzählung aus dem Westen. Ein Märchen, in dem der böse Wolf eine Frau ist (für François Truffaut ist der Film *La Belle et la Bête* des Western).
Es gibt kaum eine Totale, und doch ist es ein Film der Weite, die deutlich wird in der Kadrierung des Bildes. Jede Einstellung hat ihre Funktion, treibt das Drama weiter und vertieft es.
Als Vorposten einer puritanischen Männergesellschaft treten sich nun die Frauen gegenüber. Die Männer sind schwach, baden in Selbstzweifeln. Nur die Frauen kämpfen — wenn es um ihre Leidenschaften geht, überschreiten sie alle Grenzen.
Ein unerwartete Konstellation für einen Western. Johnny — der lakonische Fremde; Vienna — die gezeichnete Frau; Emma — die haßerfüllte Rivalin. Johnny hat es satt, ein Gunfighter zu sein, er will nicht länger mit der Pistole kämpfen, er sehnt sich nach Ruhe und wird damit zum lebenden Tod des Westernmythos.
Die Farben der Natur sind Braun, Grün und Ocker. Durch die Stille der Eingangssequenz dröhnen Explosionen. Damit ist das Motiv gesetzt: schöne Natur und Explosionen, sehnsüchtige Ruhe zwischen zwei Katastrophen. Der Saloon innen — blaustichige Bilder. Johnny in Braun, Vienna in Schwarz mit blauem Binder. Im weißen Kleid wie bei der Hochzeit wird Vienna am Abend vom Klavier weg an den Galgen geschleift. Nach der Flucht, als das Feuer ihren Saloon verzehrt, trägt sie ein leuchtendrotes Hemd. Von diesem Rot ist in ihrem Versteck bei Dancin' Kid nur noch das Halstuch — die Bluse strahlt nun gelb.
Schließlich durchschreiten Johnny und Vienna die weißen Wasserfälle, die ihre Vergangenheit abwaschen: Durch Feuer und Wasser gereinigt, sind sie nun gerüstet für ihr Happy-End.
*Johnny Guitar* wurde in dem mangelhaften, heute nicht mehr verwendeten Trucolor-Verfahren hergestellt, das die Bilder in eine phantastische Künstlichkeit taucht. Weil die Kopien des Streifens der Zeit nicht standhalten, wird der Film als Fundstück der Filmgeschichte im Lauf der Jahre an antiquarischem Reiz gewinnen, für Kultisten vergleichbar einem nicht mehr restaurierbaren Leonardo.
Kult ist Mode, ist der zweite Anzug, den Kritiker oder Intellektuelle einem Film verpassen. In Godards *Pierrot le Fou* überredet Belmondo sein Mädchen, sich mit ihm zum drittenmal *Johnny Guitar* anzusehen.
Der Film ist eine politische Parabel auf die McCarthy-Ära, eine feministische Halluzination, ein Musical, eine Love Story. Ingmar Bergman hat sich bei den Farben zu *Schreie und Flüstern* von *Johnny Guitar* inspirieren lassen.

*Früher ließ er seine Colts sprechen. Jetzt ist Johnny Logan zurückgekommen zu Vienna, der moralisch überlegenen, leidenschaftlichen Frau, um Frieden zu finden.*
*Eine unromantische Liebesgeschichte — und doch melodramatisch wie kein Western sonst.*

**Johnny Guitar** (Wenn Frauen hassen)
USA 1954. Republic
*Regie* Nicholas Ray   *Drehbuch* Philip Yordan, nach dem Roman von Roy Chanslor   *Kamera* Harry Stradling   *Musik* Victor Young; Song »Johnny Guitar« von Victor Young, Peggy Lee, gesungen von Peggy Lee   *Farbverfahren* Trucolor
*Darsteller* Joan Crawford (Vienna), Sterling Hayden (Johnny Guitar), Mercedes McCambridge (Emma Small), Scott Brady (Dancin' Kid), Ward Bond (John McIvers), Ben Cooper (Turkey Ralston), Ernest Borgnine (Bart Lonergan), John Carradine (Old Tom), Royal Dano (Corey), Frank Ferguson (Marshal Williams)

Vienna hat ihr Spielcasino dort erbaut, wo einmal die Eisenbahnlinie vorbeiführen soll. Nach Jahren kehrt der ehemalige Revolvermann Johnny Logan zu Vienna zurück, die ihn als Gitarrespieler engagiert.
Emma Small steckt mit dem Viehbaron McIvers unter einer Decke, der auf Viennas Grund und Boden aus ist. Emma ist auf Vienna eifersüchtig, denn sie liebt den Banditen Dancin' Kid, der aber Vienna begehrt.
Als Kid mit seiner Bande eine Bank ausraubt, wird Vienna der Kollaboration beschuldigt und soll gehängt werden. Im letzten Moment wird sie von Johnny gerettet. Sie fliehen, während der Spielsaloon in Flammen aufgeht, werden von der blutgierigen Meute gehetzt und in ihrem Versteck aufgespürt. Es kommt zu einem Revolverduell zwischen Vienna und Emma.

*Der »abgerüstete« Revolvermann spielt Gitarre.*

*In ihrer Mitte die Rivalin Emma, treten Viennas Verfolger wie schwarze Totenvögel auf. Ein an antike Göttersagen erinnernder Haß bringt die Männer einer ganzen Stadt dazu, Lynchjustiz zu üben.*

# The Tall T

Ein Western wie ein Pokerspiel. Randolph Scott wartet mit unbeweglichem Gesicht den einzig richtigen Moment zum Handeln ab.

Bei dem Satz »Es wird noch ein schöner Tag«, den er nach dem Finale zu Doretta sagt, ehe er weiterreitet, lachte das Publikum in New York jedesmal. Dabei meint dieser ironische Schlenker nichts weiter, als daß es mit dem Happy-End nichts wird; er ist Ausdruck des Gefühls der Vergeblichkeit, das diesen Film durchzieht. Obwohl es sich um einen typischen Boetticher-Western handelt, ist Scott einmal nicht auf der Spur seiner ermordeten Frau. Der hagere, hochgewachsene Randolph Scott mit dem blutleeren Gesicht und der tiefen Stimme war bereits seit Ende der zwanziger Jahre in Western aufgetreten, aber erst unter der Regie von Boetticher zu einer Kultfigur geworden.

Seine strengen Züge, ausdruckslos, von scharfen Falten durchzogen, zeigen den Archetyp des Westerners. Sie stehen für den zuverlässigen Helden voll Entschlußkraft, dessen Sensibilität sich hinter melancholischer Verschlossenheit nur ahnen läßt. Scotts Beschäftigungen sind Rache, Kampf (»töten, um nicht getötet zu werden«) und die Suche nach einem Ausweg in auswegloser Situation.

Nach Boettichers Konzept ist Randolph Scott kein wirklicher Held, und auch die Bösewichter, die ihm gegenüberstehen, sind so übel nicht. »Ich möchte, daß man in meinen Filmen die guten Seiten meiner Personen fühlt und das, was sie zu dem gemacht hat, was sie sind. Wenn sie nicht getötet würden (meistens werden sie es), könnten sie wieder zu einem normalen Leben zurückfinden.« Zwischen Pat und dem Banditen Frank besteht fast so etwas wie ein freundschaftliches Band. Einer ist das Spiegelbild des anderen. Frank fühlt sich Pat näher als seinen Spießgesellen, aber tragischerweise stehen sie auf verschiedenen Seiten des Gesetzes. Er träumt wie Pat von einer eigenen Ranch, einer Frau an seiner Seite, ist aber nicht bereit, auf das gestohlene Geld zu verzichten.

Ein Western wie ein Stierkampf. Die Rituale der Corrida werden streng eingehalten — nacheinander treten Picadores, Banderillos und der Matador auf. Nach der letzten Veronica bringt der Torero den tödlichen Degenstoß an, verneigt sich vor der Dame und verläßt die Arena. Randolph Scott ist kein Überheld, er bekennt in einem Gespräch seine Angst vor dem Tod, überwindet sie aber durch Haltung. Der Stolz verbietet es ihm, sich seiner Verantwortung als Kämpfer nicht zu stellen.

Der Außenseiter Budd Boetticher war einst der jüngste Regisseur Hollywoods. Er drehte lakonische Western, die sich ganz in Handlung auflösen, denen man die feinere Struktur an der Oberfläche nicht ansieht. Western pur, mit eleganten Helden in weiten Landschaften.

**The Tall T** (Um Kopf und Kragen)
USA 1957. Columbia
*Regie* Budd Boetticher    *Drehbuch* Burt Kennedy, nach einer Story von Elmore Leonhard    *Kamera* Charles Lawton jr.    *Musik* Mischa Bakaleinikoff
*Darsteller* Randolph Scott (Pat Brennan). Richard Boone (Frank), Maureen O'Sullivan (Doretta Mims), Arthur Hunnicutt (Ed Rintoon), Skip Homeier (Billy Jack), Henry Silva (Chink), John Hubbard (Willard Mims), Robert Burton (Tenvoorde)

Pat Brennan hat seinen Job auf der Ranch aufgegeben, um einen eigenen Besitz zu erwerben. Bei einer Wette verliert er sein Pferd. Sein Freund Rintoon nimmt ihn mit der Postkutsche mit. Unterwegs wird die Kutsche von drei Banditen überfallen. Die Räuber halten die Passagiere, unter denen sich ein frischvermähltes Paar befindet, fest. Sie versuchen, vom reichen Vater der Braut ein Lösegeld zu erpressen. Brennan hetzt die Banditen gegeneinander auf. Als sich der jüngste der Outlaws daran macht, die junge Ehefrau Doretta zu vergewaltigen, erschießt er ihn. Der letzte noch verbliebene Bandit kommt mit dem Lösegeld zu einer entlegenen Hütte, wo ihn Brennan und Doretta erwarten.

*Randolph Scott, Kultfigur der Boetticher-B-Western*

Boettichers Western spielen in wüstenartigen, kargen Prärie- oder Felslandschaften. Es sind Filme von optischer Kühle mit einer Vorliebe für die Totale.

# Rio Bravo

*Rio Bravo* ist ein traditioneller Western, der einen Grundmythos des Genres variiert: den Kampf einiger — scheinbar unterlegener — Außenseiter gegen einen übermächtigen Gegner.

Sheriff John Wayne gibt seinem ehemaligen Gehilfen Dean Martin eine Chance, sich der Flasche zu entwöhnen. Dean Martin war wegen einer verkorksten Liebesaffäre zum Trinker geworden. Seine Hand zittert noch eine Weile so sehr, daß der Sheriff ihm die Zigaretten drehen muß. Aber der Augenblick der Bewährung kommt, als die beiden Männer einen verletzten Killer in den Saloon verfolgen.

Dean Martin sagt zu John Wayne, er wolle diesmal durch den Vordereingang gehen, durch die Hintertür sei er als Säufer oft genug gekommen.

WAYNE: »Do You think you 're good enough?«

MARTIN: »I'd like to find out.«

WAYNE: »So would I.«

Dean Martin geht also durch die Vordertür, und John Wayne sichert den Hintereingang. Im Saloon sagt man ihnen, es sei niemand hereingekommen, aber Dean Martin bemerkt, wie von oben Blut in ein Bierglas tropft. Diese Szene hatte Hawks als Junge von acht Jahren gesehen und nie vergessen.

*Rio Bravo* ist Hawks' Antwort auf *High Noon*, den Durchhaltewestern zum Koreakrieg. Hawks fand unglaubwürdig an diesem Film, daß ein Sheriff um Unterstützung bitten muß, und noch merkwürdiger, daß man sie ihm verweigert. Hawks: »Das Ganze ist eher blöd von ihm, zumal sich am Ende des Films herausstellt, daß er seine Arbeit mit ein bißchen Glück und der Hilfe seiner Frau auch allein besorgen kann.«

*Rio Bravo* ist der Western als Kammerspiel. Seine Szenerie ist entweder das Gefängnis oder die nächtliche menschenleere Straße, durch die der Sheriff und sein Gehilfe ihren Rundgang wagen — hinter jedem Fenster, jeder Balustrade lauert Gefahr.

Wie alle Kultfilme ist *Rio Bravo* ein Film voll unterschwelliger Erotik, die aber mehr in den subtilen Männerfreundschaften als in der Liebesgeschichte zwischen dem Sheriff und der schönen Spielerin ihren Ausdruck findet. Sheriff Wayne hat Martin den Whisky nicht verboten, aber sicherheitshalber seine Revolver aufbewahrt. Er verhindert auch, daß Martin einen Dollar aus dem Spucknapf im Saloon fischt. Martin schlägt ihn dafür. Hilfe zu geben ist für rauhe Kerle leichter, als Hilfe anzunehmen. Aber jeder erhält seine Chance und damit auch die Möglichkeit, den Kopf aus der Schlinge zu ziehen,

*Hawks' doppeltes Spiel mit dem Mythos John Wayne:*

*Hier inszeniert Angie Dickinson als Frau mit Vergangenheit die »Entwaffnung« John Waynes, obwohl er in seinem Verhältnis zu Frauen nie die Waffen streckt.*

*Hier reißt Ricky Nelson, ein Rock 'n Roll-Sänger, dem Hawks einen Revolver in die Hand gedrückt hat, John Wayne aus der Verlegenheit, entwaffnet worden zu sein.*

*Zur eigentlichen Kultfigur des Films wurde Walter Brennan (rechts).*

der Schwache ebenso wie der Starke, der Krüppel und der Säufer.

Der eigentliche Kultstar des Films ist Walter Brennan als Stumpy, die Nebenfigur, die zur Hauptfigur wird. Er ist der verschrobene Alte, der ewig meckert und der kräht, man müsse wohl erst Trinker werden, ehe sich jemand um einen kümmere. Er erschießt um ein Haar versehentlich Martin, mault, daß er es Wayne nie recht machen könne, tut aber am liebsten das, was man ihm verbietet. Er klagt darüber, daß man ihn nie informiert, aber am Ende hat er die rettende Idee, die Banditen mit Dynamit auszuräuchern.

*Rio Bravo* ist auch ein Musikfilm. Das Warten auf den nächsten Angriff der *bad guys* vertreiben sich Dean Martin und Ricky Nelson mit ein paar Gesangsnummern.

Der Film, den die französische Filmkritik eines Tages zum besten Western aller Zeiten erklärt hat, ist in warmen Brauntönen gehalten wie nostalgische Erinnerungsfotos an eine Zeit, die nie wiederkehrt.

Howard Hawks drehte diesen klassischen Western, der eigentlich der erste Spätwestern war, zu einer Zeit, als der Begriff noch gar nicht erfunden war: Er psychologisierte seine Figuren, vermenschlichte sie und ließ damit auch »kaputte« Typen zu Helden werden, die die Haltung und der Geist der Professionals zusammenhält.

**Rio Bravo** (Rio Bravo)
USA 1959. Warner Bros.
*Regie* Howard Hawks    *Drehbuch* Jules Furthman, Leigh Brackett, nach einer Story von B. H. McCampbell    *Kamera* Russell Harlan    *Musik* Dimitri Tiomkin
*Darsteller* John Wayne (John T. Chance), Dean Martin (Dude), Ricky Nelson (Colorado Rayn), Walter Brennan (Stumpy), Angie Dickinson (Feathers), Ward Bond (Pat Wheeler), John Russell (Nathan Burdette), Pedro Gonzalez-Gonzalez (Carlos), Estelita Rodriguez (Consuela), Claude Akins (Joe Burdette), Harry Carey jr. (Harold), Bob Steele (Matt Harris)

Sheriff Chance verhaftet einen Mann namens Joe Burdette, der einen Unbewaffneten in der Bar niedergeschossen hat. Burdette ist der Bruder des mächtigsten Rinderbarons der Gegend, der nun mit seinen Gefolgsleuten die Stadt abriegelt, um Joe aus dem Gefängnis zu befreien. In dem ungleichen Kampf stehen der zahlenmäßig überlegenen Truppe des Ranchers nur vier Männer gegenüber: neben Sheriff Chance ein Trinker (und ehemaliger Meisterschütze), ein alter Krüppel und ein unerfahrener Junge. Zu ihnen gesellt sich eine junge Frau von zweifelhaftem Ruf, die das Häuflein der Unerschrockenen mit List und Mut unterstützt.
Es entwickelt sich ein mörderischer Kampf, der die Stadt für Stunden in Atem hält. Der Geist der Gemeinschaft bringt Chance und seinen Gehilfen am Ende doch den Erfolg.

# Il Grande Silenzio

*Il Grande Silenzio* ist ein Schnee-Western. In der Tiefe einer weißen Landschaft, vor einer grenzenlosen Totale hebt sich die schwarze Kontur eines Reiters ab. Ein Schwarm schwarzer Raben fliegt durch das Bild. Hinter schneeigen Büschen lauern Männer.

Schnee als Symbol der Kälte, des Todes.

Wie ein Böller zerreißt das Shooting plötzlich die Spannung. Verrenkte Gestalten am Boden, Blut tropft rot in das Weiß des Schnees. Blutgeld, Kopfgeld. Menschen werden abgeknallt wie Karnickel, ihre gefrorenen Leiber auf dem Dach der Kutsche gestapelt.

Ein Schwarzweiß-Film in Farbe.

Ein zentraler Ritus des Genres, die klaftertiefe Einsamkeit und Wortkargheit des Helden, wird in diesem Film bis zur physischen Deformation getrieben. Silenzio ist durch einen Schnitt in die Kehle stumm gemacht worden. Hoch und einsam auf seinem Pferd durch den Schnee reitend, jagt er die Kopfgeldjäger, speziell Locco: den sauber rasierten Blonden mit dem Kindergesicht; gold-gelb beleuchtet die Sonne sein glänzendes Haar. Loccos Lachen hallt hell durch das Tal.

Die formalistische Anwendung des Gesetzes erlaubt Töten als staatlich sanktioniertes Geschäft. Eine Leiche fünfhundert Dollar, eine farbige das doppelte. Locco: »Man muß ja für sein Alter vorsorgen.« Die übermäßige Akzentuierung des ökonomischen Aspektes gibt dem Grauen eine weitere Dimension.

*Silenzio (Jean-Louis Trintignant), der Stumme, verständigt sich durch Blicke. Sein Geschäft ist die Jagd der Kopfgeldjäger. Am Ende bringt er »das unnötige Opfer eines Menschen, der wahrscheinlich in lebendigem Zustand nützlicher gewesen wäre« (Corbucci).*

Ein Western mit tödlich-bösem Ausgang. Corbucci: »Silenzio, der Held des Films . . . läßt sich ein wenig wie Christus töten; ich will damit sagen, daß es sich in etwa um das totale Opfer handelt, das die Gewalttätigkeit verdammt.«

Oder: In einem immer aussichtsloser erscheinenden Kampf um gesellschaftliche Veränderungen ist am wenigsten durch märtyrerhaften Idealismus zu erreichen.

In einem heißen Sommer wurde dieser kalte Film, der von der Faszination der Gewalt handelt, heiß diskutiert. Silenzio wurde zur Symbolfigur für die Anhänger der Gewaltlosigkeit, *Il Grande Silenzio* zum Kultfilm der 68er-Studenten und ihrer »Sympathisanten«.

Mit etwas weniger Edelmut und Aufrichtigkeit wäre Silenzio nicht getötet worden — und in lebendigem Zustand nützlicher für alle gewesen. Die Kritiker-Fragen lauteten: Muß man in dem Film, seiner »lüsternen« Abbildung der Gewalt, nicht selbst ein faschistoides Machwerk sehen — oder gelingt es ihm, durch bewußt überspitzte Stilmittel zu veranschaulichen, daß die Bru-

*Ein Pokerspieler, der alle Trümpfe ausreizt. Er spielt mit Silenzio, mit dem Tod und mit dem Gesetz — und bleibt Sieger.*

talitäten des Films auf die Gesellschaft zurückfallen, die sie hervorgebracht hat?

Laut Corbucci sollte sein Film beweisen, »daß sich den Gewalttätigen die Möglichkeit bietet, ihre Grausamkeit und Erbarmungslosigkeit unter dem Schutz des Gesetzes auszuüben«.

Er hat diesen Western aus dem Jahre 1968 Che Guevara, Martin Luther King und Bob Kennedy gewidmet.

**Il Grande Silenzio** (Leichen pflastern seinen Weg)
Italien/Frankreich 1968
*Regie* Sergio Corbucci   *Drehbuch* Vittoriano Petrilli, Mario Amendola, Bruno Corbucci, Sergio Corbucci   *Kamera* Silvano Ippoliti   *Musik* Ennio Morricone
*Darsteller* Klaus Kinski (Locco), Jean-Louis Trintignant (Silenzio), Frank Wolff (Sheriff), Luigi Pistilli (Pollicut), Mario Brega (Charlie), Vonetta McGee (Pauline), Marisa Mellini (Regina)

In den Bergen verstecken sich die Geächteten. Sie werden von Kopfgeldjä-gern gejagt. Der Unbarmherzigste unter ihnen ist Locco. Er verrichtet seine »Arbeit« cool wie jeden anderen Job. Silenzio schießt den Kopfgeld-jägern die Daumen ab. Er ist der schnellste Schütze, deshalb provoziert er seine Gegner und erschießt sie dann in »Notwehr«.

Locco läßt sich bei einer Auseinandersetzung mit ihm aber nicht dazu ver-leiten, zur Waffe zu greifen. Er benutzt die Fäuste. Locco ist auch clever genug, den Friedensrichter auf seine Seite zu ziehen.

Nachdem Paulines Mann von Locco getötet worden ist, heuert sie Silenzio als Rächer an. Silenzio und Pauline lieben sich. Bei dem idealistischen Versuch, von Locco festgesetzte Geiseln zu befreien, werden Silenzio und Pauline von Locco erschossen.

*Locco (Klaus Kinski), der Kopfgeldjäger, hält sich nur an das Gesetz. Hoch zu Pferd, vor dem Hintergrund der Berge, erfaßt ihn die Kamera aus der Froschperspektive — seine Macht und Überlegenheit demonstrierend.*

# C'era una volta il West

Ein Mann kommt auf der einsamen Bahnstation an, wo er von drei anderen Männern in langen Ledermänteln bereits erwartet wird.

»Habt ihr ein Pferd für mich mitgebracht?« fragt er.

»Wenn ich mich hier so umsehe, dann sind da nur drei Pferde. Sollten wir tatsächlich eines vergessen haben?« lautet die höhnische Antwort.

»Ihr habt zwei Pferde zuviel«, sagt der Mann.

Diese Eingangssequenz mit abschließendem Shooting, das mit dem Ableben der drei endet, wäre schon ein eigener Film für sich, was Länge und Aufbau der Szenen angeht.

Wer sich *Spiel mir das Lied vom Tod* ansieht, geht in einen Western und kommt aus einem Horrorfilm. Alles kommt einem bekannt vor, und doch ist nichts wie in anderen Western. Hinter jeder Tür scheint das Grauen zu warten.

Als der Film auf den Markt kam, wurde er von der Kritik verrissen. Aber die Fangemeinde setzte ihn als Kultfilm durch, kaum ein anderer Western hat auch in unserem Land ein so treues Publikum. Allein in Köln zählte man bis 1972 eine Gemeinde vom 200 000 Kultisten, zu der auch jenes ältere Ehepaar gehört, das den Film vierzehnmal sah und für die 15. Vorstellung vom Kino Freikarten bekam.

Der Originaltitel des Films verweist auf die Gattung des Märchens: »Es war einmal im Westen.« In mythologisch vorgeschichtlicher Zeit, in jenen Tagen, als der amerikanische Traum geboren wurde und Superman noch unter den Sterblichen weilte. Doch die Vergeblichkeit, den Traum ungebrochen zu reproduzieren, sichert dem Film die Authentizität des Unmöglichen. Thematisch bietet der Film nichts Neues. Alle bekannten Topoi des Western sind versammelt: der Mann und seine Rache, die Verfolgung, das Shooting, die Guten und die Bösen, der Kampf der Westerner gegen die drohende Zivilisation, symbolisiert im Eisenbahnbau. Neu und überraschend ist die Form der Inszenierung, die die Grundmuster des Genres zu Ritualen verdichtet, die wiederum zusammen das große Todesritual des Western ergeben.

Durch extreme Verwendung von Close-Ups (minutenlang krabbelt die Fliege durch das Gesicht des Killers) und endlose Zeitdehnungen liefert der Film rauschhafte Zustandsanalysen der Protagonisten, eröffnet sich das Innenleben des Western: seine Tiefenstruktur.

Leones Film folgt nichtliterarischen Erzählmustern, er entfaltet sich ganz aus der Opulenz seiner Bilder. Der Regisseur hat die europäische Kunstform Oper mit dem amerikanischen Trivialmythos Western gemischt. Jedem der vier Protagonisten wurde ein musikalisches Leitmotiv zugeordnet, das, einer Arie vergleichbar, die Auftritte der Helden begleitet. Claudia Cardinale trifft am besten ihr Fach: große Operndiva.

*Der Immoralismus des Italo-Western brachte auch ein neues Frauenbild hervor.*

*Sergio Leone: »Wenn ich mir früher einen amerikanischen Western anschaute, mußte ich immer lächeln. Die Frau, um ein Beispiel herauszupicken, die stets am Fenster steht und dem Protagonisten zum Abschied winkt, war eigentlich zu nichts anderem gedacht. Bei mir galt sie als ein präzises Symbol, wie auch in* Spiel mir das Lied vom Tod *zu sehen ist. Claudia Cardinale repräsentiert das Matriarchat Amerikas, alles dreht sich um sie . . .«*

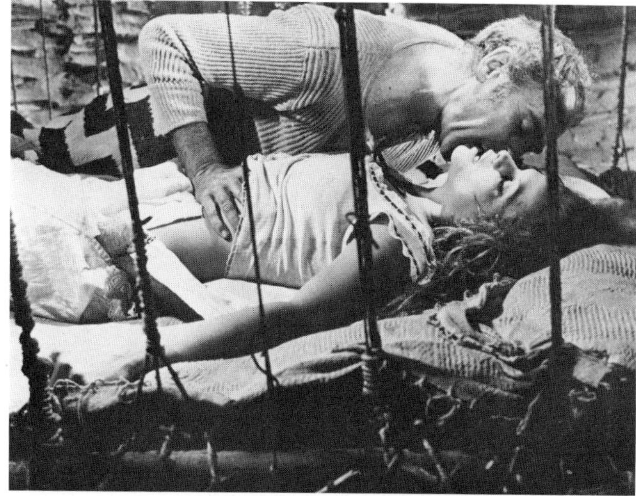

*Nicht der Gute, sondern der Böse (Henry Fonda) beschläft die Schöne (Claudia Cardinale) in einer Szene von lasziver Erotik. Und obwohl sie weiß, daß er ihren Mann getötet hat, gibt sie sich ihm lustvoll hin.*

*So verkehren sich die alten Moralbegriffe in ihr extremes Gegenteil: die amerikanische Frau, nicht länger ein Rührmichnichtan, sondern eine Hure aus New Orleans.*

*Dieses Bild, im Film in das milchige Licht der Vergangenheit getaucht, »belichtet« Franks (Henry Fonda) Bewußtsein beim letzten Shootdown als Rückblende. Frank hatte Harmonika gezwungen, den eigenen Vater auf seinen Schultern zu tragen. Als er vor Erschöpfung zusammenbricht, ist der Vater gehängt. Nun wird Harmonika mit schrillem Diskant dem sterbenden Frank die Harmonika zwischen die Lippen pressen. Rache — Urmotiv aller Western.*

Nicht zufällig wurde Ennio Morricones klagende Todesmelodie auch außerhalb des Kinos ein Plattenhit.
»Dieser Film könnte genausogut eine griechische Tragödie oder ein Todesballett sein. Vom amerikanischen Western habe ich mir die Personen ausgeliehen . . . Dabei aber den Film mit metaphorischer Ausdrucksweise angereichert und ihm auf diese Weise neuen Gehalt verliehen« (Sergio Leone).
Der Film interessiert sich nicht für psychologisierende Charakterzeichnungen. Seine Helden stehen für archetypische Grundfiguren, wobei sich der Gute und der Böse in ihrer Grausamkeit wie heidnische Götter gleichen. Einzig Cheyenne ist mit einem Rest Humanität ausgestattet: Er bringt es nicht über sich, auf einen »Krüppel« zu schießen, weshalb er auch mit einem Loch in der Brust endet. Er überlebt zwar nicht die Wende zur neuen Zeit, doch erhebt er sich als einziger durch seine Menschlichkeit über die beiden Superkrieger.
Ein Film, der Gewalt ästhetisiert, aber nicht legitimiert. Er demonstriert lediglich, wie sie funktioniert — auch das kann bereits entlarvend sein.

**C'era una volta il West** (Spiel mir das Lied vom Tod)
Italien 1968
*Regie* Sergio Leone    *Drehbuch* Sergio Leone, Sergio Donati, nach einer Story von Dario Argento, Bernardo Bertolucci, Sergio Leone    *Kamera* Tonino Delli Colli    *Musik* Ennio Morricone
*Darsteller* Claudia Cardinale (Jill McBain), Henry Fonda (Frank), Charles Bronson (Harmonika), Jason Robards (Cheyenne), Frank Wolff (McBain), Gabriele Ferzetti (Morton), Keenan Wynn (Sheriff), Paolo Stoppa (Sam), Marco Zuanelli (Wobles), Lionel Stander (Barman), Jack Elam (Knuckles), John Frederick (Mitglied von Franks Bande), Woody Strode (Stony), Enzio Santianello (Timmy)

Der Film setzt die Handlung, um die es geht, voraus . . . Erst am Schluß kann der Zuschauer die Story, die auf ein Grundmuster zusammenschrumpft, rekonstruieren. Es ist die Fabel des Western schlechthin: Ein Mann nimmt Rache.
Am Ende wird der Mann mit der Harmonika seinen Bruder gerächt haben, der Schurke nicht länger Kinder killen und Tabaksprieme ausspeien und die schöne Frau vergeblich auf ein Happy-End gehofft haben (Harmonika: »Einer wartet immer«). Die Eisenbahn wird gebaut, die Frau bleibt inmitten der Arbeiter zurück — und der Mann mit der Harmonika reitet mit seinem toten Freund Cheyenne weiter in die Western-Folklore.

*Die schweren Ledermäntel der Killer wirkten in den Alltag hinein. Sie lösten eine Modewelle aus.*

# Pat Garrett and Billy the Kid

Der Bericht über eine historische, halbmythologische Gestalt des Westens und zugleich ein Film von großer physischer Direktheit.

Peckinpah identifiziert sich gleichermaßen mit dem Verbrecher Billy, der er selbst wird, indem er sich seinem Schicksal und dem Tod stellt, und seinem Jäger Garrett, der sich von den Mächtigen korrumpieren läßt, indem er sich mit ihnen arrangiert.

Die soziale Ordnung bei Peckinpah ist weniger bestimmt durch Gesetz und Moral, sie wird in einem Klima des Terrors getragen von den wahren Drahtziehern im Hintergrund.

»Mit seinen zeitlupenhaft einsamen Toden zeigt der Film einen Western, in dem die Frontier-Vitalität in ihren Todeszuckungen liegt« (Terence Butler).

Garretts Ausgeliefertsein an unsichtbare Mächte entlädt sich in unkontrollierten Gewaltakten. Billy ist überwältigt von einem Gefühl der Entfremdung, sein Leben droht sich in irrealen Zonen der Leere zu verlieren.

Der Film analysiert vor diesem Hintergrund das Umschlagen einer Freundschaft zwischen zwei Männern in Repression und Zwangshandlungen.

Die ursprüngliche Fassung des Films wurde vom Produzenten verstümmelt: Garrett wird hier am Schluß von seinen eigenen Auftraggebern ermordet, was seinen Kompromiß mit der Gesellschaft völlig sinnlos macht.

**Pat Garrett and Billy the Kid** (Pat Garrett jagt Billy the Kid)
USA 1973
*Regie* Sam Peckinpah  *Drehbuch* Rudolph Wurlitzer  *Kamera* John Coquillon  *Musik* Bob Dylan
*Darsteller* James Coburn (Pat Garrett), Kris Kristofferson (Billy the Kid), Bob Dylan (Alias), Richard Jaeckel (Sheriff Kip McKinney), Katy Jurado (Mrs. Baker), Chill Wills (Lemuel), Jason Robards (Gouverneur Wallace), R. G. Armstrong (Ollinger), Luke Askew (Eno), Jack Elam (Alamosa Bill)

Billy the Kid tötet zwei Deputy Sheriffs bei seinem Ausbruch aus dem Gefängnis von Lincoln und reitet zu seiner Bande nach Fort Sumner. Sein Freund von einst und Alter ego Pat Garrett nimmt die Verfolgung auf. Zusätzlich wird von Gouverneur Wallace ein Sonderbeauftragter eingesetzt; ohne selbst in Erscheinung zu treten, hält im Hintergrund der Großgrundbesitzer Chisum die Fäden zusammen. Fast ist Billy so weit, das Land in Richtung Mexiko zu verlassen, da trifft er einen sterbenden Freund, von Chisums Leuten gefoltert. Er entschließt sich, in Fort Sumner zu bleiben, wo ihn schließlich Sheriff Pat Garrett aufspürt und erschießt.

*Billy the Kid (Kris Kristofferson) schießt sich den Weg frei ... in eine Freiheit, die den Tod bedeutet.*

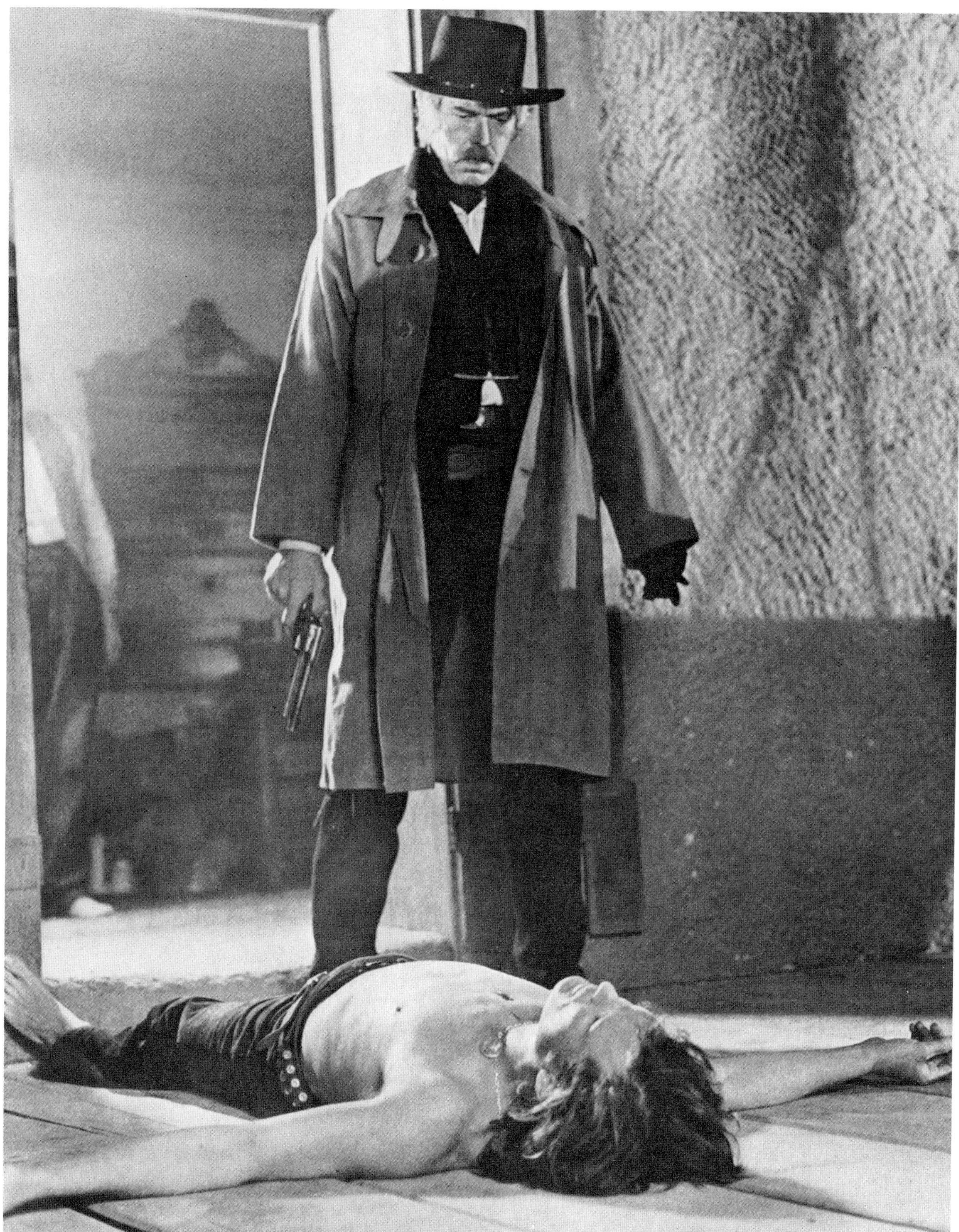

*Billy stirbt in der Pose des Gekreuzigten. Sheriff Pat Garrett (James Coburn), einst selbst ein Gesetzloser und Gefährte Billys, eine ambivalente Figur, muß den Outlaw in sich ausbrennen, um in einem System der Anpassung, das mit der fortschreitenden Besiedlung des Westens begann, zu überleben. Er ist zum Ausführungsorgan der Mächtigen — symbolisiert durch Chisum — heruntergekommen. Mit Billy verbindet ihn eine Art Vater-Sohn-Beziehung: Wenn er ihn erschießt, bringt er sich psychologisch selbst um. Billy the Kid repräsentiert den Typ, der aufgibt, mit anderen Worten: Er entscheidet sich, er selbst zu sein. »Garrett identifiziert sich mit der kollektiven Realität, die Billy ablehnt. Dadurch wird er zu einer anachronistischen Figur. Und deshalb mußte er aus dem Weg geräumt werden. Peckinpah ist völlig besessen von diesem Thema, er bringt es in alle seine Filme ein« (R. Wurlitzer).*

# Science-fiction

Das Science-fiction-Kino ist groß, aber nie erwachsen geworden. Das ist das ganze Geheimnis, warum sich dieses Genre zum Kultgenre entwickeln konnte.
Kinder erleben sich als Erwachsene. Erwachsene als Kinder. Mit Zukunft haben die Filme nichts zu tun.
Das Science-fiction-Kino lebt von Jugendträumen, die sich hier fortsetzen in einer Art überdimensionierter Wirklichkeit. Es bietet noch einmal im vergrößerten Maßstab die Kindheit von Sandkasten, Märchenpark, Gespensterwald, Wunderland, Zauberküche, Bastelstube, Lumpenball und Karneval.
Der Science-fiction-Film erlaubt, was das Leben außerhalb des Kinos verweigert: in der Erwachsenenwelt weiterzuleben, ohne die Kindheit zu verlassen.
So erfüllen sich in den Filmen Wunschvorstellungen, die während des Erwachsenwerdens absterben, abgewürgt oder in der entzauberten Erwachsenenwelt als Spielerei und Spinnerei denunziert sind. Es ist kein Wunder, wenn Erinnerungsbilder von gestern den Phantasiestoff für die Kinobilder von morgen abgeben.
Science-fiction: ein aus infantilen Wunschträumen, falscher Märchenwelt und technischem Zauber zusammengesetztes Genre.

Hinter der blitzenden Fassade von Technik und den industrialisierten Bildern des Kinos tauchen bekannte Geschichten auf, die Muster und Stoffe der alten Märchen und Kolportage, mit denen die Zuschauer vertraut sind, Bilder aus Märchen, Kinderbüchern, Comics: Tote werden lebendig, fliegende Teppiche verwandeln sich in Flugkörper, Tiere in Menschen und Menschen in Tiere, Drachen in utopische Monster, mechanische Puppen in Roboter, Engel in Planetenwesen, Zaubertränke in medizinische Wundersäfte, Zaubersprüche in technische Formeln.
Deshalb brauchen die Filme auch nichts Neues zu erfinden. Entgegen hochgestochenen Definitionen, die in der Science-fiction ein unbegrenztes Feld für Zukunftphantasien auf der Basis moderner gesellschafts- und naturwissenschaftlicher Erkenntnisse sehen, operiert das Genre mit vertrauten Vorstellungsmustern. Ihren Reiz haben die Filme gerade dann, wenn die einzelnen Science-fiction-Modelle wie im Baukastensystem zerlegt und zu neuen Modellen zusammengesetzt, die dem Liebhaber längst bekannten Stereotypen, Geschichten wie Figuren, immer neu variiert werden.
Genau das hat dem Science-fiction-Kino sein Stammpublikum zugeführt, das aus eingeweihten, auf das Genre eingeschworenen Fans besteht, die auch untereinander durch Clubs, die sich selbst *fandom* nennen, selbstgemachte Fan-Magazine, den *fanzines*, sowie lokale, nationale und weltweit organisierte Treffen in Kontakt stehen.
Vom Kult, der so mit Science-fiction betrieben wird (und dem Kritiker die Funktion einer Ersatzreligion zubilligen), profitiert die Branche, die diesen Kult unterstützt, die Science-fiction auch außerhalb des Kinos vermarktet, in greifbare Kultobjekte verwandelt: in T-Shirts, Poster, Plaketten, Masken — vor allem aber Spielzeugmodelle, Nachbildungen der Superhelden, Monster, Raumschiffe und Roboter in allen Größen und Materialien.

*Männerkino. Väter dürfen spielen, sich als Kinder wiedererkennen. Jungens sich als Männer fühlen, erwachsener sein als ihre Väter. Science-fiction-Filme stecken voller Knabenträume. / Invaders from Space. USA 1953. Regie: William Cameron Menzies. Mit Arthur Franz, Jimmy Hunt / The Green Hornet Strikes Again. USA 1940. Regie: Ford L. Beebe und John Rawlings. Mit Keye Luke, Warren Hull*

Die Welt des Science-fiction-Kinos ist eine Spielzeugwelt. In den Filmen geht es zu wie auf einem Spielplatz. Es gibt die infantile Freude am Suchen, Verstecken, Fangen, am Verkleiden und Maskieren, am Zusammenbasteln und Kaputtmachen, den Spaß an Geheimbünden, die Lust am Knallen und Schießen. Und auch wie im Kinderspiel am fiktiven Töten und Sterben.
Es gibt Räuber- und Gendarmspiele, Lärm- und Zerstörungsspiele, Kampf- und Kriegsspiele, Rätselspiele, Doktorspiele. In keinem anderen Genre übrigens hat das Kino selbst seine eigene Kindheit nachgeträumt, seine Ur- und Vorbilder aus Illusionstheater, Jahrmarkt und Zirkus in die Zukunft hinübergerettet.
Gewachsen in der Umgebung von Wachsfigurenkabinett und Schaubude, exotischen Tieren und Menschen, Verwandlungskünstlern, Clowns, Wahrsagern, Traum- und Sterndeutern, Akrobaten und anatomischen Monstrositäten, inventarisierte das Kino bereits Motive, die inzwischen zum eisernen Bestand dieses Genres zählen, wenn auch mit abgewandelter Bedeutung: Die fliegenden Akrobaten mit ihren glitzenden Kostümen und phantastischen Namen kehrten als kostümierte Superhelden wieder; die Tricks der Zauberkünstler dienten jetzt als wissenschaftliche und technische Wunder dämonischen

*Spielzeugkino. Von dem, was Kinder im lustvollen Umgang mit der Technik als Spielzeug erleben, stellt das Science-fiction-Kino neue, vergrößerte Varianten dar. / The Invisible Boy. USA 1957. Regie: Herman Hoffman. Roboter »Robby«. Design: Merril Pye*

*Bastelkino. Naive Bastelfreude und primitiver Trickzauber verleihen den altmodischen Beispielen jene Aura von Halbmärchen, die der Phantasie noch Spielraum lassen. Diese Filme wirken heute, wo die Wirklichkeit die Phantasie bereits überholt hat, antiquiert, wie museale Sammlerstücke. / The Phantom Creeps. USA 1939. Regie: Ford L. Beebe und Saul A. Goodkind. Mit Bela Lugosi, Robert Kent*

Genies; menschliche und tierische Absonderheiten wurden als schreckenerregende Monster und außerirdische Ungeheuer in die Science-fiction-Welt eingebürgert. Die Fahrt mit der Geisterbahn ging nun durch die Horrorlandschaft ferner Planeten. Manche Science-fiction-Filme verwandelten sich selbst in phantastische Zirkusspiele und exotische Schießbuden.

Die Lust am Erfinden von Illusionen hat das Kino als technische Spielerei des 19. Jahrhunderts entstehen lassen, Jahrmarkt und Zirkus enthüllten es als Höhepunkt der Zauberei. Unter Georges Méliès, dem französischen Filmpionier und Urvater des Science-fiction-Films, verwandelten sich die vielen Tricks und naiven Einfälle, die Mechanismen des phantastischen Theaters und der Laterna magica in elementare Mittel des Kinos. Die erste Begegnung mit der Technik führte zur Zauberei. Das Publikum sollte durch die Technik verzaubert werden.

Das Science-fiction-Kino hat natürlich auch die andere Seite der Technik gezeigt, indem es immer wieder Bildergeschichten von verrückten Wissenschaftlern und ihren teuflischen Erfindungen, von amoklaufenden Robotern und explodierenden Raumschiffen erzählte. Und es verharrte dabei nicht nur im unschuldigen Stand des Spiel-

zeugkinos, sondern hat sich auch an den pessimistischen Visionen der Gegenutopien beteiligt, die aber — vielleicht deshalb — keine Kultfilme geworden sind. Ebensowenig wie viele Klassiker aus den fünfziger Jahren, als das Genre für die Angstpsychose des kalten Krieges reklamiert, die Phantasie militärisch besetzt, das Märchen bewaffnet wurde. Heute lassen sich diese Filme ganz anders sehen: Nachdem die politischen Belastungen, die überdosierte Propaganda und das falsche Bewußtsein in den Filmen nicht mehr interessieren, kehren die vom Sinn abgelösten Bilder sich ästhetisch sogar ins Gegenteil, ins Komische, laufen an zu neuen Phantasiebildern und werden so kultreif.

In dem trivialen Spielzeugkino von gestern stecken nicht bloß Kinderträume. Die Filme zeigen eine so dominierende Fixierung auf die Technik als Spielzeug für Erwachsene, daß sie auch verraten, warum das Science-fiction-Kino ein ausgesprochenes Männerkino abgibt: nicht allein, weil zu sehen ist, wie aus Spielzeug Werkzeuge und Waffen werden, mit denen zu spielen oder umzugehen Männersache ist. Sondern auch, weil die Beziehungen zu den Objekten erotisch geprägt sind, so ausschließlich, daß Frauen dagegen wie unerotische Objekte behandelt werden. Und — noch überraschender,

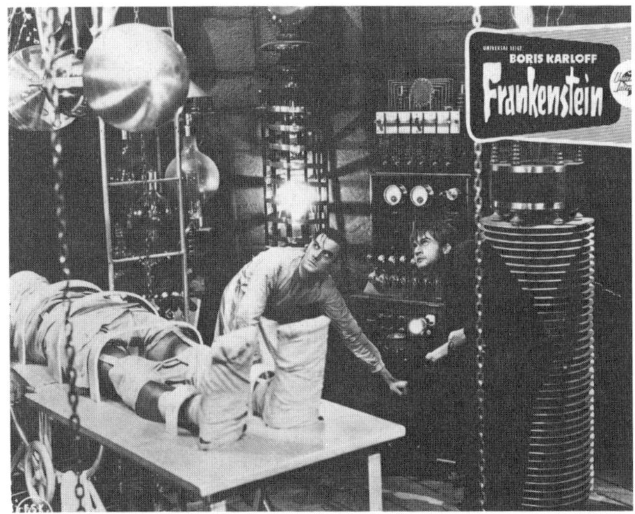

*Illusionskino. Geheimnisvolle Drähte, Röhren und Apparaturen füllen sich mit magischem Leben. Wo immer in Science-fiction-Filmen an neuen Maschinen oder Menschen herumgebastelt wird, ist Elektrizität mit im Spiel. Sie war das frühe Wunder der Technik. Mit dem elektrischen Funken wurde das alte Illusionskino gezündet. / Frankenstein. USA 1931. Regie: James Whale. Mit Colin Clive, Dwight Frye / Batman. USA 1943. Regie: Lambert Hillyer. Mit Lewis Wilson*

wenn nicht schockierend — weil in den Filmen auch etwas davon zu sehen ist, wie diese frühe Objektbindung die technische Umwelt männlich geprägt hat und am Ende keine Fata Morgana, sondern die Katastrophe steht, das technische, zugleich erotische Fiasko. *2001: A Space Odyssey* und *Alien* sind die faszinierendsten Beispiele, in denen die Technik die traumatische Szenerie einer entfremdeten Welt abgibt, die im Alltag schon begonnen hat.

*Flipperkino. Elektrisches Kino, in dem es surrt, tickert, klickt, das mit seinen blinkenden und knöpfestarrenden Schalttafeln an eine andere Illusionsmaschine erinnert: den Flipper. Es geht um Spiel mit Gags, Tricks und Täuschungen — Flipperkino. Wenn es ganz verrückt zugeht: Kino zum Ausflippen. / Batman. USA 1966. Regie: Leslie H. Martinson. Mit Adam West*

# Kultfiguren

Bis heute verdankt das Science-fiction-Kino seine Attraktivität den Tüftlern, Bastlern, Maskenbildnern, den Modellbauern, Designern und Trickspezialisten.

**Kult um die Illusionstechniker.** Für die Anhänger des Genres sind sie Kultfiguren: Maskenbildner wie Jack Pierce (*Frankenstein*), Bud Westmore (*Creature from the Black Lagoon; Tarantula*), William Tuttle (*The Time Machine*) oder John Chambers (*Planet of the Apes*), Trickspezialisten wie die Brüder Howard und Theodore Lydecker (*King of the Rocket Men*), Willis O'Brien (*King Kong*), John P. Fulton (*The Invisible Man; Conquest of Space*), Ray Harryhausen (*20 Million Miles to Earth; The Beast from 20.000 Fathoms; Mysterious Island*) oder der Japaner Eji Tsuburaya (*Godzilla*).
Die alte Garde mußte inzwischen neuen Illusionsexperten wie Douglas Trumbull (*2001; Close Encounters of the Third Kind; Star Trek*) das Feld überlassen, denen heute Ausrüstungen, Techniken und Gelder zur Verfü-

gung stehen, von denen die Filmbastler früher nur zu träumen wagten.

Das naive Bastelkino hat seinen Charme verloren, es präsentiert sich heute als elektronisch und computergesteuerte Spielzeugwelt. Die hineingetricksten Phantasiestoffe sind die alten, entstaubt und als alter Zauber auf den neuesten Stand gebracht.

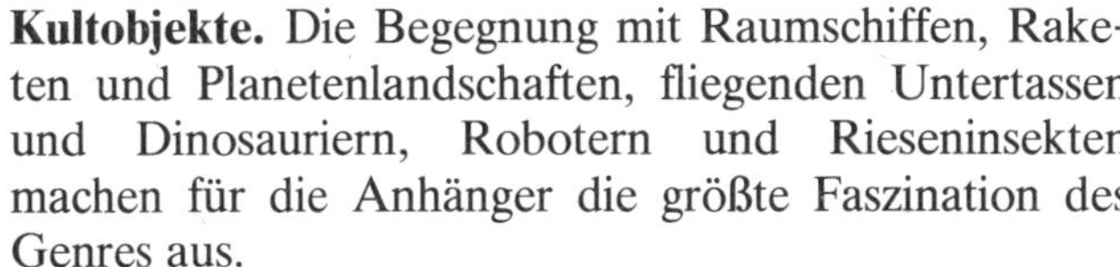

*Kultobjekte. Altertümliche und modernistische Reisevehikel / 20.000 Leagues Under the Sea. USA 1954. Regie: Richard Fleischer. Design: John Meehan / 2001: A Space Odyssey. USA 1968. Regie: Stanley Kubrick. Design: Tony Masters, Harry Lange, Ernest Archer*

*Kultobjekte. Altmodisches und neumodisches Spielzeug / War of the Worlds. USA 1953. Regie: Byron Haskin / Star Crash. USA 1978. Regie: Lewis Coates*

**Kultobjekte.** Die Begegnung mit Raumschiffen, Raketen und Planetenlandschaften, fliegenden Untertassen und Dinosauriern, Robotern und Rieseninsekten machen für die Anhänger die größte Faszination des Genres aus.

Viele dieser Objekte und Figuren bestimmen den Symbol- und Wiedererkennungswert und damit auch den Kultcharakter eines Science-fiction-Films.

Science-fiction-Fans schwärmen nicht von Marilyn Monroe oder Humphrey Bogart, sondern vom Raumschiff »Enterprise«. Für sie ist King Kong der Größte, oder auch Godzilla, Gappa, Gamera. Sie schärfen sich an der »Zeitmaschine«, der Lustorgel in *Barbarella*. Sie amüsieren sich über die bedrohlichen ersten Ufos in *The War of the Worlds* und werden ganz andächtig, wenn sie die Big Mama aller Ufos, das Mutterschiff in *Close Encounters of the Third Kind*, wiedersehen. Sie finden das japanische Unterseeboot »U 2000«, das sich auch in die Lüfte erheben kann, genauso aufregend wie die altmodische »Nautilus« des Kapitäns Nemo in *20.000 Leagues Under the Sea*. Sie können einen ganzen Film durchstehen, nur um in der Schlußsequenz von *This Island Earth* den Mutanten zu erleben. Oder gerührt das Schicksal des Kiemenmenschen in *Creature from the Black Lagoon* mitverfolgen. Und sie erküren sich ihre

Lieblinge, mit denen sie auch außerhalb des Kinos gerne spielen würden: den Anthropoiden »Chewbacca«, den Roboter »Robby« oder das Roboter-Duo »Erzwo-Dezwo und Ce-Dreipeo«, Laurel und Hardy des Science-finction-Films.

**Superhelden.** Wo andere bei James Dean oder Woody Allen glänzende Augen und heiße Ohren bekommen, bleiben Science-fiction-Fans gelassen. Sie fahren auf ganz andere Typen ab. Denn im Science-fiction-Film ist das Bild des Kinohelden auf die kürzeste Formel gebracht: Kampf, Aktion, Bewegung. Kein berühmter Star verleiht ihm Popularität. Der Held ist einzig an seinem Äußeren zu erkennen: an Verkleidung und Maske. Im bürgerlichen Leben biederer Angestellter, wechselt er in Momenten äußerer Gefahr seine Identität, schlüpft ins Kostüm von Überhelden und erscheint dann als Supermann mit übernatürlichen Kräften und extremen Begabungen. Ein moderner Nachfahr der antiken Heroen und Götter. Oder auch: ein Schutzengel unserer Zeit.

Das Heldeneinmaleins oder die Dramaturgie der Filme ist der endlose Kampf einer Figur, die erst durch Kostümierung zum Mythos wird, gegen beliebig austauschbare Gegner. Im permanenten Wechselspiel von Geheimnis und Aufklärung, Gefangennahme und Befreiung, Ver-

*Kultfiguren. Die Roboter Ce-Dreipeo und Erzwo-Dezwo, die Laurel und Hardy des Weltraums. — Außerirdischer Mutant /* <u>*Star Wars.*</u> *USA 1977. Regie: George Lucas /* <u>*This Island Earth.*</u> *USA 1955. Regie: Joseph Newman. Maske: Bud Westmore*

brechen und Strafe führen die Superhelden einen pausenlosen Kampf für Recht und Ordnung gegen Gangster, Piraten, Spione und Verschwörer, Bösewichter jeder Art und Herkunft.

Die Superhelden sind keine Erfindung des Kinos. Sie sind den Comics entstiegen. Ihr leibhaftiges Erscheinen als Filmfigur weckt bei einer bestimmten Generation Jugenderinnerungen, läßt die Zeiten wiedererstehen, als die kleinen Comic-Hefte noch heimlich unter der Schulbank gelesen werden mußten, aber im Kino an der Ecke *Batman and Robin* als Jugendfilm zu sehen war.

Ihre ersten Auftritte hatten die Superhelden nicht in millionenschweren Superproduktionen wie heute, sondern in den frühen Fortsetzungsfilmen, den Serials. Kleine, billige Filme, die Samstag nachmittags in Jugendvorstellungen liefen. Kritiker mochten sie nicht. Kinder um so mehr.

**Kult um B-Pictures.** Es ist kein Zufall, wenn unter den Regisseuren des Science-fiction-Films die frühen Handwerker eine gewisse Kult-Reputation genießen: Regisseure von B-Pictures, von Serials wie Spencer G. Bennet, Fred C. Brannon, William Witney und John English, Gordon Douglas, Bert I. Gordon.

Sie hatten in den dreißiger, vierziger und Anfang der fünfziger Jahre jene kleinen, schnellen Filme gemacht, die, mit sehr wenig Geld produziert, sehr viel Action zu bieten hatten. Sie zeigten keine Bedeutungen, keine Psychologie, die über das, was im Bild zu sehen war, hinaus-

*Superman der Erste /* <u>*Superman.*</u> *USA 1948. Regie: Thomas Carr und Spencer Gordon Bennet. Mit Kirk Alyn*

194

*Kultfiguren. Kiemenmensch und Zwerg »Yoda« /* <u>*Creature from the Black Lagoon.*</u> *USA 1954. Regie: Jack Arnold. Maske: Bud Westmore /* <u>*The Empire Strikes Back.*</u> *USA 1979. Regie: Irvin Kershner*

*In den USA als heilige Johanna unter den Maschinenwesen verehrt: der erste weibliche Roboter, made in Germany /* <u>*Metropolis.*</u> *Deutschland 1926. Regie: Fritz Lang. Design: Walter Schultze-Mittendorf*

gingen. Keine Stars und keine kostspieligen Dekorationen.

Ihre Helden waren Agenten, Detektive, Piloten, Supermänner, die sich im Dschungel Afrikas oder auf fernen Planeten, in der Südsee oder auf dem Grund des Meeres mit Spionen, Saboteuren und außerirdischen Eindringlingen auseinanderzusetzen hatten. Sie zeigten in immer wieder neuen Variationen: Verkleidung, Entführung, Gefangenschaft, falschen Verdacht, Verfolgung, Hindernisse, Rettung durch List und Kampf und den bewaffneten Triumph von Recht und Liebe am Schluß.

Das Publikum dieser Filme bestand vorwiegend aus Jugendlichen, Arbeitern, Einwanderern, Unterprivilegierten. Für sie waren diese Streifen gemacht. Deshalb gab es in den Filmen keine langatmigen Dialoge, keine komplizierten Stories. Alles, was zu sagen war, wurde durch Bewegung ausgedrückt.

Was diese Filme auszeichnete, war ihr Drive, ihre Geschwindigkeit, die sich in der Verwendung von allem, was sich bewegte, zeigte: von Pferden, Autos, Motorrädern, Flugzeugen, Eisenbahnen, Schnellbooten. So daß in vielen Serials die rapide technische Entwicklung Amerikas fast wie in einem Dokumentarfilm zu sehen ist. Zu sehen ist in ihnen aber auch, wie die Disproportionen (Häßlichkeit und Bedrohlichkeit, also die unterdrückten Merkmale der Technisierung) in die merkwürdigen und phantastisch erscheinenden »bösen« Maschinen, Apparate und geheimen Waffen der Bösewichte verlagert sind.

Auf der Suche nach phantastischen Details fanden sich bald auch utopische: Wunderapparate, Roboter, Raketen, Superwaffen wie die mysteriösen Todesstrahlen, so daß Kultisten unter den alten Serials immer wieder Inkunabeln des Science-fiction-Films entdecken.

Da sich mit diesen Filmen für ein großes Publikum, vornehmlich natürlich in den USA, Jugend- und Kinoerinnerungen verbinden, erhalten sie durch den verklärenden Blick in die Vergangenheit inzwischen Kultwert; das macht die Kritikergeneration von heute wieder neugierig, so daß nicht wenige der alten, früher gar nicht ernst genommenen Streifen heute wiederentdeckt und rehabilitiert werden.

Und die Remakes von *Batman, Flash Gordon, Buck Rogers, Superman* bestätigen nur, daß das Kino von vorgestern im Science-fiction-Genre auch das Kino von morgen ist.


Das Science-fiction-Kino galt lange als Trivialkino. Kein renommierter Regisseur hat sich in diesem Genre zu Hause gefühlt.

Von den Regisseuren, die das Genre in den fünfziger Jahren prägten, avancierte **Jack Arnold** inzwischen zur Kultfigur des traumatischen Science-fiction-Kinos. Er ist der Meister der unheimlichen Begegnung — mit dem Alltag.

Jack Arnolds Filme scheinen wie aus dem filmischen Antiquariat, abgegriffen, zerfleddert, stockfleckig. Seine in den fünfziger Jahren entstandenen Science-fiction-Produktionen wirken älter als Filme aus den dreißiger oder vierziger Jahren. Es sind Schwarzweiß-Filme, die man meist in ungeheuer verregneten Kopien zu sehen bekommt, oft mit Bilderlücken, manchmal sogar einem Schluß, der vor dem »Ende« kommt.

Es sind Filme, die so viel Nachtvorstellungen hinter sich haben, daß sich das tiefe Dunkel noch mehr in sie eingegraben hat, das Helle fahl und vergilbt geworden ist. Tage wirken auf einmal wie helle Nächte, Landschaften wie ausgetrocknet, Wasser wie schweres Öl, Menschen seltsam fremd und unwirklich.

Der krude Realismus, der die Filme früher kennzeichnete, als noch die dumpfe Atmosphäre des kalten Krieges über den Bildern lag, bleicht aus, verwittert. Das bedeutet, daß die Filme so wirken, als gäben sie erst jetzt ihre letzte Phantastik frei.

Nachdem die ideologische Folie abgeblättert ist, lösen sich die dem Publikum einst zugemuteten politischen Anspielungen in kleine Irritationen und Verstörungen auf.

Das Normale erweist sich als unnormal, bedrohlich. Der Alltag wird zum Alptraum, ohne daß dafür wie früher der blinde Zugriff anonymer oder gar außeramerikanischer Mächte verantwortlich ist.

Immer geht es darum, daß das Unbekannte Schrecken verursacht. Was gegen die gewohnte Natur ist, wird als wider-natürlich betrachtet, muß also wieder aus der Welt geschafft werden. Wesen, deren Identität nicht eindeutig den gewohnten Vorstellungen und Normen entsprechen, erscheinen deformiert, gefährlich. Was nicht geheuer ist, wächst sich zu Ungeheuern aus.

Jack Arnolds Filme stehen ganz im Kontrast zur bunten Science-fiction-Bilderwelt unserer Tage. Hier gibt es keine technisch aufwendigen, trickreichen, kunstvoll inszenierten Märchen, sondern wild zusammengebastelte Fabeln — ohne phantastischen Hintergrund, ohne aufwendiges Dekor, ohne glitzernde Kostüme, ohne Stars. Alles spielt in einer so übernormalen Umwelt, daß die Wirklichkeit auf einmal »ungeheuer« unwirklich wirkt, das Unwirkliche nur normal.

Man kann in diese kleinen dunklen, abwegigen Filme hineinsehen wie in ein altes, fremdes Fotoalbum und dabei Bilder entdecken, die sich unterhalb der phantastischen Handlung zum Dokumentarfilm fügen (Jack Arnold war ursprünglich Dokumentarfilmer): trostlose Landschaften, öde Tankstellen, Bahnhöfe, Schuppen, Scheunen, schäbige Büros und Motels, verwohnte Wohnungen, abgetakelte Autos, verbrauchte Alltagsmenschen — eine graue und humorlose Welt, ganz ohne Utopie.

Jack Arnolds Science-fiction-Filme sind kleine Streifzüge der Phantasie in eine längst entzauberte Welt, in der es eigentlich nichts mehr zu entdecken und zu erleben gibt und die gerade aus diesem Grund nicht mehr geheuer ist.

Der ganze Reiz lebt von der Vorstellung, wie das wäre, wenn so etwas wie Geträumtes im Leben auftauchen würde. Weil die Wirklichkeit selbst schon illusorisch geworden ist, funktioniert es: Wünsche und Ängste, Realität und Irrealität scheinen sich aufzuheben.

Filme, die wie ein Psychogramm zu lesen sind — als neurotische, auch erotische Märchen.

*Jack Arnolds Science-fiction-Filme sind auch phantastische Dokumentarfilme. / <u>Tarantula.</u> USA 1956. Regie: Jack Arnold*

*Die Topographie des Unwirklichen — draußen in der Realität / <u>Tarantula.</u> USA 1956. Regie: Jack Arnold*

# Flash Gordon

Der Film ist das schönste Beispiel für das alte, keineswegs altmodische Science-fiction-Kino. Weil dieses legendäre Hollywood-Serial zur Vorlage einen Comic strip hat, der seinen blonden Superhelden auf Abenteuer in eine Zukunft schickt, die sich aus Figuren, Kostümen, Dekors, Motiven und Geschichten zusammensetzt, die alle schon mal irgendwann irgendwo dagewesen sind. Das funktioniert so, als sei die Zukunft nur die märchenhaft durcheinandergeratene, wieder abgestaubte andere Seite der Vergangenheit.

Comic und Serial, wahlverwandt, fanden hier auf ideale Weise zusammen: Der filmische Erzählstil von Comic strips (Aufgliederung der Bilderzählung in Totale, Großaufnahme, Schnitt — Gegenschnitt) paßt perfekt zum dialogarmen, actiongeladenen Serial und dessen Sucht nach märchen- und kolportagehaften Elementen.

Alex Raymonds 1934 entstandener Comic entwickelt sich in diesem Film zu einer großen Spielzeuglandschaft, in der mit faszinierender Bedenkenlosigkeit unter Verwendung gerade greifbarer Kulissen, Kostüme und Requisiten aus der Rumpelkammer der Filmfabrik irrwitzige Geschichten inszeniert werden.

Ein Sammlermagazin, in dem die Phantasie tüchtig herumgewühlt und sich zusammengesucht hat, was zu gebrauchen war — ganz egal, mit welchen mythologischen oder symbolischen, historischen oder ideologischen Vorbedeutungen. Einmal in Schwung gebracht, stellen sich die Bedeutungen von selbst ein und um.

Der futuristische Glamour dieses bizarren Illusionskinos bekommt ebenso sagenhafte wie skurrile Züge eines aus moderner Technologie und alter Weltordnung zusammengesetzten Phantasia-Landes: gewaltige technische Bauten stehen neben primitiven Höhlen, Roboter und Panzer neben Pferden, Lanzen und Speere sind ebenso in Gebrauch wie Raketen und Strahlenpistolen, Gift und Atom von nahezu gleicher Wirkung.

Bastelkino, das sich nicht auf technische Tüfteleien beschränkt, sondern auch seine Figuren und Geschichten auf gleiche Weise zusammenbaut. Und sich deshalb ohne Skrupel einverleibt, was nur irgendwie phantastische Wirkung verspricht: mittelalterliche Robin-Hood-Romantik wie die spanische Inquisition, Polarlandschaften und elektrische Staubwüsten, mittelalterliche Burgfräulein und orientalische Bauchtänzerinnen, mongolische Krieger und urzeitliche Ungeheuer, Jung Siegfried und Dschingis-Khan, Verdi-Opern und russische Revolutionslieder, Riesen, Zwerge, Tiermenschen, Drittes Reich und Atlantis . . .

*Siegfried im Weltraum knackt die neue Welt. Dahinter erwartet ihn ein Statist im Kostüm alter Historienfilme.*

*Auch außerirdische Welten haben ihre Unterwelten.*

Auf der Suche nach phantastischen Details werden die Filmbastler schon im eigenen Haus fündig. In den billigen B-Filmen gehörte es aus Kostengründen zum Prinzip, Filmmaterial aus bereits gelaufenen Produktionen zu verwenden. Beispiel *Flash Gordon*, in dem die Maschinerie und die elektrischen Effekte aus *Frankenstein* auftauchen, das Idol des »Großen Gottes Tao« aus dem Horrorfilm *The Mummy*, die Raketen aus dem Musical *Just Imagine*.

Das Bild der Erde, wie es sich Professor Zarkov in seinem Teleskop darbietet, stammt aus *The Invisible Ray*, die Musik meist aus Science-fiction- und Horrorfilmen der Universal wie *The Invisible Man, Werewolf of London, Bride of Frankenstein, The Invisible Ray*.

**Flash Gordon** (Flash Gordon)
USA 1936. Universal
*Regie* Frederick Stephani und Ray Taylor *Drehbuch* Frederick Stephani, George Plympton, Basil Dickey, Ella O'Neill, nach dem Comic strip von Alex Raymond *Kamera* Jerry Ash, Richard Fryer *Bauten* Ralph Berger *Requisiten* Elmer A. Johnson *Spezialeffekte* Jerry Ash *Elektrische Effekte* Norman Dewes
*Darsteller* Larry »Buster« Crabbe (Flash Gordon), Jean Rogers (Dale Arden), Charles Middleton (Herrscher Ming), Priscilla Lawson (Prinzessin Aura), Frank Shannon (Dr. Zarkov), James Pierce (König Thun), Duke York jr. (König Kala), Theodore Lorch (Hoherpriester), Richard Alexander (Prinz Barin), John Lipson (König Vultan), Muriel Goodspeed (Zona), Richard Tucker (Mr. Gordon), Earl Askam (Offizier Torch), Lynton Brent (Pilot), George Cleveland, House Peters jr.

Erste Adaptation des Comics als 13teiliges Serial. Zwei weitere Serials folgten: 1938 »Flash Gordon's Trip to Mars« und 1940 »Flash Gordon Conquers the Universe«.

Für die Kinoauswertung wurden später insgesamt fünf verschiedene Fassungen zusammengeschnitten, zum Teil in Kombination mit dem Science-fiction-Serial »Buck Rogers« (1939), für Fernsehfassungen wiederum nur einzelne Episoden, so daß sich mit den auftauchenden Filmen heute selbst für Kenner immer auch ein Puzzle-Spiel ergibt.

Flash Gordon, seine Verlobte Dale Arden und Dr. Zarkov, ein brillanter Wissenschaftler, fliegen zum Planeten Mongo. Dort geraten sie in die Gefangenschaft des grausamen Herrschers Ming, der die Erde zerstören will. Aber Ming findet Gefallen an Dale, seine Tochter Aura an Flash und Dr. Zarkov an Mings Laboratorium. Damit fangen die Verwirrung der Gefühle und die verwirrende Handlung erst an. Es kommt zu einem Katz-und-Maus-Spiel zwischen den unter- und außerirdischen Kräften und Mächten.
Schließlich findet alles ein glückliches Ende: Ming seinen verdienten Tod, Prinz Barin seinen angestammten Platz auf dem Thron, Aura in ihm ihre wahre Liebe, und Flash, Dale und Zarkov finden ihren Weg zurück zur Erde.

# King of the Rocket Men

Ein kleiner Film über einen großen Traum: einfach aus der Tür zu treten, Anlauf zu nehmen und wie ein Vogel in die Luft zu steigen. Wenn Tristram Coffin sich die Rakete wie einen Rucksack auf den Rücken schnallt, seinen stählernen Schutzhelm herunterklappt, kurz an der Gürtelschnalle dreht und — nach ein paar Schritten Anlauf — vom Boden abhebt, begegnet der Zuschauer seinem eigenen Wunschtraum als einem, der einmal nicht in einem phantastischen Märchen oder einer fabelhaften Außenwelt gezündet wird, sondern mitten im gewöhnlichen Alltag, zwischen Büro und Wohnung. Imponiergefühl und technische Gestalt des Apparates verbinden sich für den Raketenmann zum Abenteuer, das kindliche Spielplatzerfahrungen zur erwachsenen Gegenwart macht.

Wenn der Raketenmann mit nach vorn gestreckten Armen durch die Lüfte rauscht, hinter flüchtenden Gangsterautos herjagt, Schnellzüge in letzter Sekunde vor eingestürzten Brücken zum Stehen bringt, durch Tunnels schießt oder auch aus dem Fenster eines Hoch-

*König der Raketenmänner — Bewegungsphasen*

*Hausgemachte Phantasie. Technik als Spielzeug, Ausbruchsvehikel, Privat-Utopie. So wie der Raketenmann in seiner primitiven Kluft eher an einen Bastler erinnert, der sich seinen Traum vom Fliegen mit einfachsten Mitteln selbst realisiert hat, wirkt der ganze Film wie handgemacht, hausgemacht.*

hauses fällt und sich mit seiner Rakete wie in einem unsichtbaren Fahrstuhl wieder nach oben rettet − dann sind das genau die Momente, in denen das Märchenhafte der Technik sich mit der Sehnsucht deckt, den Graben zwischen Wunschtraum und Wirklichkeit aufzufüllen. Alles andere in dem Film funktioniert nach den für Serials typischen, standardisierten Action-Situationen, die den Helden pausenlos durch die Geographie hetzen, um ihn immer wieder mit seinen Gegnern zusammenprallen zu lassen. Daß es bei den handfesten Auseinandersetzungen spektakulär zugeht, dafür sorgen in diesem Fall ein halbes Dutzend namhafter Stuntmen wie Dale Van Sickel, Tom Steele, David Sharpe, Eddie Parker, die wie immer die Bösewichter abgeben müssen.

Vor diesem Hintergrund erreichen die Trick-Flugszenen eine so unmittelbare Realität, das der biedere Alltag, in dem sich der Raketenmann bewegt, phantastischer erscheint als die phantastische Kulisse, die ihn kontrastieren sollte.

Mit dem Raketenmann reist der Zuschauer heute in die Vergangenheit der fünfziger Jahre, in der er zwischen utopischer Handlung, Filmkulisse und altmodischen Kostümen auf einmal die ganz alltägliche, billige, längst verrottete Gebrauchswelt zu sehen bekommt: Möbel, Radios, Blumentöpfe, Telefone, Kaffeetassen, Kühl-schränke, Hüte, Krawatten, Straßenanzüge, Autos . . . Und wie diese Objekte im nostalgischen Rückblick wie verlorenes Strandgut betrachtet werden, so erinnert der ganze Film an entschwundenes Handwerk. Das macht seinen Kultwert aus. Denn der *König der Raketenmänner* ist der Traum von einem Kino, das es nicht mehr gibt, dessen naiver Charme sich dem Paradox verdankt, daß es weder realistisch genau noch phantasievoll phantastisch war.

**King of the Rocket Men** (König der Raketenmänner)
USA 1949. Republic
*Regie* Fred C. Brannon   *Drehbuch* Royal K. Cole, William Lively, Sol Shor   *Kamera* Ellis W. Carter   *Musik* Stanley Wilson   *Optische Effekte* Consolidated Film Industries   *Spezialeffekte* Howard und Theodore Lydecker
*Darsteller* Tristram Coffin (Jeff King), Mae Clarke (Glenda Thomas), Don Haggerty (Tony Dirken), House Peters jr. (Burt Winslow), James Craven (Professor Millard), I. Stanford Jolles (Professor Bryant), Douglas Evans (Bürgermeister), Ted Adams (Martin Convay), Stanley Price (Gunther von Strum), Dale Van Sickel (Martin), Tom Steele (Knox), David Sharpe (Blears), Eddie Parker (Rowan), Michael Ferro (Turk), Frank O'Connor (Wächter), Buddy Roosevelt (Phillips)
Deutsche Verleihfassung in zwei Teilen »Der geheimnisvolle Dr. Morgan« (1) und »Entfesselte Kräfte« (2) nach dem 12teiligen Serial

In einem Forschungsinstitut fallen die Wissenschaftler Drake und Millard einem Sabotageakt zum Opfer. Jeff King, ihr junger Kollege, kommt dahinter, daß der große Unbekannte ein Dr. Vulcan ist. Zum Glück besitzt er eine neue Erfindung, einen Düsen-Flugapparat, um als der geheimnisvolle Raketenmann Jagd auf Dr. Vulcan zu machen, den er am Ende als Professor Bryant vom eigenen Institut entlarvt.

# Creature from the Black Lagoon
# Revenge of the Creature

Eine phantastische Spekulation über das, was sich an entschwundenem Paradies noch einmal in unsere entzauberte Welt hineinzuzaubern läßt.

Der seltsame Kiemenmensch, den ein Forscherteam im Märchenwald des Amazonasgebietes in einer Lagune entdeckt, wirkt wie ein heimatloser Überlebender aus einem verlorenen Paradies. Ein Archetyp, über dessen Herkunft sich die Wissenschaftler den Kopf zerbrechen, ohne sein Geheimnis zu lüften: denn der Kiemenmensch ist eine Traumfigur.

Es geht um die Beziehungen zwischen der Realität der Träume und der Realität, die Träume produziert: »Er sah aus wie das Ungeheuer aus der Schwarzen Lagune«, sagt Marilyn Monroe in *The Seven Year Itch,* als sie einen Vergewaltigungstraum schildert, während sie gerade aus einem Kino kommt, das Jack Arnolds *Creature from the Black Lagoon* zeigt.

Marilyns Erinnerungsbild verweist auf die erotischen Hinter- und Untergründe in den Filmen vom Kiemenmenschen. Das alte Thema von der Schönen und der Bestie als Angst vor der unbekannten Natur, der fremden wie der eigenen. Das tiermenschliche Wesen, bewahrt in unberührter Natur, erblickt in der Braut eines Forschers seine Traumfrau, die nun ständig von der Aura erotischer Gefahr umgeben ist, ohne es zunächst zu ahnen.

Die Fabel von unmöglicher, unerfüllter Liebe verknüpft sich mit der Begegnung von Natur und Zivilisation. Der tragische Aspekt dieser Begegnung findet bei Jack Arnold keine märchenhaft angelegte Lösung: Der Kiemenmensch wird — kaum entdeckt — gejagt, gefangen, betäubt, gefoltert, eingesperrt. Er kann sich befreien, läuft Amok und verschwindet, von Schüssen begleitet, schließlich im Wasser, jenem Element, aus dem er gekommen ist und das als Ursprung allen Lebens gilt. So erzählt dieser Film von nichts anderem als vom Verlust der Natur, der immer auch ein Verlust von Menschlichkeit ist.

**Creature from the Black Lagoon** (Der Schrecken vom Amazonas)
USA 1954. Universal
*Regie* Jack Arnold   *Drehbuch* Marry Essex, Arthur Ross, nach einer Story von Maurice Zimm   *Kamera* William E. Snyder   *Unterwasseraufnahmen* James C. Havens   *Masken* Bud Westmore   *Musik* Joseph Gershenson   *Spezialeffekte* Charles S. Welbourne   *Amphibienkostüm* Jack Kevan
*Darsteller* Richard Carlson (David Reed), Julia Adams (Kay Lawrence), Richard Denning (Mark Williams), Antonio Moreno (Carl Maia), Whit Bissell (Edwin Thompson), Nestor Paiva (Lucas), Henry Excalante (Chisco), Bernie Gozier, Sydney Mason, Julio Lopez, Rodd Redwing   *Stunts* Ben Chapman und Ricou Browning als Amphibienmenschen

**Revenge of the Creature** (Die Rache des Ungeheuers)
USA 1955. Universal
*Regie* Jack Arnold   *Drehbuch* Martin Berkeley   *Masken* Bud Westmore   *Musik* Herman Stein, Joseph Gershenson   *Amphibienkostüm* Jack Kevan

*Darsteller* John Agar (Professor Clete Ferguson), Lori Nelson (Helen Dobson), John Bromfield (Joe Hayes), Robert B. Williams (George Johnson), Nestor Paiva (Lucas), Grandon Rhodes (Forster), Dave Willock (Gibson), Charles Cane (Polizeichef)   *Stunts* Ricou Browning als Amphibienmensch

Die Universal brachte 1956 noch einen weiteren Film mit dem Amphibienmenschen heraus: *The Creature Walks Among Us/Das Ungeheuer ist unter uns* (Regie: John Sherwood). Den naiven Charme und die atmosphärische Dichte der Jack-Arnold-Filme erreicht er nicht.

Auf dem Amazonas tuckert ein Kahn ins Dschungelgebiet. An Bord eine Forschergruppe, die Spuren vorzeitlichen Lebens zu entdecken hofft. In der Schwarzen Lagune stößt sie auf einen Kiemenmenschen, der — zu ihrer Überraschung — lebt. Er entwickelt eine auffällige Neugier für das einzige weibliche Mitglied der Gruppe. Es wird Jagd auf ihn gemacht. Er entgeht, trotz seiner verzweifelten Kontaktversuche, schließlich allen Fallen und sinkt am Ende, schwer verletzt, in die Tiefe des Wassers.

In der Fortsetzung *Die Rache des Ungeheuers* kehrt eine Expedition zur Schwarzen Lagune zurück. Der Kiemenmensch wird wieder entdeckt, betäubt, gefangen, in einem Aquarium zur Schau gestellt und als Objekt wissenschaftler Experimente behandelt. Beteiligt ist auch eine junge Studentin, die über den Kiemenmenschen ihre Doktorarbeit schreiben will. Beim Ausbruch aus seinem Gefängnis schnappt sich der Kiemenmensch das Mädchen, wird aber gestellt, verfolgt und sinkt am Ende, schwer verletzt, in einen nahegelegenen Fluß.

*An der Oberfläche werden Träume wahr.*

*Gefahr aus dem Unterbewußtsein*

*Die Ohnmacht der Phantasie*

*Flucht vor der eigenen Natur*

# Invasion of the Body Snatchers

Ein Film aus den fünfziger Jahren, dessen verkapselte Botschaft für die Zuschauer der achtziger Jahre bestimmt scheint.

Gestern noch als konventioneller Science-fiction-Film eingestuft, der auf dem Höhepunkt des kalten Krieges vor kommunistischer Unterwanderung warnte, heute die aufregendste Kinospekulation über die aktuellen Ängste einer No-future-Generation vor der totalen Entfremdung und Isolation in einer bereits völlig entpersönlichten Welt.

Aus mysteriösen Samenkapseln entstehen verschwommene menschliche Schatten, die buchstäblich über Nacht die Identität schlafender Menschen übernehmen. Die »neuen« Menschen sehen genauso aus wie die alten. Aber sie sind keine mehr. Sie wollen keine mehr sein und setzen alles daran, daß auch die anderen Menschen so werden wie sie: befreit von allen irrationalen menschlichen Gefühlen, von Freude und Leid, Liebe und Haß. Ein Zustand, den sie als ideale und einzige Voraussetzung für den Frieden in der Welt ansehen.

Nur ein Arzt erkennt, was in der Stadt vor sich geht. Das Fatale ist allerdings, daß er zunächst gar nicht mitbekommt, daß auch Nachbarn, Bekannte, Freunde, Verwandte über Nacht »andere« Menschen geworden sind. Er befindet sich plötzlich in einer Situation, in der er nicht mehr weiß, ob diejenigen, die er warnen will, ebenso wie die, von denen er sich Hilfe erhofft, noch die Menschen sind, die er kennt. Also weiterhin echte Menschen sind.

Allein durch eine leicht gefühllose Reaktion verraten sich die täuschend ähnlichen Duplikate. Schließlich muß der Arzt feststellen, daß er und seine Braut die letzten menschlichen Wesen sind. Die beiden flüchten in die Berge, bringen sich dort in Sicherheit. Und als der Mann sein Mädchen küßt, spürt er an ihren weitgeöffneten, abwesenden Augen, daß auch sie bereits ihre Identität verloren hat.

Die in der Reader's-Digest-Mentalität vom »Menschen wie du und ich« verankerten Vorstellungen hat Don Siegel in seinem Film radikal unterlaufen, mit konträren Affekten zusammengemischt. Die Imago von Nachbarn, Bekannten, Freunden ist zwar noch identisch mit dem Bild ihrer äußeren Erscheinung, aber nicht mehr identisch mit ihrem Wesen. Denn sie haben ihre Persönlichkeit verloren, ohne es zu merken. Ihre Individualität entpuppt sich als Maske des Konformismus, bei dem jeder nur noch als »Hülse« seines eigenen Doubles herumläuft.

Ein Film über Lebensängste, der auf irritierende Weise dem Krisenbewußtsein unserer Tage entspricht.

**Invasion of the Body Snatchers** (Die Dämonischen)
USA 1956. RKO
*Regie* Don Siegel   *Drehbuch* Daniel Mainwaring, nach dem Roman von Jack Finney »The Body Snatchers« *Kamera* Ellsworth Fredricks *Musik* Carmen Dragon   *Spezialeffekte* Milt Rice
*Darsteller* Kevin McCarthy (Dr. Miles Bennell), Dana Wynter (Becky Driscoll), Larry Gates (Dr. Daniel Kaufman), Jean Willes (Sally Withers), King Donovan (Jack Velichec), Carolyn Jones (Theodora Velichec), Ralph Dumke (Nick Grivett), Virginia Christine (Wilma Lentz), Tom Fadden (Ira Lentz), Beatrice Maude (Großmutter Grimaldi), Bobby Clark (Jimmy Grimaldi), Sam Peckinpah (Charlie Buchholtz), Richard Deacon (Dr. Harvey Bassett), Whit Bissell (Dr. Hill)

Samenkapseln rätselhafter Herkunft sind auf eine amerikanische Kleinstadt niedergegangen. Sie wachsen, platzen auf und bemächtigen sich der schlafenden Bewohner, indem sie ihre Gestalt annehmen, ihr Innenleben aber vernichten. Sie sind wie Roboter, ohne Gefühlsregungen, nur darauf bedacht, sich weiter auszubreiten.

*Samenkapseln aus dem All. Nur einer erkennt die Gefahr.*

*Flucht vor Menschen, die keine mehr sind*

# 2001: A Space Odyssey

*2001* ist ein männlicher Film.

Er zeigt, wie die Kinderstube des Spielzeugs sich verselbständigt hat, Spielzeuge zu Werkzeugen geworden sind und die immer als technische Utopie erträumte Welt perfekt und fremd ausgeträumt ist.

Es gibt keine lustvollen Abenteuer des technischen Phantasierens mehr. Alles, was an männlichen Gefühlen im Umgang mit technischem Spielzeug noch lustvoll war, hat sich in die ausgewachsenen Objekte zurückgezogen. Was den Männern bleibt, ist eine Kommunikationsebene, die nur aus technischer Wartung, selbst ihrer eigenen Lebensfunktionen, besteht.

Es gibt keine private Sphäre, keine Intimitäten, keine Liebe mehr. Und wo sie auftaucht, existiert sie nur als zweite Realität in der Scheinwelt der Medien.

Die Technik wird überwacht und gesteuert von einem männlichen Computer. Er heißt »HAL«. Er, Inbegriff von Technik, ist der einzige, der menschliche Gefühle zeigt, der die Sprache auch in ihrer Intimität noch nicht verlernt hat.

Er wird am Ende entmachtet und regelrecht entmannt: Man zieht ihm Stöpsel für Stöpsel heraus, die man früher in ihn hineingesteckt hat.

Und je mehr man ihm seine Rationalität entzieht, um so stärker gibt er seine frühesten Lektionen preis: Er trällert zuletzt ein Kinderlied und verrät damit, daß er einmal als Spielzeug gebastelt wurde, als die Männer noch Kinder waren.

Der einzige Überlebende, Bowman, dessen Trauma es ist, sich in einer quasi homoerotischen Spiegelung der Technik endlos wiedergeboren zu sehen, erlebt sich als Urvater. So, als könne die Technik die einzig wirkliche Lebensquelle, die Frau, ersetzen.

**2001: A Space Odyssey** (2001: Odyssee im Weltraum)
USA 1968. MGM
*Regie* Stanley Kubrick *Drehbuch* Stanley Kubrick, Arthur C. Clarke, nach der Story »The Sentinel« von Arthur C. Clarke *Kamera* Geoffres Unsworth *Art Direction* John Hoelsi *Production Design* Tony Masters, Harry Lange, Ernest Archer *Kostüme* Hardy Amies *Musik* Johann Strauss, Richard Strauss, György Ligeti, Aram Khachaturian *Spezialeffekte* Douglas Trumbull, Wally Veevers, Con Pederson, Tom Howard *Darsteller* Keir Dullea (David Bowman), Gary Lockwood (Frank Poole), William Sylvester (Dr. Heywood Floyd), Daniel Richter (Mondbeobachter), Leonard Rossiter (Smyslov), Margaret Tyzack (Elena), Robert Beatty (Halvorsen), Sean Sullivan (Michaels), Frank Miller (Missionsleiter), Penny Brahms (Stewardeß), Alan Gifford (Pooles Vater)

Ein Team, zwei Astronauten, drei in Tiefschlaf versetzte Wissenschaftler und ein Computer vom Typ H. A. L. 9000 auf Forschungsreise in die unbekannten Regionen des Jupiter.

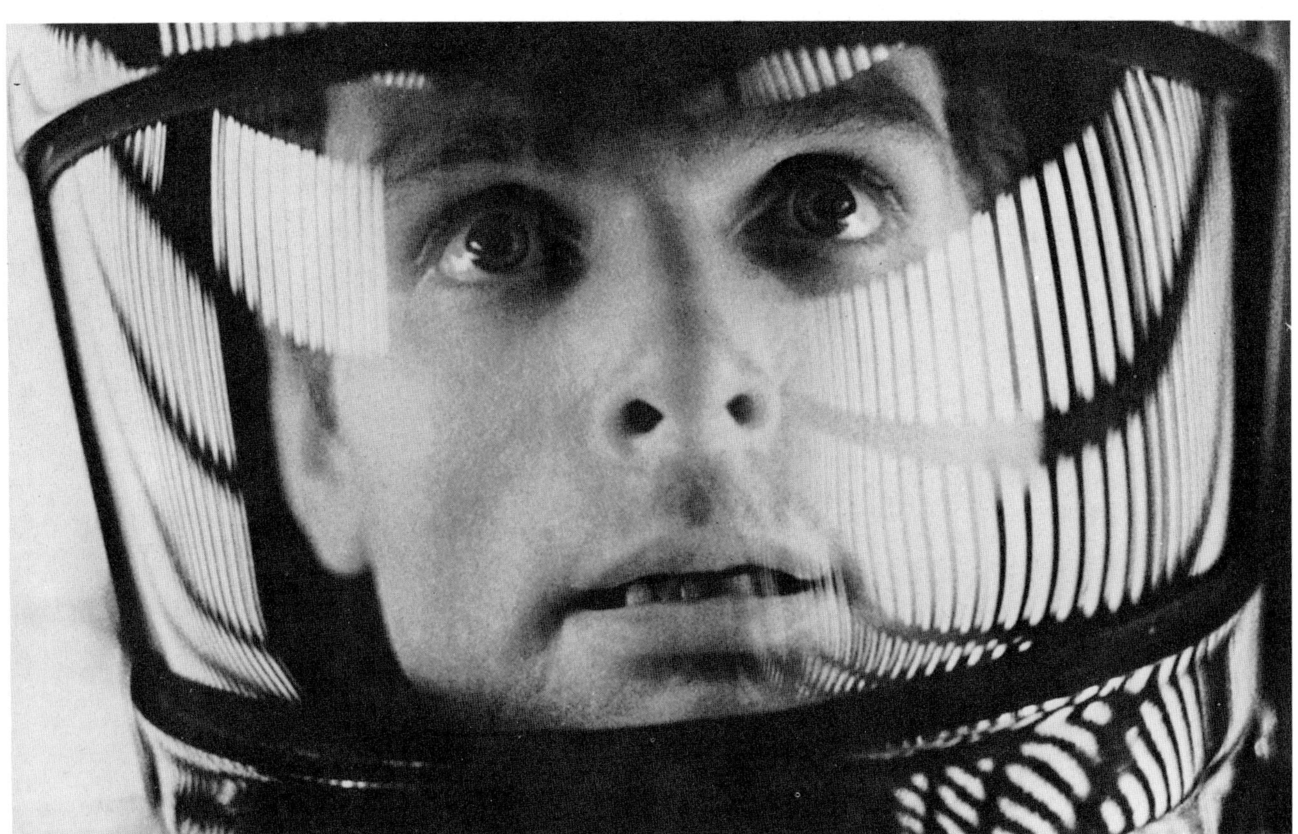

*Der utopische Traum von der Technik wird zum Trauma.*

*Alle männliche Sinnlichkeit verschwindet in den technischen Objekten.*

# Alien

*Alien* ist ein weiblicher Film.

Er zeigt die Technik weder großartig noch perfekt, auch nicht fremd, eher wie im Arbeitsalltag. Das Raumschiff »Nostromo« ist ein alter Kahn. Er hat nichts von der glatten Welt utopischer Entwürfe.

Die Besatzung lebt in einer Wohngemeinschaft, in der das Gefühl und die Wärme der Frauen vorherrschen. Ihre Mitglieder haben eine untechnische Alltagssprache, auch eine soziale Sprache, die Sprache von Individuen. Sie verraten auch Gefühle. Der am meisten Kopfbestimmte, der Wissenschaftler, entpuppt sich als Roboter, als Agent der Konzerne.

Die Technik wird überwacht und gesteuert von einem weiblichen Computer, den die Astronauten »Mutter« nennen. Dieses Kommandozentrum wirkt wie ein warmes Nest, eine Höhle, ein Mutterschoß.

Als die Katastrophe kommt, stößt die Computer-Mutter ihre Besatzungskinder aus, weil sie von der patriarchalischen Technik noch männlich programmiert ist. In die-

sem Moment emanzipiert sich die als einziges Besatzungsmitglied übriggebliebene Frau: indem sie den Computer praktisch seiner Selbstzerstörung preisgibt.

Diese Überlebende, Ripley, deren Trauma es ist, die männliche Überlegenheit als obszönes Monster aus dem Weltall zu erleben, befreit sich endgültig, indem sie das Monstrum in den Weltraum schießt. Sie rettet ihre eigene Identität und bleibt mit sich (und einer schnurrenden Katze) allein.

**Alien** (Alien − Das unheimliche Wesen aus einer fremden Welt)
England 1979. 20th Century Fox
*Regie* Ridley Scott   *Drehbuch* Walter Hill und David Giler, nach einer Story von Dan O'Bannon und Ronald Shusett   *Kamera* Derek Vanlint
*Art Director* Les Dilley, Roger Christian   *Spezialeffekte* Brian Johnson, Nick Allder   *Design des »Alien«* H. R. Giger
*Darsteller* Tom Skerritt (Dallas), Sigourney Weaver (Ripley), Veronica Cartwright (Lambert), Harry Dean Stanton (Brett), John Hurt (Kane), John Holm (Ash), Yaphet Kotto (Parker)

Ein Team, zwei Frauen und fünf Männer, trifft bei Routinearbeit im Weltraum auf einen galaktischen Schrecken.

*Die weibliche Sinnlichkeit verschwindet nicht in den technischen Objekten, sondern richtet sich auf die lebendige Natur.*

*Von der technischen Zukunftswelt der Männer emanzipiert sich die Frau. Sie überlebt als einzige.*

# Avantgarde

Avantgardefilme fangen da an, wo das Hollywood-Kino aufhört. Sie lassen sich auf die Krankheiten des modernen Lebens ein. Außerhalb der Konventionen sammeln sie den Abfall ein, das Ausgegrenzte und Tabuisierte des seriösen Betriebs. Ihre Provokation besteht darin, daß sie frei sind von kommerziellen Zügen.

Durch Undergroundfilme schreiten Mädchen in blauen Nachthemden, ziehen Motorrad-Männer und zerstörte Dichter in einer wilden Welt. Undergroundfilme haben schwarze Mütter, blonde Schlangen und Lichtgott Luzifer auf der Besetzungsliste; Geschöpfe hinter Fächern, arabische Verführerinnen, verlorene Seelen, flammende Kreaturen. Der Underground hat den Sex zum Rohstoff, mit dem er lodert und ausbrennt, daraus resultiert das Erregungsvermögen seiner Bilder. Er probiert Freude und Unschuld seiner Figuren an Themen aus, die von der gewöhnlichen Moral von vornherein als pervers und eklig abgetan werden.

Was Wunder, daß seine liebsten Reisen Unterleibsreisen sind. Ihre Stationen: sexuelle Dauerträume, Prunk der Perversionen, Ekstase, überspitzte Kleinbürgerphantasien. Im Transvestismus erblickt der Untergrundfilm seine angemessene Komödie. Wilde Schwule, onanierende Männerriegen, Imitatoren und Narziß im Spiegel treten darin auf. Außenseiter wie Süchtige, Strichjungen, Gedemütigte, Rote und Schwarze laufen durch ein wüstes Dekor von Federputz und ahistorischen Mode-Happenings. Die Abfallverwertung des Undergrounds frißt sich durch Dokumentarisches und frühe Stummfilme ebenso wie durch Werbeschnipsel und Kintoppklischees. Höhnische Fußnoten zu Hollywood sind seine kritische Konsequenz.

Die Abwendung vom literarischen Film als Selbstbehauptung der Naivität und des Spiels ermöglichte es dem Avantgardekino schon immer, seine Hochspannungsladungen im Kreis der Sinne und des Vergnügens zu plazieren. Es holte seine Kunst aus dem Bereich der moralischen Ideen heraus und erhellte sie durch eine absolute ästhetische Weltsicht.

Experimentalfilme, als Teil der Avantgarde, gab es, parallel zum kommerziellen Fiction-Film, schon seit den Anfängen des Kinos. Das Avantgardekino insgesamt entwickelte sich über poetische Schockfilme aus Europa um 1930 und amerikanische Varianten der dreißiger und vierziger Jahre. Zum eigentlichen *Underground*-Film kam es in den USA in den fünfziger Jahren als Unterströmung gegen die Tabus der Nachkriegsära und des McCarthyismus. Die Kamera legte sich als Voyeur auf die Lauer, doch nur deshalb, weil der freie Blick auf gewisse Dinge des Hinterhoflebens verboten war. Andererseits war die Filmkamera schon immer voyeuristisch, allein der Undergroundfilm nahm diese Tatsache ernst.

Daß Underground Sexualität meint, so wie alles darüber hinaus Rationalität, zeigten bereits Avantgardefilme wie René Clairs *Entr'Acte* (1924); *Un Chien Andalou* (1929) und *L'Age d'Or* (1930) von Buñuel/Dali oder Cocteaus *Le Sang d'un Poète* (1930). Filme, die wie Dolche ins Herz des Publikums trafen.

Sie feierten nicht die gewohnte Ordnung. Sinnlosigkeit und Anarchie, das Unterfutter des aberwitzigen Norma-

len, waren hier auf dem Sprung. Besonders in den beiden surrealistischen Kultfilmen von Buñuel und Dali erschreckte die Absurdität der Dinge, die sich gegen den Menschen erhoben. Und die Absurdität des Menschen selbst, bevor sein radikales Begehren die bürgerliche Welt zerschmettert. Im Absurden konnte der neue Mythos erkannt werden, das Absurde legitimierte auch noch den tollwütigsten Gedanken. Gleichzeitig versöhnte das Als-Ob der Kinorealität die phantasierte Rebellion mit dem in einer Scheinwelt passiver Genugtuung herrschenden Opportunismus. Alles konnte bleiben, wie es war.

Die geistige Unabhängigkeit des frühen Avantgardefilms der Surrealisten machte neue Themen möglich. In der Geschichte des Avantgardekinos hat sich diese ideologische Freiheit nicht oft wiederholt. Das Neue der Avantgarde liegt eher in ihrer formalen Kühnheit. DADA geisterte eine Zeitlang durch die Filmsprache. Mit akustischen Experimenten wurde das Abc neu buchstabiert. Flatterndes, schattiges Licht und Mehrfachbelichtungen, Spiegelungen und Farbexperimente, handgemalte und -gekratzte Filmstreifen, das Zelluloid als Aussageträger, Simultanbilder, Leinwandsplitterung, verzerrende Kameraeinstellungen, Animationstechniken, kalkulierte Primitivität: das alles bezeichnet die Brüche mit dem Alten.

Das Undergroundkino hat sich seit den fünfziger Jahren unter ständiger Erneuerung seiner Kreativität weiterent-

*Eine anbetungswürdige Gottesdienerin / <u>Lucifer Rising</u>. USA 1972. Regie: Kenneth Anger*

212

wickelt. Dadurch wurde der Untergrund insgesamt zu einem kultischen Bereich, dem Einzelfilme untergeordnet sind. Einzelne Underground-Artisten zogen jedoch besondere Bewunderung auf sich. Sie hervorzuheben bedeutet nichts anderes, als sich bestimmter Höhepunkte und Stile zu vergewissern.

In den USA: Jonas Mekas, Shirley Clarke, Maya Deren, Gregory Markopoulos, George Kuchar, Stan Brakhage, Ed Emshwiller, Jack Smith, Kenneth Anger, Andy Warhol, John Waters. In Deutschland: Irm und Ed Sommer, Werner Nekes, Dore O., Werner Schroeter, Rosa von Praunheim.

Außenseiter wie der Autorenfilmer Russ Meyer lernten ihre Erzähltechniken bei der Underground-Avantgarde. So wie Meyer profitierte das Medium insgesamt von der Avantgarde, übernimmt Themen und Formen. Nur das Underground- und Avantgardekino entwickelt den Film entscheidend weiter. Seine sexuellen Vergnügungen, automatischen Tänze, belebten Dinge, schrillen Choräle und herzförmigen Lippenstifte, seine Stierkampfposaunen und chinesischen Liebeslieder, seine Orgien, Hinrichtungen und Allegorien sind unerschöpflich. Seine Blumen und Lumpen blühen und verrotten. Man sieht und hört im Underground so viel, daß man den Zwang, beurteilen und kritisieren zu müssen, vergißt.

**Kenneth Anger.** Ein Mann streicht zärtlich mit einer Puderquaste über die glänzenden Teile eines Hot-Rods. Im Haus des Todes beschwören Skorpion-Menschen den Tod, der in Chrom und Leder einherschreitet. Weiße US-Matrosen schlagen einen Filmemacher nieder und zerfleischen ihn. Maskenfeste, symbolische Messen, Götterträume und musikalische Visionen, sadomasochistische Alpträume zucken in Licht und Schatten.

In Kenneth Angers Filmen hausen gewalttätige Männergemeinschaften, die ihr Dasein wie ein Ritual zelebrieren und ihren unheiligen Alltag dämonisieren: in *Scorpio Rising*.

Am Rande stehen, Glamour der Lederszene, Wollust und Provokation. Anger denkt über amerikanische Kulte nach. Über Motorradbanden, Surfer, Drogenabhängige, Rocker, Tänzer, lodernde Geschöpfe. Über Teenagergruppen mit ihren festen Ritualen. Über Abzeichen, Waffen, Feuerstühle als unbegriffene Fetische. Über brutale Homosexualität.

Fasziniert von dem Glanz des Schönen und des Starken, durchpflügt Anger die künstlichen Gefilde der Imagination und des Schreckens: in *Fireworks*.

Er ist selbst ein Hoherpriester des Irrationalen. Er stellt Kulte und Magie als geistige Welten dar und verfällt ihnen zugleich. Mit seinen Filmen, Festen für die Sinne und ohne Botschaft, schwarzen Messen, verwirklicht sich der Anhänger Luzifers, des gefallenen Lichtgottes, in einer Welt geheimnisvoll beleuchteter Zeremonielle: in *Lucifer Rising* und *Inauguration of the Pleasure Dome*.

Kenneth Anger, der Magier des Film-Undergrounds, gehört den Orden »Temple of the Orient« und »Argentinum Astrum« an, die der englische Abenteurer und Magier Aleister Crowley gründete: in *seinem eigenen Film*.

**John Waters.** Gegrillte Ratten zum Dinner, abgehackte Hände und Genitalien, Säureattentate auf unschuldige Gesichter, Orgien mit rohen Hühnereiern, Kannibalismus, Mord und Vergewaltigung, verspeiste frische Hundehäufchen, verschacherte Neugeborene, entblößte Schließmuskeln, scheußliche Exekutionen: John Waters will das Publikum zum Kotzen — oder zum Lachen bringen.

In den ekligen Filmen des Schmutzapostels will jeder berühmt werden. Ob durch Mord oder Musterhaftigkeit spielt keine Rolle. Jeder begibt sich auf den glitschigen Weg zum Erfolg, das Verbrechen wird zum Schaugeschäft. Menschliche Fleischberge und mickrige Hühnerficker begegnen einander. Die amerikanische Familien-Mischpoke, zur entblößenden Peep-Show arrangiert, hockt im Vorort-Wohnzimmer von Suburbia zusammen und bekriegt sich.

Da treten Wesen auf wie: geile Polizisten, gigantische Dienstmädchen, unförmige Königinnen, lederlüsterne Tunten, Tollwutbazillen, ranzige Sexsymbole, debile Millionenerbinnen, Frauenfuß-Fetischisten.

Fette Frauen mit weichen Bewegungen bevölkern die bizarren Filme bevorzugt. John Waters ist ein Fettfanatiker. Körperfülle und Häßlichkeit gelten ihm als Zeichen eines reichen Trieblebens. Seine Stars Jean Hill, eine 400 Pfund schwere Schwarze, und Edith Massey mit dem Brandenburger-Tor-Gebiß sind von geschmackvoller Vulgarität und gewinnender Häßlichkeit. Und natürlich

*Der Magier mit seinen Objekten*

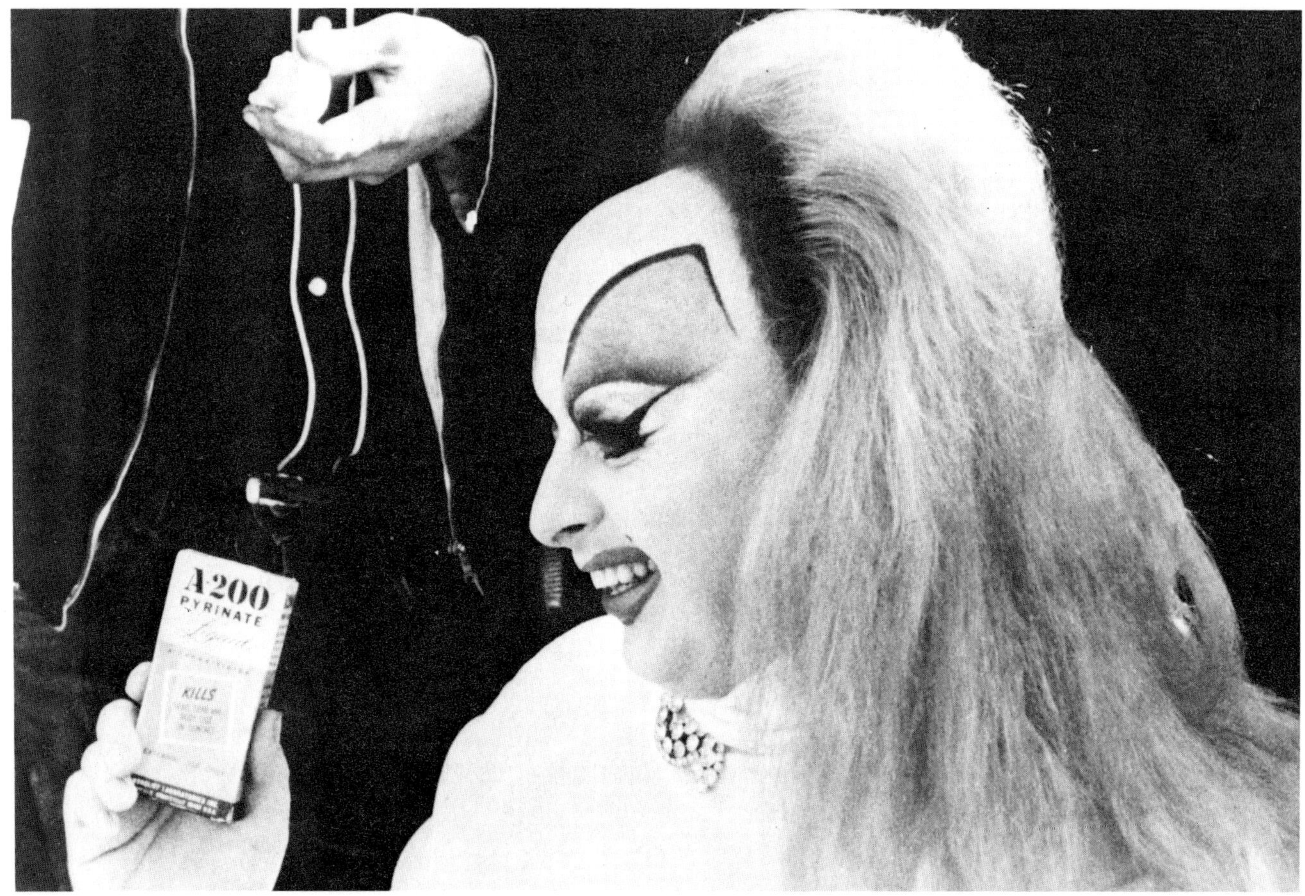

*Divine, die Schönste Hollywoods / <u>Pink Flamingos</u>. USA 1972. Regie: John Waters*

Divine. Die »Göttliche« ist ein Mann, der vermutlich dickste Transvestit der Welt. Sein Horror-Glamourlook wurde zum Markenzeichen des Underground-Comic-Theaters. Divine ist die perfekteste und schönste der Hollywood-Matronen, in deren Riege weiter hinten Mae West, Kim Novak und Jayne Mansfield stehen. Sie im Bikini gesehen zu haben ist der Traum jedes John-Waters-Kultisten.

Das Schmuddelkino von Waters, in den Farben Rosarot, Pflaumenblau, Pink und mit einem Schuß dampfendes Braun, wäre nicht so wirkungsvoll, hätte es nicht reale Anlässe. Wenn der Regisseur die allamerikanischen Ideale auseinandernimmt, daß die Bilder nur so wackeln, dann stinkt ihm offensichtlich der Wohlgeruch der Deodorant-Welt mit ihrem Hochglanz-Ambiente.

Wo Design strahlt, muß auch Abfall sein, denkt er. Und deshalb haben seine Schundfilme alles mit dem American way of life zu tun. Mit dem Hygienefimmel, dem Jugend- und Schlankheitskult, aber auch mit den Vergiftungen und Verseuchungen, den ins Klo gespülten Embryos und der Folter in den Familien, mit matschigem Hühnerfleisch und triefendem Schweinskram, mit Alkoholismus, kaputten Psychen, Sexualakten wie Gottesdienste.

Und so setzt sich der Auswurf der kaputten Gesellschaft in seinen Filmen ab. Die Schock-Ästhetik des Undergrounds zieht in die Handlung ein. Den moralischen Monstern und Plastik-Schicksen wird der Nachttopf über dem Kopf ausgeleert.

Der Mann aus Baltimore in Maryland, der »Müllhalde der USA«, John Waters, steht heute dem Club der Avantgarde-Kultfiguren vor. Aber er ist ganz anders als die Freaks in seinen Filmen. Der geschniegelte Collegeboy und Anal-Anarchist mit der konservativen Erziehung möchte kommerziellen Ruhm. Man muß befürchten, daß er in einigen Jahren zu Filmen nach Art von Robert Redfords *Ordinary People* überwechselt.

Zwar liebt er gewaltsame Todesfälle, Katastrophen, Mordprozesse (»alle Leute sehen besser aus, nachdem sie verhaftet worden sind«) und bevorzugt rohe Horrorfilme wie *2000 Maniacs* oder *Blood Feast* von Hershell Gordon Lewis, aber das Scheiße-Essen in *Pink Flamingos* (1972), seinem ersten Kultfilm? — »Ich wußte ... das konnte man nicht verschweigen, alle würden darüber reden.« John Waters baut eine monströse Filmwelt auf, um sich von seinen Obsessionen zu befreien — vor dem großen Sprung nach oben. Er macht mit Exzessen kalkulierte Karriere.

Dennoch sind seine Randfilme, die durch Mund-zu-Mund-Propaganda in kleinen Kreisen zum Geheimtip wurden, Kultfilme geworden und machen auch längst Kasse. Man kann das Häßliche in den grellen und unflätigen Filmen genießen, wenn man sich seines eigenen guten Geschmacks sicher ist. Deshalb besteht seine Kultgemeinde aus den Gebildeten und den Ästheten. Ekel ist kreativ.

Man geht in diese komischen Filme, lacht und denkt: »Mein Gott, und ich dachte immer, *ich* wäre kaputt«

(Waters). So gesehen, gehörten sie zum Therapieprogramm in die psychiatrischen Anstalten. Sie könnten Geisteskranken Mut machen: Ihre Abnormalität ist die Normalität.

**Andy Warhol.** Die Machart ist einfach, aber die Personen sind wunderbar. Eine vervielfältigte Marilyn Monroe, Jackie Kennedy und Mona Lisa auf bunten Bildern. Und in den Filmen eitle Superstars, die sich glamourglänzend, ungeniert vor der Kamera tummeln. Berauscht von Drogen und Spotlights, ständig kurz vor dem Überschnappen. Das ist ihr Normalzustand. Narziß und die Amazonen im Tumult und auch in Trance. Das Banale ist ein Wunder, jeder ist ein Star.

Alle sind sie Teil der »Factory«, Andy Warhols New Yorker Haus in der 47th Street East. Nico, Ondine, Joe Dallessandro, Viva, Bonbon-Fee und Rotten Rita. Sie stellen nur sich selbst dar, auch wenn sie spielen. Sie sind Teil einer ständig produktiven Fabrik, einer unabhängigen, heiteren, von kreativem Leben erwärmten Öffentlichkeit. Wand an Wand mit dem »Chelsea Hotel«, in dessen Küche Ingrid Superstar quasselt.

Andy Warhols Welt ist wie Amerika. Oberflächlich, echt, provozierend. Der mit Campbell-Dosen als Suppenkaspar berühmt gewordene Artist will Außenwelt zeigen, sonst nichts. Mit Nonsens und Trivialem provozieren, damit aber unbedingt echt sein. Der Superrealist nennt sich selbst ein Medium. Er sucht die Wahrheit in der Welt der Erscheinungen.

Wie Pop-Art überhaupt ist auch Warhols Welt ein Monumentalscherz mit schwulen Vorlieben. Plastik, Glimmer und Konsumramsch gegen die Tiefgang-Sehnsüchte des bürgerlichen Geistes. Vor allem jene Filme, die sich mit sexuellen Vergnügungen befaßten, provozierten dadurch, daß sie keine Stellungnahme verlangten. Gegen den Pop-Charakter des amerikanischen Lebens selbst wollten sie nur Beobachtungsposten beziehen. Verschanzt hinter seiner Kamera, die nur ausspucken sollte, was sie gesehen hatte, beobachtete Warhol seit 1963 Schläfer, Küssende, Bananenesser, Raucher, ein Hotelleben und das Empire State Building. Je länger, desto schöner. Das war neu, amerikanisch, *loving*.

Warhol wurde zum Hypnotiseur des Kinos. In seinen einfachen Plots kreist äußeres Geschehen um wenige Motive: Sex, Drogen, Kunst, Kommerz, Lebensräume. Das Schneckentempo, in dem die Handlung kriecht, die Wiederholungen manipulierten die Zeit auf der Leinwand und hatten bewußtseinserweiternde Wirkung. Ausdauertests als Unterhaltung schlugen an einem gewissen Punkt um in eine psychedelische Erfahrung: ereignisreiche Leere. Warhols Filme der sechziger Jahre waren Drogenfilme und wurden so zu Kultfilmen.

*Andy Warhol und seine Kamera, zwei Kultelemente der Pop-Art*

Verlangsamte Gebärden, erhabene Gefühle, abgelöste Stilisierungen. Werner Schroeters frühe Arbeiten sind gestische Filme mit Musik in Stummfilm-Manier:

*Magdalena Montezuma / <u>Eika Katappa.</u> BRD 1969. Regie: Werner Schroeter*

*Magdalena Montezuma und Rainer Will / <u>Les Flocons d'Or.</u> BRD, Frankreich 1976. Regie: Werner Schroeter*

Und plötzlich war zu erkennen, daß in einer Medien-Welt, die sämtliche Ungeheuerlichkeiten des Globus durch Ausgewogenheit verfälscht, nur das Künstliche der Pop-Art, der Bluff Andy Warhols *echt* wirkten. Von da an war Warhol immer dabei. Seine sanfte Gestalt mit den gelben Haaren, dem schüchternen Grinsen im maskenhaften Gesicht mit der Plastikbrille wurde selbst zu einem Kultelement der Pop-Art.

Seine maßstabgetreuen Übertragungen von Außenwelt ins Kino veränderten sich allerdings. Schon in *The Chelsea Girls* (1966) hatte Warhol Spielhandlungen eingebaut, die mit ihrer Schlüssellochperspektive schockierten. Und technisch verblüfften sie durch seine Mehrfachprojektionen, die er von Abel Gance übernahm. Mit *Flesh* (1968), *Blue Movie* (1968) oder *Bad* (1976) stieg er dann gänzlich aus dem Underground in kommerzielle Gefilde auf. Aber seinen neugierigen, persönlichen — seinen voyeuristischen Blick, mit dem er aussortiert, was amüsant und grafisch-schön ist, bevor er es als moderne Ikonographie präsentiert, den hat er behalten.


**Werner Schroeter.** Sie lieben nicht nur, sie beten an. Sie leiden nicht nur, sie schwimmen in einem See der Verzweiflung. Sie haben etwas von Primaballerinen. Sie schreiten durch die Überfülle der Natur oder durch barocke Dekors von kompletter Künstlichkeit. Sie legen sich auf einen einzigen Ausdruck fest und steigern ihn zum mystischen Erlebnis. Mondsüchtig deklamieren sie. Alle wollen leben und versuchen, mit großen, stilisierten Gesten ins Leben zu schwimmen. Sie beschwören die Realität in Posen. Große Stars, selbstverzückte Verrückte, blaß, unglücklich, leidenschaftlich, pathetisch, vor ihnen kniet die Kamera. Die archaische Magdalena Montezuma. Die poppig-dekadente Ellen Umlauf. Carla Aulaulu: wollüstig-heilig. Es geht um letzten Sinn und höchste Bedeutung.

In Werner Schroeters frühen Filmen, Filme, die angstschwer, glücksschwer, sehnsuchtsschwanger träumen und einfach nicht aufhören können, haben die Personen noch kein Eigenleben. Erst in *Regno di Napoli* (1978) werden sie zu reden beginnen. Hier wie dort sind Schroeters Figuren oft eher Ideogramme, die Sprache nicht benutzen, sondern versuchen, selbst Sprache zu sein. Sie verkörpern das Motto des Regisseurs nach einer Bemerkung Sartres: Der Mensch ist eine Leidenschaft. Wenn auch eine nutzlose.

Werner Schroeter lebte lange mit den Leuten zusammen, mit denen er arbeitete. Auch dadurch wurde er zur Kultfigur. Die Einheit von Leben, Arbeit und Werk ist ein Ideal der Avantgarde, das er erfüllt. Für seine kleine, enthusiastische Kultgemeinde aus dem avantgardistischen Nachtleben ist der langhaarige, schwule, frei verwilderte Künstler ein Inbegriff moderner Kunst überhaupt. Seine Art, Vorgefertigtes zu verarbeiten, wird bereits kopiert. Schroeter verwendet das Vorgefundene nicht eklektizistisch, sondern er macht es sich völlig zu eigen. So verwandelt er den Bildungsballast, der auf ihm lastet, zu einer Regenbogen-Revue.

Ab 1978 wurde seine anarchische Filmsprache traditioneller. Bis dahin galten seine frühen Filme, geboren aus

Bastel- und Spielfreude mit den schönen Dingen, in Deutschland als Einschlafbonbons. In Frankreich genoß Schroeter da schon zehn Jahre lang einen Ruhm, der nur mit dem Murnaus oder Langs vergleichbar war. Die Kritik nahm ihm lange seinen vollen Griff in die Plunderkiste der Kunst übel. Aber seine Fans bewunderten, wie Schroeter den Kern von hoher und niedriger Kunst freilegte und ernst nahm: als Tod und Liebe. Um anderes geht es ihm nicht. Wenn auch einen Tod unter Freunden. Und Liebe in den Armen aller Gleichgesinnten.

Schroeter feiert die Rituale der Kunst, gerade weil sie ihren alten Sinn verloren haben. Vom Sinnschutt befreit können sie als Kino genossen werden. Denn sie sind schön. Ihre Schönheit wird immer stärker. Kunst ist reine Selbstinszenierung, reicheres Leben. Schönheits- und schreckenstrunken nimmt Schroeters Kino der Leidenschaften gerade die trivialen Aussagen ernst. Er schwelgt in der Hochkultur, nur um die triviale Kunst damit auszufüttern. Nicht etwa umgekehrt. Seine Aufgüsse aller abgesunkenen Kunstgüter legen deren Verwitterung bloß. Wie er die Traditionslinien der Jahrhunderte verbindet, so durchschreitet er die Verbindungstür zwischen Oper und Tingeltangel. In den Räumen, die er besetzt, jubilieren Tango und Orgel, schluchzende Operette, todessüchtiges Largo und Schlager nebeneinander.

Schroeters Filme sind auch Dokumentarfilme. Über die Gefühle des Bewußtseins. Über den Körper des Gedankens. Und über die Gesten, die in unserer Kultur zählen. Es gibt Kulturen, in denen die Ideen bewegungslos dargestellt werden und die Gefühle bewegt. Das ist das Ideal dieses Filmemachers mit dem übersteuerten Gefühlsleben, der durch Caterina-Valente-Platten zur Kunst kam.


**Rosa von Praunheim.** Schwulsein ist lustig. Altsein ist lustig. Häßlichsein ist lustig. Anderssein ist lustig. Rosa von Praunheim macht fröhliche Filme gegen den guten Geschmack. Filme, die die Umstände, unter denen sie entstehen, nicht leugnen. Sie schwelgen in der Entfremdung, in der sie gezwungenermaßen existieren. Sie feiern den Tuntenbarock und die Kleine-Leute-Geschmacklosigkeit. Sie übertreiben die geschmackliche Ohnmacht, bis sie komisch wird. Angeknackste Gefühle, kaputte Gedanken und Kitsch sind erlaubt. Das Unheilige ist wunderbar, das Abweichende ist schön. Nichts gilt, das heißt auch: alles.

Rosas Filme im Groschenheftstil zielen auf die hygienischen Verhunzungen unserer Gefühlskultur durch Werbung, Medien, Erziehung. Sie zeigen die Beziehungen, die zwischen den Gefühlen und ihrer Umwelt bestehen. Ihre »natürliche« und ihre »gesellschaftliche« Seite. Rosa von Praunheim ist der Ökologe des Undergrounds. Er ist noch mehr. Mit seinen Filmen wird der »Vierte Stand« endlich kunstfähig. Nach den halbherzigen Vorarbeiten in früheren Epochen, in Georg Büchners »Woyzeck«, bei einigen Naturalisten und bei ganz wenig Bertolt Brecht, machen Rosas Filme ernst mit der emotionalen und politischen Zurechnungsfähigkeit der Unterschichten. Sie zeigen die emotionale Innenausstattung von Menschen, den wirklichen politischen »Rohstoff«. Seine Filme entstammen selbst der Sichtweise des »Un-

*Rosa von Praunheims Darsteller lösen ihre Gesten vom Inhalt ab. In ihrer Übersteigerung wirken sie sinnlich und abstrakt zugleich. / Berliner Bettwurst. BRD 1976.*
*Regie: Rosa von Praunheim. Mit Luzi Kryn, Lou van Burg*

gebildeten«. Alles Geschehen darin ist unscharf, das Weltbild seiner Figuren schiebt sich zusammen, ist verwaschen, undynamisch, ohne »Perspektive«. Ein triviales Taumbild aus eingeschränkten Informationen und verstümmelter Bildung. Gleichzeitig aber poetisch, irreal und schön.

Rosa läßt sich vorbehaltlos auf den entfremdeten Alltag und seine Verzerrungen ein. Was Wunder, wenn er die rationale Sperre unterläuft, die der offizielle Kunstanspruch aufrichtet. Zwar liebt er das Babyrosa und das Bonbonbunt, aber seine Filme sind billig. Ob knallbunt oder grau, sie kommen mit wenig Mitteln aus. Das fördert aber ihre und ihres Machers Kreativität.

Der Wanderer zwischen Kitsch und Kunst, perfektem und schludrigem Stil, Gefühl und Schwulst, Spiel und Ernst, den die Unvollkommenheit, Dummheit und Widersprüchlichkeit von Menschen interessiert, hat die entsprechenden Darsteller. Da treten Männer und Frauen auf, die ihre gesellschaftliche Rolle zugleich spielen und karikieren. Sie machen sich selbst und dem Publikum nichts vor. Meist sind es rührselige Laien, deren mattes Spiel seltsam mit ihrer Schwärmerei kontrastiert. Weil sie sich so ungekonnt, ungeschult an die heiligen, konventionellen Gefühle heranmachen, wirken sie aber — wie hochgestochene Kunstfiguren.

Vorneweg Luzy Kryn, Rosas leibliche Tante aus Kiel.

Diese komische und anrührend echte Nummer ist eine Virtuosin aufrichtig gemeinter — falscher — Töne. In Rosas erstem langen Spielfilm *Die Bettwurst* kamen ihre fidele Lebenslust und aufgekratzte Individualität enorm zur Geltung. Zwischen Tanztee, Bett, Mallorca-Traum und Hollywood polsterte sie — zusammen mit Dietmar Kracht — ein Leben aus zweiter Hand mit erstklassigen Klischees aus.

Rosa von Praunheim, der sein Handwerk als Regieassistent bei dem amerikanischen Underground-Artisten Gregory Markopoulos lernte, galt lange als praktischer Wortführer des »Anderen Kinos«, das sich am »New American Cinema« orientierte. Seit seinem Filmpamphlet *Nicht der Homosexuelle ist pervers, sondern die Situation, in der er lebt* gilt er auch als Emanzipationsidol. Nach diesem Film kamen die Homosexuellen aus den Toiletten raus auf die Straße. Das war Rosas Verdienst. Heute ist der schwarzgekleidete, schwule, erotische Selbstdarsteller auch die Femme fatale des Subkultur-Kinos und deren Queen. Das schaffte er, indem er Sympathien weckte für das unvollkommene und abgedrängte Gegenüber aus der Kellerkultur. Plebejisches Kleinbürgertum plus Exzentrizität plus Mut: Subkultur.

**Russ Meyer.** Seine Filme sind blutig, brünstig und billig. Frauen wie Halluzinationen treten auf, Männer wie wilde Hengste. Zwischen ihnen begeben sich Leidenschaften wie im Alten Testament. Aber da Russ Meyer den Unterleib Hollywoods filmt, spielen Gefühle nur auf der zweiten Geige. Wichtiger sind Sex und Gewalt.

Fortbewegungsmittel fahren im Zentrum der Filme, Mobilität und Manneskraft gehören zusammen. In protzigen Straßenkreuzern oder voluminösen Landrovern platzen Hünenweibern die Riesenbrüste aus allen Nähten. Der Geschlechtsakt vollzieht sich wie das gutgeölte Rumsen von Maschinenteilen, Kolben und Ösen aus Untersicht. Man treibt es »am Billardtisch, am Kronleuchter hängend, im Kanu stehend« (*Beyond the Valley of the Dolls*). Selten im Bett.

Die Stars dieser Turnstunden heißen Tura Santana, Uschi Digard, Sharon Lee oder Alex Rocco. Das klingt wie in einem Groschenroman, aber gefilmt sind sie mit dem Styling eines Reklamefachmannes. Die großformatigen Teilnehmer präsentieren den Durchschnitt des amerikanischen Alltags. Da treten brutale Kerls auf, die es besonders gut bei dröhnendem Motor können. Kreischende Überweiber in Mordlust oder Vergewaltigungsleid. Jungvermählte Schlappschwänze, Hintereingang-Fetischisten, Männer als verfolgte Unschuld oder habgierige Geschäftsgeier. Lüsterne Therapeutinnen. Verrottete Familien.

Krieg und Waffenruhe der Geschlechter lassen den Zusammenhang von Brutalität und Impotenz ahnen. Der Angst vor der Herrschaft der Frau begegnen Meyers Filme durch Vergewaltigung oder mit anderen betont chauvinistischen Strategien. Die harten »Roughies«, ein Genre, das er Anfang der sechziger Jahre begründete, sind großgewordene Knabenträume voll verdrängter Homosexualität und Masochismus, voll ängstlicher Gier nach Großraumbusen.

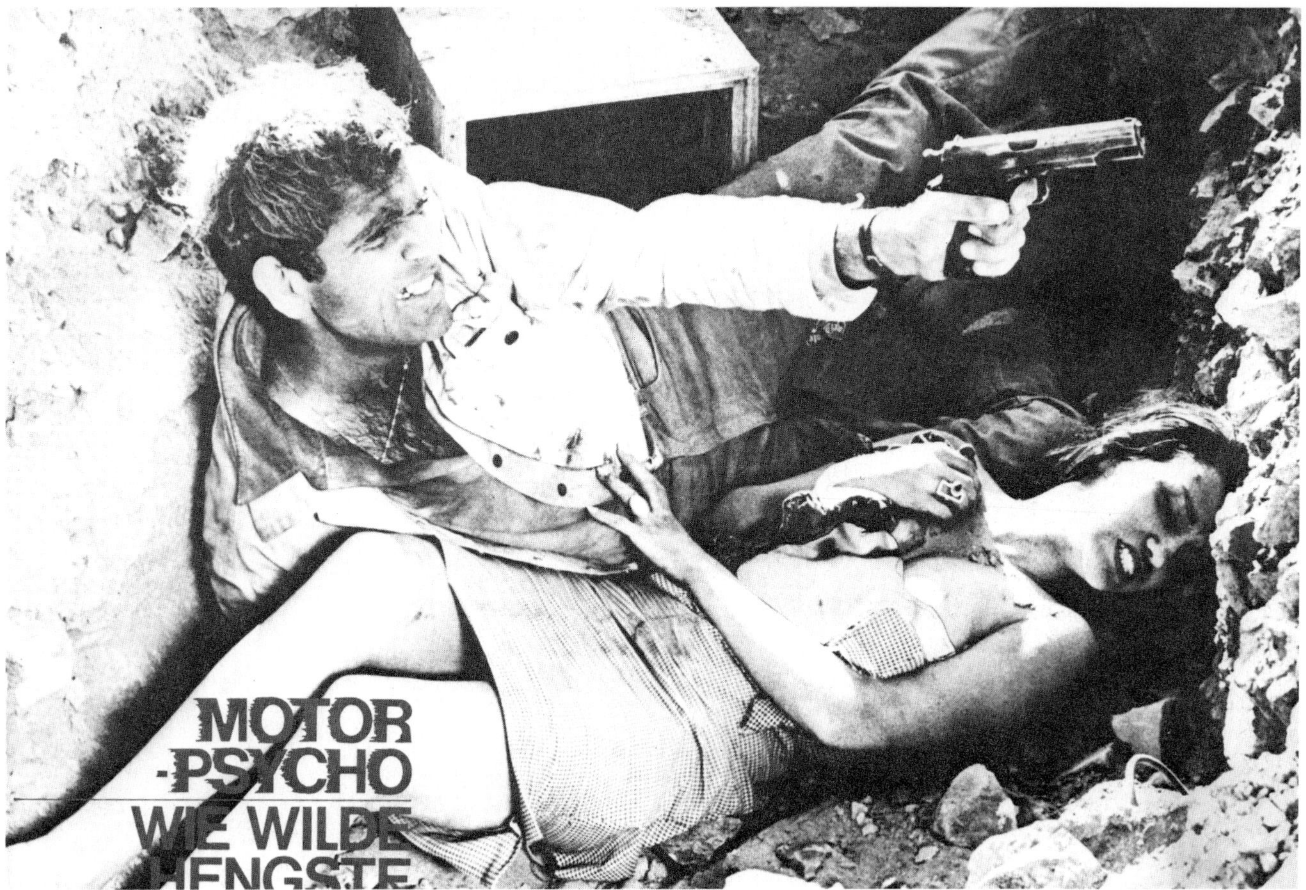



*Sex als Kampf / <u>Mudhoney.</u> USA 1965. Regie: Russ Meyer*

Das miese Kino, angesiedelt in der Provinz des amerikanischen Südens, entsteht bei Meyer immer im Freien, da, wo es die Mücken in der Sonne treiben. Seine Schnellfickfilme erschöpfen sich rasch, kaum einer erreicht Normallänge von 90 Minuten. Dafür stehen sie um so länger auf dem Programm. In einem Autokino in Illinois lief sein *Super Vixens* 54 Wochen in Folge. So erschließt sich der Primitivfilmer Meyer noch den Kleinfamilienmarkt.

In Europa wurde der 60jährige Zweizentnermann, eigentlich ein amerikanischer Heimatfilmer, wie Aischylos angenommen. So bombastisch und tragisch hatte man hier die sexuelle Begegnung noch nicht erlebt. So platt und direkt, wie er Sex und Gewalt auch abbildet — im Kino wirkten die Action-Pornos wie tiefsinnige Kommentare auf das amerikanische Trieb- und Gemütsleben. Manchmal auch wie dessen Parodie.

Waren die quicken Ergüsse des geschäftstüchtigen »Tittenfetischisten« (Meyer über Meyer) in den USA eher Hits auf Privatpartys, wo sie die Stimmung steigerten, Kunst und Leben zur Deckung brachten, bei uns wurden sie von kleinen Programmkinos zu Kultfilmen erklärt. Das trifft vor allem zu für *The Immoral Mr. Teas, Lorna, Motorpsycho, Faster Pussycat — Kill! Kill!, Mud-*honey, *Rope of Flesh* und auch *Beyond the Valley of the Dolls*, der aber schon Meyers routinierten Hollywood-Verschnitt zukünftiger Werke andeutet.

Cineasten und zierliche, intellektuelle Mädchen liebten das Brutalsex-Klima dieser frühen Filme besonders. Natürlich unter künstlerischer Perspektive. Man bewunderte Meyers orgiastische Montagetechniken, seine Maschinengewehrschnitte, die knallige Fotoroman-Ästhetik, die dem, was Meyer zeigen wollte, tatsächlich angemessen war. Feierte ihn John Waters deshalb noch als »Eisenstein des Sexfilms«, so gilt er unter deutschen Kinokennern als Ingmar Bergman des Pornos, wenn auch ohne dessen quälende Sinnsuche.

Meyer ist stolz darauf, daß bei ihm jeder »nach fünfzehn Sekunden weiß, woran er ist«. Seine Religion sind Lust und Profit. Er schafft Dokumente einer kapitalistischen Subkultur, die auf schnellen Zuwachs hofft, und, da sie ganz ohne Kulturbewußtsein auskommt, nebenbei auch noch offenere und ehrlichere Produkte als das Etabliertenkino abliefert. Er nimmt ernst, wo die Vergnügungsindustrie immer nur drum herumredet.

Er schielte nach Hollywood und ahmte es vulgär als B- und C-Film nach.

# Register: Filmtitel

Die kursiv gesetzten Ziffern verweisen auf die Bildlegenden.

# Register: Personen

Filmtitel zu den Aufmacherfotos:
Seite 6: Gun Crazy (1949); Seite 18: Conflict (1950); Seite 50: Casablanca (1943); Seite 68: Frankenstein (1931); Seite 90: Highway 301 (1950); Seite 116: Ben-Hur (1959); Seite 132: Rock Around the Clock (1956); Seite 146: Badlands (1973); Seite 162: Stagecoach (1939); Seite 188: Star Wars (1977); Seite 210: L'Age d'Or (1930)

**Sämtliche Abbildungen:**
**Sammlung Menningen**

CIP-Kurztitelaufnahme der Deutschen Bibliothek

**Heinzlmeier, Adolf:**
Kultfilme/Adolf Heinzlmeier; Jürgen Menningen; Berndt Schulz. — 1. Aufl. — Hamburg: Hoffmann und Campe, 1983.
ISBN 3-455-08751-5

NE: Menningen, Jürgen; Schulz, Berndt:

Copyright © 1983 by Hoffmann und Campe Verlag, Hamburg
Umschlaggestaltung: Studio Becker, Frankfurt
Gesetzt aus der Times Antiqua
Satzherstellung: alphabeta Gerds & Kohn GmbH, Hamburg
Lithographie: Eichenberg Repro Satz GmbH, Hamburg
Druck- und Bindearbeiten: Kleins Druck- und Verlags-anstalt, Lengerich
Printed in Germany